京都律师事务所
成立二十周年
1995-2015

大律师办案实录

Procedures and practice skills on collection of mortgage loan

银行按揭贷款清收诉讼流程与办案技巧

秦庆芳 张 双 著

法律出版社

京都律所成立20周年
丛书编辑委员会

序

了解律师的人都知道,要做好这门行业,需要不断地学习和总结。从执业需要来讲,学习是不得已的事,比如手头上正在办理的业务,遇到相关的法律修改,或有新的判例出现,必须要拿来学习一番,否则就可能出错,无法向委托人交代。有时,律师还要参加相应的法律知识或技能培训甚至去攻读学位。

但就总结来说,却不是每位律师都愿意去做的。这里说的总结,是指用心思考自己的执业得失,做些研究,并能整理成系统的文字。一方面,这样的总结费时又费力,很难产生立竿见影的效益,导致不少律师不愿在这上面花费时间;另一方面,这样的总结的确需要掌握一些基本的研究方法,也需要有较好的文字表达能力。

从我和一些同仁创办律师所开始,我们就要求全体律师重视业务学习和总结。在京都律师所内部,我们坚持进行内部自我培训,鼓励撰写论文、著作,同时也经常举办专题研讨会或请人来作讲座。在招聘方面,也强调多引进既有实务操作能力、也有研究能力的专家型律师。所以,这些年来,京都所律师的学习研究能力持续得到提升。这对律师所业务的发展也起到不小的推动作用,不少客户把京都所称为“学院派”律师事务所。

在律师个人研究蔚然成风之际,京都也开始进行团队式的“总结”工作,即由律师所组织制定系列业务专题研究计划。这样既可以加强学术资源的整合,也能提高研究的效率。这一批“诉讼流程与技巧”丛书,正是业务专题研究的部分成果。

就诉讼业务研究来看,探讨实体方面的著作不少,但系统总结诉讼流程与技巧的专著少见,而以律师角度分专题解析诉讼实务的丛书,似乎还没有见过。这是本丛书的一个特点。在这些书中,作者先对诉讼的基本操作规范进行介绍，然后集中对一些重点问题进行讲解，给出律师应对的实务技巧，力求做到深入浅出，接地气，这可以说是丛书的又一个特色。

这套丛书可以给初做律师者以指引，也可供老律师学习交流，也能给其他法律工作者以参考。当然，在实务操作技巧方面，本丛书的讲解也是一家之言，有经验的律师会有自己的心得，其他律师事务所也可能会有自己的特色，希望能就此进行交流，共同提高。

当前，律师业务的范围越来越广，专业分工更为细化，法律服务市场对律师的专业化水准的要求在不断提高。所以我认为，律师不要一味说大话，应在业务总结研究上多下功夫。通过这样的理论提升，再来指导自己的技能，在每一项业务中以自己过硬的业务实力来发挥作用。这样做的律师多了，这样能充分发挥律师作用的案件多了，法治就会得到更多的体现。希望有更多的律师重视学习，不断总结。

今年，适逢京都律师事务所成立二十周年，我们推出一批个人专著和这套丛书，我想这些是对京都所最有价值的礼物。今后，京都人还会把这批丛书继续做下去，并展开其他研究工作，为律师业务发展做出贡献，为法治建设尽绵薄之力。

我愿与每一位京都人共勉。

田文昌

2015 年 6 月 8 日

前　言

中国房地产业的发展，与之相伴的是银行按揭贷款金融业务的壮大，中国人的消费观念已发生了根本性的变革，向银行贷款买房已是每个人或企业都曾经历或正在经历或将经历的日常生活中的必不可少的事情。随之而生的各类诉讼案件纠纷，涉及了房地产管理、买卖、担保等诸多法律关系和法律适用。

本书主要内容是按揭贷款诉讼清收实务，分为上下两编，由代理律师对银行金融借款合同纠纷案件的诉讼流程进行了梳理和总结。书中提供了大量案例和法律文书参考文本。从本书的案件展示中，可以看出律师业务是一门艺术，更是一门技术。律师需要注重细节，学会反思，追求极致。书中对诸如解除借款合同与宣布贷款合同提前到期的诉讼请求的主张策略，如何按照银行系统的数据计息，才会被认定是完全符合法理或符合约定的诉求，没有及时办理抵押登记的案件执行程序中的差异，房屋被法院先行查封的清收难点，房屋被借款人滥用司法程序擅自转让的风险等，都进行了深入透彻的分析，有一定的借鉴和指导意义。

本书中上编介绍了审判阶段的具体流程与办案技巧，在对银行按揭业务进行简要概述的基础上，阐述了各类贷款清收诉讼程序的适用条件，并对实现担保物权特别程序与普通程序进行了比较分析，进而就立案、保全、一审、二审、再审各诉讼程序中的具体流程及细节事项进行了详细说明。下编介绍了执行阶段的具体流程与办案技巧，详解了各项执行措施以及执行立案、查封、评估、拍卖、案款发放等各个程序中的注意事项，并阐述了参与分配与优先受偿制度在司法实践中的具体操作细节，介绍了执行异议程序的相关流程。

本书命名为《银行按揭贷款清收诉讼流程与办案技巧》，其中律师代理的诉讼主体主要是银行。但对各类借款合同纠纷及其他借款债权主体的案件，从诉讼具体程序而言，具有一定的普遍适用性。本书语言朴实，详解了各类事项在司法实践中的处理方法，分享了律师办案中的经历和经验。期望有利于刚刚执业的诉讼律师，迅速掌握诉讼流程，知其然并知其所以然，更好地应对庭审，开展代理工作，赢得当事人的认可。同时，希望本书有助于银行等机构的资产保全人员，了解诉讼执行程序，了解具体程序中应注意的事项，从而反馈在贷前审查与贷后管理之中，加强风险管理，更好地防范和处置不良贷款。

最后要说明的是，本书系根据作者在代理银行按揭贷款清收诉讼实务中的经验，以及相关法律法规及地方的具体可操作性规定写就。基于经验与地域的局限性，其中的偏颇和错误可能在所难免。希望读者抱着一种批评的态度去看待本书，我们也诚恳地希望读者对本书提出宝贵的指正意见。

秦庆芳　张双
2015 年 5 月

目　录

上编　审判阶段的具体流程与办案技巧

No 01 第一章 关于银行按揭

第一节 按揭的由来

“按揭”是一个舶来词，其来源于英文 mortgage，是英美法系各国适用最普遍的担保形式之一。我国香港地区虽然沿袭了英国法律制度，但在房地产按揭方面却是自成体例。同样，从香港传入中国大陆的按揭，受制度性因素的限制，在改造后注入了新的内涵。

在中国大陆，有学者这样定义按揭：按揭是指不能或不愿一次性支付房款的购房人，将其与开发商之商品房买卖合同项下的所有权益抵押于按揭银行，或将其因与开发商之买卖合同而取得的房地产抵押于按揭银行，按揭银行将一定数额的款项贷给购房人，并以购房人名义将款项交由开发商所有，开发商对按揭人还款提供连带保证责任的行为的总称。①

而关于按揭的法律性质，理论上存有不同的观点。不动产抵押说认为按揭属于不动产抵押；②期房按揭权利质押说认为期房按揭中预购人享有的仅是债的请求权，其向银行提供的担保标的是对开发商享有的债权，符合权利质押的特征；③让与担保说认为按揭是英美法系中物的担保的一项基本制度，是指债务人或第三人将标的物的所有权转移于债权人而担保其债权实现的担保形式，其本质与大陆法系中的让与担保制度相同。④

---

① 孟敏：“房地产按揭中标的物转让的法律问题”，载《经济论坛》2004 年第 1 期。

② 程惠英：《房屋开发与交易——房屋法原理与实务》，复旦大学出版社 1997 年版，第 195 页。

③ 刘晋：“楼花按揭的理论研究与法律调整”，载马原主编：《房地产案件新问题与判解》，人民法院出版社 1997 年版。

④ 梁慧星主编：《中国物权法草案建议稿》，社会科学文献出版社 2001 年版，第 776 页。

当然,本书中,按揭的法律性质并不作为讨论重点。在此所谓“按揭”,根据《房地产业基本术语标准》(中华人民共和国行业标准 JGJ/T30－2003),是指“以所购房地产作抵押物,采用抵押贷款方式取得购买房地产的资金”。而银行按揭贷款,在我国现行法律框架下即为房屋抵押贷款。

第二节 按揭中的法律关系

一、银行按揭类型

(一)典型的银行按揭

典型的银行按揭贷款,是在房地产开发销售过程中的一项贷款业务,即借款人以其所购房屋提供抵押担保,并由所购房屋的房地产开发企业(以下简称“开发商”)提供第三方阶段性连带责任保证担保,向贷款人申请用于支付所购房屋购房款的担保贷款。

从现行按揭中的法律关系来看,其所涉各方主体主要包括按揭银行(贷款人)、开发商(保证人)、购房人(借款人)三方,而在抵押房屋投保的情形下还包括保险公司作为第四方主体。该等主体在按揭贷款中包括了商品房买卖、借款、抵押、保证等一系列民事法律行为。各方主体之间的法律关系分别为:

1. 购房人与开发商之间的商品房买卖关系

购房人以按揭的形式购买房屋,首先必须与开发商签订商品房买卖合同,约定购买特定的房屋,并在付款方式中约定以银行按揭的方式付款。由此,购房人与开发商之间系房屋买卖关系,购房人为买受人,开发商为出卖人。

2. 购房人与银行之间的借贷关系

购房人在与开发商签订商品房买卖合同后,应按规定提供相应文件资料,向银行申请房屋(住宅或商业用房)抵押贷款。银行则根据借款申请人的身份情况、资信状况进行贷款审批,确定是否同意批贷以及贷款年限、金额等贷款条件。其后由借款人(同时为购房人)与银行签署借款合同。由此,购房人与银行之间系借贷关系,购房人为借款人,银行为贷款人。

3. 购房人与银行之间的抵押关系

购房人在向银行申请借款时,应承诺以其所购房屋提供抵押担保,与银行签署抵押合同,并在取得《房屋所有权证》后办理抵押登记,为向银行申请的按揭贷款设定抵押,如购房人未能按照借款合同约定还本付息,则银行可以实现抵押权,以购房人抵押之房屋的折价、变卖或拍卖款优先受偿。由此,购房人与银行之间还存在抵押关系,购房人为抵押人,银行为抵押权人。

4. 开发商与银行、购房人之间的保证关系

在按揭过程中,尽管购房人承诺将其所购房屋抵押予银行,但由于开发商多实行预售,以致购房人所购房屋多为期房(未竣工验收的房屋)。或虽为现房(开发商办理初始登记后销售的房屋),但购房人办理转移登记,取得所购房屋《房屋所有权证》尚需一段时间。而根据我国现行规定,只有取得《房屋所有权证》的房屋,才可以办理房屋抵押权设立登记。因此,银行虽与购房人签署抵押合同,但因未办理抵押登记,抵押权尚未设立而无法为银行贷款提供有效担保。

抵押权未能设立时,银行往往要求开发商为购房人提供阶段性的第三方连带责任保证担保,即在购房人所购房屋办理完抵押登记之前,由开发商为购房人所欠银行债务,承担连带保证责任,在购房人未能还本付息的情形下履行代偿义务。根据银行与开发商的项目合作条件,部分房地产项目也可能由开发商提供全程担保,即保证期间为债务履行期限届满之日起两年。由此,开发商与银行、购房人存在保证关系,其中银行是债权人,购房人为债务人(又称被保证人),开发商为保证人。

5. 购房人、银行与保险公司之间的保险关系

为防范银行抵押物毁损贬值的风险,银行在购房人以其所购房屋提供抵押担保时,往往要求购房人为其所购房屋(即银行抵押物),在借款期间投保财产险,并指定银行为第一受益人。如果发生保险事故,由保险公司承担保险责任,所支付的保险理赔费用优先偿还购房人所欠银行贷款本息。由此,购房人、银行与保险公司之间存在保险关系,购房人为投保人,保险公司为保险人,银行为受益人。

(二)其他形式的银行按揭

除了前述典型的银行按揭贷款外,实践中还存在借款人以所购房屋提

供"期房抵押"、二手房抵押或专业性担保机构提供全程担保、阶段性担保等担保方式的按揭贷款模式。

1."期房抵押"

按揭贷款的模式衍变往往与市场需求及担保制度的发展相关。例如,原北京市建设委员会(后为北京市住房和城乡建设委员会)曾于2006年5月25日发布《关于网上办理预购商品房贷款抵押登记有关工作的通知》,该文件中列明"预购商品房贷款抵押(以下简称期房抵押),是指购房人购买了已取得商品房预售许可的商品房(含经济适用住房),在支付首期规定的房价款后,由贷款银行等金融机构为其支付其余的购房款,将所购期房抵押给贷款银行等金融机构做为偿还贷款履行担保的行为",并详细规定了期房抵押登记的条件与程序。基于该规定,北京市的商业银行曾一度积极开展期房抵押按揭贷款业务,即不再要求开发商承担阶段性保证责任,而是在办理完毕期房抵押登记后直接发放贷款。

在2007年10月1日实施的《物权法》就"预告登记"作出规定后,"期房抵押"的表述更正为"预购商品房抵押权预告登记"。且一般认为,所谓"期房抵押"并不具备设立抵押权的物权效力。因此,期房抵押按揭贷款还是向典型的银行按揭模式回归,增加了开发商的保证担保方式。而预购商品房抵押权预告登记,基于其权利保全功能,成为房屋抵押登记条件满足前,保障银行权益的重要措施。

2.二手房抵押

二手房即存量房,是相对首次成交的商品房而言。二手房交易中的买受人,其所购房屋已取得《房屋所有权证》,可以直接办理抵押登记。因此,在二手房按揭贷款中,存在先过户并在抵押登记后发放贷款的按揭模式。即购房人与售房人签订房屋买卖协议后,购房人向按揭银行填报房屋抵押贷款的申请表,并提供合法文件如身份证明、收入证明、房屋买卖协议等所规定必须提交的证明文件;按揭银行经过审查同意贷款的,出具贷款承诺函;其后由买卖双方办理房屋转移登记手续,将房屋过户至购房人名下,并由买受人凭过户后的《房屋所有权证》与按揭银行办理抵押登记。按揭银行在抵押登记手续办理完毕后,发放贷款至售房人账户。

由此,在二手房抵押贷款中,仅存在购房人与售房人之间的房屋买卖关系，购房人与银行之间的借贷关系及抵押关系（抵押物投保的情况下还存在保险关系），而不再含有保证关系。

3. 专业性担保机构担保

在上述二手房抵押贷款中，虽在房屋过户前有银行的贷款承诺函作为银行同意贷款的信用证明，但因贷款没有正式发放给售房人，售房人在未获得全部购房款的情形下，会不同意先行将房屋过户予购房人。因此，在二手房按揭贷款中引入了专业的担保公司，同典型银行按揭中的开发商一样，担保公司承担阶段性或全程连带责任保证担保。

对于信用等级较高的担保机构，特别是政府设立的专业性担保机构（如北京市住房贷款担保中心等），通常由担保机构承担代偿责任，相比处置抵押物，具有较高的时效性，银行会同意接受担保机构作为保证人，全程提供连带保证责任，而无需房屋抵押予银行。但担保机构要求借款人，将其所购房屋抵押予担保机构提供反担保。

这种情形下，各种主体之间的法律关系包括：购房人与售房人之间的房屋买卖关系；购房人与银行之间的借贷关系；担保机构与银行、购房人的保证关系；购房人与担保机构之间的抵押反担保关系。

二、银行按揭文件

各种类型的银行按揭，均是由买卖、借贷、抵押、保证、保险等一系列法律行为构成的法律关系综合体。而银行按揭文件，则是各类法律关系权利义务内容的载体。

因此，只有明晰银行按揭中的法律关系，才能确定适格的诉讼主体及适当的诉讼请求。只有洞悉银行按揭中的法律文件，才能形成完整的证据链条及充分的代理意见。

（一）借款申请文件

购房人向银行申请按揭贷款，需提交身份证明及收入证明等资料，并签署借款申请文件。

1. 借款人提交的资料

一般而言，借款人需提交的资料有：

序号	材料名称	备注
1	借款人身份证件或有效身份证明	对于已婚者，须夫妻双方共同提供
2	借款人户口本首页、本人页及变更页	对于已婚者，须夫妻双方共同提供
3	借款人暂住证或有效居住证明	非房屋所在地户口提供
4	借款人有效婚姻关系证明	已婚者、离异者提供
5	借款人收入证明	由借款人的工作单位出具
6	借款人其他资信证明	学历证明文件、财产证明文件等
7	购房首付款发票（收据）	一手房由开发商出具，二手房由税务机关代开发票
8	购房合同（正本）	银行一般留存一份购房合同原件
9	还款账户银行卡复印件	未在按揭银行开立账户的，需新开户
10	售房人房屋所有权证（含共有权证）	二手房项目需提供
11	售房人身份证或有效身份证明	二手房项目需提供。对于已婚者，须夫妻双方共同提供；对于有房屋共有权人的，共有权人须夫妻双方提供
12	售房人户口本首页、本人页及变更页	二手房项目需提供。对于已婚者，须夫妻双方共同提供；对于有房屋共有权人的，共有权人须夫妻双方提供
13	售房人有效婚姻关系证明	二手房项目需提供
14	售房人收款账户（银行卡或存折）	二手房项目需提供

2. 借款人签署的文件

借款人签署的借款申请文件，一般包括借款申请书、贷款抵押承诺书、贷款发放委托书、扣款委托书等。有的银行为了便于操作，推行了一本制的借款申请书，将借款人的承诺事项全部附在借款申请书中。

一般情况下，借款人（购房人、抵押人）除了在借款申请书中列明，申请的贷款金额、贷款年限、还款方式等贷款申请信息，以及个人信息、所购房屋信息外，还需承诺、授权下列事项：

（1）作为借款申请人承诺的事项：承认以借款申请书及其他所附资料作为向银行借款的依据；承诺借款申请书中各项资料真实完整，且随申请书报送的资料复印件可留存银行作为备查凭证，如资料失实、遗漏或虚假，愿承担相应法律责任；承认已知晓，借款人提供的个人信息及随附资料将被银行工作人员调查、核实，并对该调查、核实不持任何异议；保证在获得银行贷款后，按时足额偿还贷款本息。且承诺在还款账号、卡号发生变更时及时通知贷款银行；承诺按照有关规定及合同约定，合法使用贷款，并保证不将贷款用于股市、期货或其他证券投资，以及其他股本权益性投资等国家法律法规禁止银行贷款进入的领域；并不可撤销的授权银行，在还款期限内按还款计划表载明的金额，直接从其在银行开立的账户进行扣划，用于支付每期应还的贷款本息。授权银行向中国人民银行个人信用信息基础数据库查询、打印、复制、保存及报送借款人的个人信用信息，用于贷款业务受理、审查、审批、异议处理以及贷后管理等。

（2）作为抵押人（及抵押人的共有权人）承诺的事项：同意以抵押物作为借款申请人向银行申请贷款的抵押；保证享有抵押物的所有权，该抵押物无其他共有人且抵押物上不存在任何他项权利；承诺抵押房产并非其及所抚养家属的必须生活居住用房，未经银行同意，不会变卖、转让其及所抚养家属的现住房，并承诺在银行根据抵押合同处置抵押物时不以任何理由提出异议，阻止银行行使抵押权；抵押期间未经银行同意，不会转让抵押物；保证未将抵押物进行出租，且此后的任何出租行为均应征得银行同意。

银行还可能要求借款申请人的配偶，在借款申请书等文件中作出如下承诺：承诺作为借款申请人的配偶和财产共有人，同意借款申请人向银行申请借款；在借款经银行批准后，若借款人出现拖欠还款或无法还款的情形，同意为借款人向银行承担连带还款责任，履行向银行偿还借款人未清偿部分本息及相关费用的义务；承诺其与借款申请人对婚姻关系存续期间所得财产及婚前财产归属的任何约定，均不影响借款申请人及其配偶承担连带还款责任；授权银行向中国人民银行个人信用信息基础数据库查询、打印、复制、保存及报送借款人的个人信用信息，用于贷款业务受理、审查、审批、异议处理以及贷后管理等。

（二）签约合同文本

银行经办人员审查借款人提交的申请资料，并经内部程序同意批贷后，将与借款人（购房人、抵押人）、保证人（开发商或专业的担保机构）分别签署借款合同、抵押合同、保证合同（或为包含借款、抵押、保证全部内容在内的一本制合同）。

1. 借款、抵押、保证合同

就借款方面,合同中一般均明确约定了贷款金额、贷款年限、贷款币种、贷款利率、贷款用途、还款方式、扣款账户、提前还款等事项;就抵押方面,一般约定抵押物信息、抵押期限、抵押顺位、抵押物的维护义务、担保范围等事项;就保证方面,一般约定保证方式、保证期限、担保范围、保证人的义务等事项。合同中还会就违约责任、管辖条款等作出约定。这些约定事项,将在银行按揭贷款清收诉讼中起到至关重要的作用。

2. 其他协议文本

不同类型的按揭项目中,还可能存在其他协议文本。例如:典型的银行按揭中,银行在拟向购房人提供按揭贷款之初,会先行对房地产开发项目进行综合授信调查,并与开发商签署合作协议,就银行提供贷款的额度、最高年限与成数,以及开发商对按揭贷款应承担的保证责任、保证金账户的设立与扣划、抵押登记的配合义务(如抵押房屋所有权证的移交)等作出约定。

仅担保机构提供全程担保的按揭贷款中,担保机构与购房人还需签署反担保合同(抵押合同),并需与购房人及开发商签署房屋所有权证收押协议,以便及时办理抵押登记手续。

(三)合同履行文件

相关协议签署后,即进入合同的履行阶段。

1. 借款合同履行中形成的文件

借款合同签订后,银行首先应按照合同约定履行贷款发放义务,根据借款人签署的"贷款发放委托书"或"贷款发放委托条款",将贷款资金划转至出卖人账户(开发商或二手房中的售房人名下账户);并打印还款计划清单交付借款人。借款人应保证在每月还款日之前向其在银行开立的还款账户中存入当月足额还本付息的款项,以便银行可以在还款日成功扣款。若借款人未能按照合同约定还本付息,则银行可能向借款人邮寄催收函。

因此,银行划款凭证(借款凭证)、还款计划清单、借款人存款记录、银行扣款记录、银行催收函等均为借款合同履行中形成的文件。

2. 抵押合同履行中形成的文件

除了抵押物的妥善保管义务、通知义务等履行内容外,抵押合同履行中最主要的内容是办理抵押登记。根据房屋类型以及抵押权人与抵押人的约定不同，具体可分为“预购商品房抵押权预告登记”“预购商品房抵押权预告登记转房屋抵押权设立登记”“一般抵押权设立登记”“最高额抵押权设立登记”等。

在此过程中，可形成《预购商品房抵押权预告登记证明》、《房屋他项权证》等证明文件。

3. 保证合同履行中形成的文件

典型的银行按揭贷款中，开发商为保证人。通常情况下，开发商会在按揭银行开立保证金账户，并按照该银行放款总额的一定比例存入保证金，作为其承担保证责任的形式之一，在借款人未按约定还本付息时，由银行直接在保证金账户中扣划相应的金额。

因此，关于保证金账户的开立、资金扣划等文件，即为保证合同履行过程中形成的文件。此外，银行向保证人发出的要求保证人承担连带清偿责任的函件，以及保证人的回函等资料，亦属于保证合同履行过程中形成的文件。

N°02 第二章　清收诉讼的基本流程与特别程序

第一节　贷款清收的界定与程序选择

一、贷款清收的界定

贷款清收，是不良贷款管理工作中的重中之重。根据《贷款风险分类指引》（银监发〔2007〕54 号），商业银行应至少将贷款划分为正常、关注、次级、可疑和损失五类，后三类合称为不良贷款。其中，“次级”是指借款人的还款能力出现明显问题，完全依靠其正常营业收入无法足额偿还贷款本息，即使执行担保，也可能会造成一定损失；“可疑”是指借款人无法足额偿还贷款本息，即使执行担保，也肯定要造成较大损失；“损失”是指在采取所有可能的措施或一切必要的法律程序之后，本息仍然无法收回，或只能收回极少部分。而贷款清收，即为不良贷款众多处置方式之一的现金清收。

银行信贷管理中，广义上的贷款清收既包括清收逾欠本息（即在贷款期限内仅清收按照分期还款计划发生逾期的贷款本息，就未到期的贷款本息不予清收），又包括清收全部本息（即在贷款到期或提前到期的情形下清收借款合同项下全部贷款本息）。

而本书中的贷款清收，仅指银行在贷款到期后或在借款人未能按期足额还本付息的情形下根据借款合同约定宣布贷款提前到期，以货币资金方式收回贷款本息的行为。但并不限定为《贷款风险分类指引》中的不良贷款。例如：一般情况下，银行将逾期不超过 90 天的贷款列为关注类贷款，该笔贷款虽不属于不良贷款，但借款合同中往往约定借款人出现任何一期未按期、足额还本付息的情形时银行就可宣布贷款提前到期，因此，在按揭银行根据借款合同约定宣布贷款提前到期的情形下，仍属于贷款清收的范畴。

二、贷款清收的准备

贷款清收的准备主要包括债权维护及财产清查两个方面。

（一）债权维护

无论是银行的信贷管理人员，还是受银行委托负责贷款清收的代理律师，都应该至少做好以下债权维护工作：

1. 信贷档案梳理及补充

就拟清收的贷款，需妥善保管能够证明主债权和担保债权客观存在的档案资料，并通过信贷档案梳理，了解拟清收的贷款债权形成情况及实际履行情况。

在债权、抵押权形成方面，应通过查阅借款合同、担保合同、借款凭证、还款计划、抵押登记证明文件等资料，明确贷款金额、贷款期限、贷款利率、贷款发放时间、还款方式、每月应还款金额、担保方式、抵押权是否有效设立等基础事实情况。

在实际履行方面，应通过查询按揭银行贷款系统、中国人民银行征信中心信用信息系统，打印银行系统查询清单、个人信用报告等资料作为信贷档案的补充，以明确借款人开始发生逾期的时间、逾期期数（连续或累计期数）、应付贷款本息（包含罚息复利）余额等，以及未按借款合同约定足额还本付息的事实情况。还应收集关于保证人是否代偿等方面的证明文件，了解保证合同的履行情况等。

2. 时效等程序管理

鉴于根据银行系统内部有着严格的信贷管理规定及要求，一般情况下，银行贷款债权不存在超过诉讼时效或保证期间等情形。但在贷款清收前，仍需对主债权及担保债权是否存在权利瑕疵等情形进行审查确认。

并应根据借款合同等协议约定或法律法规规定及主管部门的要求，履行前置程序。例如，有的借款合同中约定，借款人违反借款合同的任何条款时，银行有权向借款人和保证人发出《提前还款通知书》，声明贷款的最后还款期限为《提前还款通知书》发出后的第30日(含发出日)。此种情形下,银行应严格按照合同约定履行发函程序、确定贷款提前到期日。

3. 借款人、保证人及抵押物现状查询

实施贷款清收前,还应就借款人、保证人及抵押物的现状进行查询,了解借款人及保证人是否有其他涉案信息。保证人为公司的,是否仍合法存续或正常经营。抵押物是否被司法机关查封,是否仍登记在抵押人名下,或者是否办理了第二顺位抵押等。以便对清收结果进行预判,制定适当的清收方案。具体查询途径如下:

(1)借款人及保证人的涉案信息,可通过以下网站进行查询:中国审判流程信息公开网(查询立案信息、开庭公告等);中国裁判文书网(查询裁判文书);中国法院网(查询公告送达情况);全国法院被执行人信息查询、全国法院失信被执行人名单(查询执行情况);人民法院诉讼资产网(查询资产拍卖情况)等。

(2)保证人的工商信息查询网站:全国企业信用信息公示系统及地方工商主管部门网站。

(3)抵押物现状查询:可持抵押登记证明文件及抵押权人主体资格证明文件前往抵押物登记机关查询抵押物的权属情况。

(二)财产清查

无论在何种阶段,财产清查均对贷款清收有重大影响。在贷款清收前,摸清借款人或保证人的财产情况,有利于为后续财产保全、回收贷款本息奠定良好的基础。

1. 财产种类

一般情况下,可抵质押的财产包括:土地使用权、房屋、车库、林权、采矿权、车辆、船舶、设备、办公用品、古玩字画、存单、提单、票据、股权(股票)、债券、土地承包经营权、应收账款等。

其他形式的财产有:工资、承包、出租等收入,到期债权、法院裁判权益等。

2. 清查方向

在贷款清收准备阶段进行的财产清查,主要清查方向为借款人在申请贷款时,向银行提供的抵质押物以及提交的资信证明等资料文件。其中,就抵质押物，信贷档案中一般均会留存权利证书原件或复印件，且在办理完毕抵质押登记手续的情形下银行享有抵质押权利；而对于信贷档案中留存的借款人资信证明等其他财产线索，可能需要通过走访登记主管部门、财产所在地、权益来源方等途径进一步核查。

还可通过主管机关公示的登记信息等途径进一步清查财产线索，如就工商档案资料中可能出现的财产或权益以及分支机构可能拥有的财产或权益，可通过全国或地方企业信用信息公示系统查询；就房屋、土地使用权、林权、采矿权、知识产权、应收账款等，可通过当地房屋预售现售项目公示系统、征信中心应收账款质押转让系统、中征动产融资统一登记平台及相关资产登记部门登记结果公示系统等进行查询；就借款人或保证人与第三人诉讼司法文书中可能确认或载明的财产或权益，可以通过中国裁判文书网等公示网站查询。经查询借款人、保证人有其他涉案信息的，可通过走访其他涉案执行法院了解其控制的财产线索等。

三、清收程序的选择

通过协商、电话及现场催收等一般贷款清收手段，未能收回贷款本息的，根据贷款清收准备阶段中了解到的实际情况，需决定选择通过一审、二审、执行常规诉讼程序，实现担保物权特别程序后申请执行程序，申请支付令督促程序，强制执行公证申请执行程序，仲裁裁决后申请执行程序，执行中的优先受偿申请/参与分配申请程序，破产（重整）程序申报债权等诉讼程序（广义）进行贷款清收。

（一）常规诉讼程序的基本流程

按揭贷款清收诉讼，就是按揭银行在无法实现自力救济的情形，向人民法院提起诉讼，拟通过民事诉讼程序借助公权力解决纠纷的行为。

我国民事诉讼法实行二审终审制，常规诉讼程序包括一审、二审、执行三个阶段。当然，涉及具体案件时又有所不同，不是必须全部进行三个阶段亦可能在此之外进行再审程序。例如，对小额诉讼实行一审终审，无二审程序；一审程序调解结案，调解书经送达后立即生效；或一审判决送达后，当事人在上诉期满，未提起上诉的一审判决生效，不再启动二审程序；判决生效后或诉讼审理过程中，当事人自动履行的，则无须进入执行程序；判决生效后,法院系统内部提审或指令再审,当事人申请再审或人民检察院提起抗诉的,需要进入审判监督程序等。

以下主要介绍一审、二审、执行程序中的基本流程及相关时限:

1. 一审程序

(1)起诉和受理:向人民法院提起诉讼的,应当递交民事起诉状,并按照被告方的人数提供副本,且需附初步证据材料。人民法院经审查符合起诉条件的,应当在7日内立案,并通知当事人;不符合起诉条件的,应当在7日内作出裁定书,不予受理;原告对裁定不服的,可以提起上诉。

(2)审理前的准备:人民法院应当在立案之日起5日内,将民事起诉状副本发送被告,被告应当在收到之日起15日内提出答辩状。人民法院应当在收到答辩状之日起5日内,将答辩状副本发送原告。人民法院受理案件后,当事人对管辖权有异议的,应当在提交答辩状期间提出,人民法院经审查认定异议成立的,裁定将案件移送有管辖权的人民法院;异议不成立的,裁定驳回。合议庭组成人员确定后,应当在3日内告知当事人。必须共同进行诉讼的当事人没有参加诉讼的,人民法院应当通知其参加诉讼。

(3)开庭审理:人民法院审理民事案件,一般应公开开庭审理,且应当在开庭3日前通知当事人和其他诉讼参与人,公开审理的,应当公告当事人姓名、案由和开庭的时间、地点。开庭审理前,由书记员查明当事人和其他诉讼参与人是否到庭,宣布法庭纪律。开庭审理时,由审判长核对当事人,宣布案由,宣布审判人员、书记员名单,告知当事人有关的诉讼权利义务,询问当事人是否提出回避申请。其后一般按照原告陈述诉讼请求与事实理由、被告陈述答辩意见、当事人双方举证质证、法庭询问的顺序进行法庭调查。法庭调查后按照原告及其诉讼代理人发言、被告及其诉讼代理人答辩、第三人及其诉讼代理人发言或者答辩(如有)、互相辩论的顺序进行法庭辩论。法庭辩论终结,由审判长按照原告、被告、第三人的先后顺序征询各方最后意见。

(4)判决、调解或裁定:开庭审理后,人民法院应当依法作出判决,出具民事判决书;判决前能够调解的,还可以进行调解,出具民事调解书,调解不成的,应当及时判决。宣判前,原告申请撤诉,人民法院准许的,出具民事裁定书。

以上为一审普通程序的基本流程，人民法院适用普通程序审理的案件，应当在立案之日起6个月内审结。有特殊情况需要延长的，经院长批准后可以延长6个月；还需要延长的，报请上级人民法院批准。

而对于基层人民法院及其派出法庭审理的事实清楚、权利义务关系明确、争议不大的简单的民事案件，或经当事人双方约定，可适用简易程序，与上述普通程序相比，其在开庭通知时限、法庭调查顺序、法庭辩论顺序等方面更为简便灵活。且适用简易程序的民事案件由审判员一人独任审理，无需组成合议庭。人民法院适用简易程序审理案件，应当在立案之日起三个月内审结。

根据《民事诉讼法》第162条的规定，就小额诉讼，即基层人民法院及其派出法庭审理的简易程序案件，标的额为各省、自治区、直辖市上年度就业人员年平均工资30%以下的，可实行一审终审。鉴于银行按揭贷款清收中，极少出现小额诉讼，因此本书中不就该程序予以阐述。

2. 二审程序

当事人不服一审人民法院第一审判决的，有权在判决书送达之日起15日内，向上一级人民法院提起上诉；不服地方人民法院第一审裁定的，有权在裁定书送达之日起10日内向上一级人民法院提起上诉（仅限于就不予受理、管辖权异议、驳回起诉作出的裁定），从而启动二审程序。

（1）上诉：当事人提起上诉的，应当递交民事上诉状。民事上诉状应当通过原审人民法院提出，并按照对方当事人或者代表人的人数提出副本。原审人民法院收到民事上诉状，应当在5日内将民事上诉状的副本送达对方当事人，对方当事人在收到之日起15日内提出答辩状。人民法院应当在收到答辩状之日起5日内将副本送达上诉人。原审人民法院收到民事上诉状、答辩状，应当在5日内连同全部案卷和证据，报送第二审人民法院。

（2）审理：第二审人民法院对上诉案件，应当组成合议庭，对上诉请求的有关事实和适用法律进行审查。经过阅卷、调查和询问当事人，对没有提出新的事实、证据或者理由的上诉案件，合议庭认为不需要开庭审理的，可以不开庭审理。

(3)判决、裁定或调解:第二审人民法院对上诉案件,经过审理,认为原判决、裁定认定事实清楚,适用法律正确的,以判决、裁定方式驳回上诉,维持原判决、裁定;认为原判决、裁定认定事实错误或者适用法律错误的,以判决、裁定方式依法改判、撤销或者变更;认为原判决认定基本事实不清的,裁定撤销原判决,发回原审人民法院重审,或者查清事实后改判;认为原判决遗漏当事人或者违法缺席判决等严重违反法定程序的,裁定撤销原判决,发回原审人民法院重审。

第二审人民法院审理上诉案件,可以进行调解,调解达成协议,应当制作调解书,调解书送达后,原审人民法院的判决即视为撤销。第二审人民法院判决宣告前,上诉人申请撤回上诉的,第二审人民法院予以准许的,出具准予撤诉的民事裁定书后,一审判决即生效。第二审人民法院的判决、裁定,是终审的判决、裁定。

人民法院审理对判决的上诉案件,应当在第二审立案之日起3个月内审结,有特殊情况需要延长的由院长批准;审理对裁定的上诉案件,应当在第二审立案之日起30日内作出终审裁定。

3. 执行程序

就已发生法律效力的民事判决书、民事调解书或民事裁定书等法律文书,当事人必须履行。一方拒绝履行的,对方当事人可以向人民法院申请执行,也可以由审判员移送执行员执行,从而进入强制执行程序。

(1)申请执行:当事人申请执行的,应当向人民法院递交申请执行书。申请执行的期间为二年,从法律文书规定履行期间的最后一日起计算;法律文书规定分期履行的,从规定的每次履行期间的最后一日起计算;法律文书未规定履行期间的,从法律文书生效之日起计算。

(2)执行措施:人民法院接到申请执行书或者移交执行书,应当向被执行人发出执行通知,并可以立即采取强制执行措施。法定的执行措施主要包括:指令被执行人报告财产情况;查询被执行人的存款、债券、股票、基金份额等财产情况,并有权根据不同情形扣押、冻结、划拨、变价被执行人的财产;扣留、提取被执行人应当履行义务部分的收入,但应当保留被执行人及其所扶养家属的生活必需费用;查封、扣押、冻结、拍卖、变卖被执行人应当履行义务部分的财产,但应当保留被执行人及其所扶养家属的生活必需品;

在被执行人隐匿财产的情形下，签发搜查令，对被执行人及其住所或者财产隐匿地进行搜查；强制迁出房屋或者强制退出土地；对被执行人采取或者通知有关单位协助采取限制出境，在征信系统记录、通过媒体公布不履行义务信息以及法律规定的其他措施。

（二）非常规诉讼程序的适用条件

非常规诉讼程序中的“非常规”，是指进入执行程序前，所取得的执行依据的特殊性。与常规诉讼程序的不同之处，主要体现在是否进入强制执行程序以及据以强制执行的债权文书种类。

根据民事诉讼法的相关规定，发生法律效力的判决书、裁定书、调解书，发生法律效力的仲裁裁决书以及具有强制执行效力的公证债权文书，均可以作为强制执行依据。此外，还包括在自身诉讼程序外清收的途径，以及无需进入执行程序或虽已进入执行程序但需中止的特殊程序等。

当然，贷款清收诉讼中，并非全部“非常规诉讼程序”均可适用，亦并非“常规诉讼程序”一定可以适用。因此，需根据案件具体情况，选择适当的诉讼程序。

1. 实现担保物权特别程序

实现担保物权特别程序是2012年《民事诉讼法》修订时新增加的程序。根据修订后的《民事诉讼法》第196～197条之规定，担保物权人以及其他有权请求实现担保物权的人，可依照物权法等法律，向担保财产所在地或者担保物权登记地基层人民法院提出申请实现担保物权。人民法院受理申请后，经审查符合法律规定的，裁定拍卖、变卖担保财产，担保物权人依据该裁定可以向人民法院申请执行，不符合法律规定的，裁定驳回申请，由担保物权人向人民法院另行起诉。

可见，在按揭贷款中，只有办理了借款人所购房屋抵押登记，银行的抵押权已合法设立的情况下，才可以提起实现担保物权的特别程序。关于该特别程序与一审二审执行常规诉讼程序的比较适用，将在下节予以详细阐述。

2. 申请支付令督促程序

《最高人民法院关于适用〈中华人民共和国民事诉讼法〉的解释》（法释〔2015〕5号）第429条规定：“债权人申请支付令，符合下列条件的，基层人民法院应当受理,并在收到支付令申请书后五日内通知债权人:(1)请求给付金钱或者汇票、本票、支票、股票、债券、国库券、可转让的存款单等有价证券;(2)请求给付的金钱或者有价证券已到期且数额确定,并写明了请求所根据的事实、证据;(3)债权人没有对待给付义务;(4)债务人在我国境内且未下落不明;(5)支付令能够送达债务人;(6)收到申请书的人民法院有管辖权;(7)债权人未向人民法院申请诉前保全。”第436条规定:“对设有担保的债务的主债务人发出的支付令,对担保人没有拘束力。债权人就担保关系单独提起诉讼的,支付令自人民法院受理案件之日起失效。”

人民法院受理申请后,经审查债权人提供的事实、证据,对债权债务关系明确、合法的,应当在受理之日起15日内向债务人发出支付令。债务人应当自收到支付令之日起15日内清偿债务,或者向人民法院提出书面异议。人民法院收到债务人提出的书面异议后,经审查,异议成立的,应当裁定终结督促程序,支付令自行失效。债务人既不提出异议又不履行支付令的,债权人可以向人民法院申请执行。

在借款人未按合同约定还本付息的情形下,银行基于相关因素考量决定暂不宣布贷款提前到期、收回借款合同项下全部贷款本息的,可就贷款期限内已发生的拖欠本息金额,单独申请人民法院向借款人签发支付令。

但是,在银行按揭贷款清收中,往往涉及银行依据借款合同等约定,宣布贷款提前到期。且在支付令督促程序中,无法一并向保证人等担保主体提出主张。因此,采用督促程序,存在难以实现银行贷款清收的全部权利要求的可能性。

3. 强制执行公证程序

《民事诉讼法》第238条第1款规定:对公证机关依法赋予强制执行效力的债权文书,一方当事人不履行的,对方当事人可以向有管辖权的人民法院申请执行,受申请的人民法院应当执行。

根据规定可见,只有在借款合同、保证合同、抵押合同等债权文书由公证机关办理了赋予强制执行效力公证后,在借款人未能按期还本付息且符合相关合同约定的情形下,才可以向公证机关申请《执行证书》。并依据赋予的强制执行效力的债权文书及《执行证书》,直接向被执行人住所地或者被执行的财产所在地有管辖权的人民法院申请执行。

上述强制执行公证程序，因公证费等成本较高，一般情况下适用于公司贷款或企业主贷款，银行按揭贷款中较为少见。因此，不作为本书阐述的重点。关于向公证处申请《执行证书》的具体程序，可参见《公证程序规则》（司法部令第103号）及《办理具有强制执行效力债权文书公证及出具执行证书的指导意见》等行业规定。

4. 仲裁裁决的执行程序

《仲裁法》第4条规定：当事人采用仲裁方式解决纠纷，应当双方自愿，达成仲裁协议。没有仲裁协议，一方申请仲裁的，仲裁委员会不予受理。

《民事诉讼法》第237条第1款规定：对依法设立的仲裁机构的裁决，一方当事人不履行的，对方当事人可以向有管辖权的人民法院申请执行。受申请的人民法院应当执行。

根据上述规定，只有在借款合同、保证合同、抵押合同等相关协议中约定了仲裁管辖条款的，才可在发生纠纷时向约定的仲裁委员会提起仲裁申请，并在仲裁裁决书发生法律效力后，向被执行人住所地或者被执行的财产所在地有管辖权的人民法院申请执行。

在银行按揭贷款合同等协议中，约定仲裁管辖的情况较为少见。而一旦约定了仲裁管辖条款，除非存在仲裁协议无效等情形，则只能向约定的仲裁委员会申请仲裁，不能再向人民法院提起诉讼，也就不能适用“常规诉讼程序”。关于仲裁的相关程序，本书中不予讨论，可参见《中华人民共和国仲裁法》的规定及各仲裁委员会公布的仲裁规则。

5. 执行中的优先受偿申请/参与分配申请程序

《最高人民法院关于适用〈中华人民共和国民事诉讼法〉的解释》（法释〔2015〕5号）第508条规定：“被执行人为公民或者其他组织，在执行程序开始后，被执行人的其他已经取得执行依据的债权人发现被执行人的财产不能清偿所有债权的，可以向人民法院申请参与分配。对人民法院查封、扣押、冻结的财产有优先权、担保物权的债权人，可以直接申请参与分配，主张优先受偿权。”

广义上的参与分配申请应包括优先受偿申请。无论是参与分配申请还是优先受偿申请，都是在债务人涉及多个诉讼案件的情形下，于自身的诉讼程序之外寻求清收途径。例如，某银行贷款清收诉讼，一审结案后进入执行程序，发现借款人或保证人的主要财产已因其他案件被其他人民法院查封、扣押，并正在拍卖过程中。银行就需要通过自身执行案件的执行法院，向财产拍卖法院递交参与分配申请书，申请就该拍卖财产的拍卖款项参与分配。又如，银行在启动贷款清收诉讼前查询抵押物现状时，发现已办理抵押登记的抵押房屋，因借款人的其他案件，已被人民法院查封且正在拍卖过程中，则可持相关证明文件直接向该人民法院提出优先受偿申请，要求就抵押房屋的拍卖款优先受偿。在获得优先受偿后，已清偿全部贷款债权的，无须另行起诉。

如果银行作为债权人，尚未办理房屋抵押登记，在抵押权未有效设立的情形下，根据上述规定，只能在取得生效判决或其他已发生法律效力的文书后，才可向相关法院申请参与分配。关于申请参与分配与优先受偿的具体程序，将在本书第九章中予以详细介绍。

6. 破产（重整）程序申报债权

银行按揭贷款一般指个人房屋抵押贷款，在借款人为自然人的债务清偿过程中，一般不会涉及破产（重整）程序。

但特殊情况下，若保证人为公司法人，因保证人的资产不足以清偿全部债务，或者明显缺乏清偿能力，进入破产（重整）程序的，银行则需要通过在保证人破产（重整）程序中申报债权，以回收贷款本息。

根据《企业破产法》第 46 条的规定，未到期的债权，在破产申请受理时视为到期，附利息的债权自破产申请受理时起停止计息。参照《北京市高级人民法院企业破产案件审理规程》（京高法发〔2013〕242 号）第 164 条“人民法院受理保证人破产案件时，保证债权未到期的，在保证人破产申请受理时视为到期，且承担一般保证责任的保证人不享有先诉抗辩权。债权人可以向保证人申报保证债权。债权人未在保证人破产程序中申报债权的，保证人的保证义务自其破产清算程序终结时终止；在保证人破产程序为和解或重整程序时，按照和解债权、重整债权受偿规定受偿。保证人被确定应承担保证责任的，保证人的管理人可以就保证人应承担的保证责任份额向主债务人行使求偿权”的规定，银行在贷款到期前或贷款清收诉讼前，发现保证人进入破产(重整)程序的,应当在人民法院确定的债权申报期限内向管理人申报债权。在人民法院受理保证人破产申请后,拟对保证人提起民事诉讼的,只能向受理破产申请的人民法院提起。

而在贷款清收诉讼的过程(含执行程序)中,保证人进入破产(重整)程序的,就诉讼、仲裁未决的债权或已取得生效法律文书的债权,仍应在人民法院确定的债权申报期限内向管理人申报债权。人民法院受理保证人破产申请后,有关保证人财产的保全措施应当解除,执行程序应当中止;已经开始而尚未终结的有关保证人的民事诉讼或者仲裁应当中止,在管理人接管保证人的财产后,该诉讼或者仲裁继续进行。

就破产(重整)程序中的债权申报,因在银行按揭贷款清收中较为少见,在本书中不予详细展开,具体规定可参见《企业破产法》及其司法解释,以及各地的破产案件审理规程。

第二节　贷款清收中的实现担保物权特别程序

如上所述,实现担保物权特别程序是《民事诉讼法》在2012年8月31日第二次修正新增加的程序,仅在第196条及第197条两款条文中作出了概括性规定。直至2015年1月30日《最高人民法院关于适用〈中华人民共和国民事诉讼法〉的解释》(法释〔2015〕5号,本节中简称"新民事诉讼法司法解释")发布前,一直没有具有可操作性的全国性的实施细则出台。

北京、浙江、江苏、广东等地方司法文件中,就实现担保物权特别程序作出了地方性的指导意见,因此,实现担保物权特别程序,并未在全国范围内得以广泛推广(根据中国裁判文书网粗略检索约3000余件)。此前,已在司法实践中实际运用的多见于温州市、南通市、淮安市、宁波等江浙地区。随着新民事诉讼法司法解释的实施,实现担保物权特别程序,一定会发挥更大的程序价值。

一、实现担保物权的程序规定

(一)提出申请

1. 当事人

(1)申请人

根据《民事诉讼法》第196条的规定,申请实现担保物权的,由担保物权人以及其他有权请求实现担保物权的人作为申请人向人民法院提出。

新民事诉讼法司法解释第361条规定"民事诉讼法第一百九十六条规定的担保物权人,包括抵押权人、质权人、留置权人;其他有权请求实现担保物权的人,包括抵押人、出质人、财产被留置的债务人或者所有权人等"。据此,申请人既可以是担保物权中的权利人一方,也可以是担保物权中的义务人一方。

需要特别说明的是,新民事诉讼法司法解释发布之前,部分地方性司法文件中将"建设工程承包人"纳入了实现担保物权特别程序的申请人。例如,《江苏省高级人民法院关于做好修改后的〈中华人民共和国民事诉讼法〉施行后立案审判工作的讨论纪要》(苏高法审委〔2012〕10号)第25条规定:"根据修改后的《民事诉讼法》第一百九十六条的规定,有权申请实现担保物权的申请人包括:(1)抵押权人;(2)质押关系中的出质人;(3)留置关系中的债务人;(4)建设工程合同关系中的承包人;(5)法律规定的其他有权申请实现担保物权的申请人"。《北京市高级人民法院关于立案工作中适用〈民事诉讼法〉若干问题的解答》(京高法发〔2014〕449号)中载明:"申请人资格:申请人为担保物权人和法律规定的其他有权请求实现担保物权的人,包括抵押权人、质权人、留置权人和出质人、财产被留置的债务人、建设工程承包人等法律规定有权请求实现担保物权的人"。且司法实践中亦有实例,例如《盐城市恒源建筑安装有限公司与江苏世一儿童用品有限公司实现担保物权纠纷特别程序民事裁定书》(江苏省大丰市人民法院2014大商特字第0001号)。但新民事诉讼法司法解释却并未将"建设工程承包人"明确纳入申请人范围,这是否代表一种否定观点,有待商榷。

在银行按揭贷款清收案件中,在抵押物办理了抵押登记,抵押权已有效设立,并取得《他项权证》等权利证书的情形下,银行有权作为申请人,向人民法院申请实现担保物权。

(2)被申请人

银行作为申请人申请实现担保物权,被申请人为抵押人。在抵押物被第三人实际占有使用的情形下,亦可将该第三人一并列为被申请人。例如,《北京市高级人民法院关于立案工作中适用〈民事诉讼法〉若干问题的解答》(京高法发〔2014〕449号)规定"担保财产被第三人实际占有的,可以将第三人一并列为被申请人"。

需要注意的是,如果借款人与抵押人不是同一人的,则借款人不能作为实现担保物权特别程序中的当事人,不得列为被申请人。例如,《浙江省高级人民法院关于审理实现担保物权案件若干问题的解答》(浙高法〔2013〕152号)规定"实现担保物权案件的被申请人包括担保人,申请人为抵押人、出质人、财产被留置的债务人情形下的担保物权人,以及担保财产的实际占有人。在主债务人未以自有财产提供担保的情况下,主债务人不是担保物权法律关系中的直接义务人或直接权利人,故不列为实现担保物权案件的被申请人。但在审查过程中,法院对主债务合同的效力、期限、履行情况等事实存有疑问,或认为可能存在争议的,可就有关事实询问主债务人"。

2. 管辖

(1)级别管辖

根据民事诉讼法的相关规定,实现担保物权案件由基层人民法院管辖。

(2)地域管辖

一般情况下,实现担保物权案件由担保财产所在地或者担保物权登记地人民法院管辖。同一债权的担保物有多个且所在地不同,由申请人分别向有管辖权的人民法院申请实现担保物权。实现票据、仓单、提单等有权利凭证的权利质权案件,可以由权利凭证持有人住所地人民法院管辖;无权利凭证的权利质权,由出质登记地人民法院管辖。实现担保物权案件属于海事法院等专门人民法院管辖的,由专门人民法院管辖。

参考《浙江省高级人民法院关于审理实现担保物权案件若干问题的解答》(浙高法〔2013〕152号)中的相关规定,"实现担保物权案件属非讼案件,不适用管辖权异议制度。立案庭在立案审查阶段发现案件不属于本院管辖的，应向申请人释明，告知申请人向有管辖权的基层法院提出申请；立案后发现不属于本院管辖的，裁定驳回申请，告知申请人向有管辖权的基层法院提出申请”。

3. 立案资料

银行就其抵押权向人民法院申请实现担保物权，应当提交下列材料（按揭贷款中一般的担保方式为抵押、保证，特殊情况下存在质权等其他担保物权的，可以比照提供）：

（1）申请书：申请书应当记明申请人、被申请人的姓名或者名称、联系方式等基本信息，具体的请求和事实、理由。

（2）主体资格证明文件：营业执照副本复印件，组织机构代码证复印件，金融许可证复印件，法定代表人或负责人身份证明书原件（有的法院还要求提供法定代表人或负责人身份证复印件）等，所有资料均需加盖公章。

（3）代理人授权委托文件：授权委托书原件及代理人身份证复印件，律师作为代理人的，需提供授权委托书原件、律师事务所函及律师执业证复印件。

（4）证据资料

①证明担保物权存在的材料，包括：主合同，证明抵押担保的债权存在并合法；抵押合同，证明抵押财产合法并可执行；抵押登记证明或者他项权利证书，证明抵押权已有效设立等资料。

②证明实现担保物权条件成就的材料，包括：债务人不履行到期债务或者发生当事人约定的实现抵押权的情形的证明文件等。

③根据人民法院的要求，可能还需提供抵押物存放地点、保存状况、保管人、权属状况、权利负担设定情况等现状的说明及相关证明文件等。

4. 受理

人民法院在审查立案资料的过程中，发现被担保的债权既有物的担保又有人的担保，且当事人对实现担保物权的顺序有约定的，若实现担保物权的申请违反该约定，裁定不予受理，没有约定或者约定不明的应当受理。同一财产上设立多个担保物权，登记在先的担保物权尚未实现的，不影响后顺位的担保物权人向人民法院申请实现担保物权。

5. 案由与案号

(1)案由

最新的《民事案件案由规定》是最高人民法院在2011年发布的,该规定中列明"对包括民事诉讼法规定的适用特别程序案件案由在内的特殊程序民事案件案由,根据当事人的诉讼请求直接表述"。因此,参照其他特别程序案件的案由表述,2012年新增的实现担保物权这一特别程序,可将实现担保物权案件的案由表述为"申请实现担保物权"。

具体案件立案时,仍需根据当地法院规定及要求写明案由。例如,《广东省高级人民法院关于调整省法院机关审判业务部门管辖案件范围的通知》(粤高法〔2012〕458号)新增案由"实现担保物权案件程序",并列入了《民二庭案由分类一览表》中。

(2)案号

关于实现担保物权案件的案号,各地法院有所区别。例如,《浙江省高级人民法院关于审理实现担保物权案件的意见》(浙高法〔2012〕396号)第4条规定:基层人民法院立案庭负责接收申请人提交的实现担保物权申请书并依法登记立案,编立"商特"字案号。《江苏省高级人民法院关于做好修改后的〈中华人民共和国民事诉讼法〉施行后立案审判工作的讨论纪要》(苏高法审委〔2012〕10号)第28~29条规定:实现担保物权案件,应当根据主合同性质由各相关审判庭负责审查,案号为民(商、商外、知民)特字。此外,司法实践中,四川省地方法院一般案号为"民担"字。

6. 申请费

根据2006年发布的《诉讼费用交纳办法》(国务院令第481号)第8条的规定,依照民事诉讼法规定的特别程序审理的案件,不交纳案件受理费。

但新《民事诉讼法司法解释》第204条规定:"实现担保物权案件,人民法院裁定拍卖、变卖担保财产的,申请费由债务人、担保人负担;人民法院裁定驳回申请的,申请费由申请人负担。申请人另行起诉的,其已经交纳的申请费可以从案件受理费中扣除。"应为法院收取申请费,留下了规定空间。

具体案件立案时,还需根据立案法院的要求,确定是否需办理申请费或案件受理费缴纳手续。例如,《北京市高级人民法院关于立案工作中适用〈民事诉讼法〉若干问题的解答》(京高法发〔2014〕449号)规定"申请实现担保物权的,应比照财产案件受理费标准的1/3交纳申请费”。

7. 财产保全

人民法院受理实现担保物权的申请后,申请人对抵押物提出财产保全申请的,适用《民事诉讼法》关于诉讼保全的规定。但申请人不得对被申请人抵押物以外的其他财产提出财产保全申请。

(二)法院审查

1. 审理前准备

人民法院受理实现担保物权的申请后,应当在5日内向被申请人送达申请书副本、异议权利告知书等文书。被申请人有异议的,应当在收到人民法院通知后的5日内向人民法院提出,同时说明理由并提供相应的证据材料。

2. 审查形式与内容

(1)审查形式:实现担保物权案件可以由审判员一人独任审查,但担保财产标的额超过基层人民法院管辖范围的,应当组成合议庭进行审查。独任审判员或者合议庭应当审核申请人提供的证据,可以通过听证等程序询问申请人、被申请人、利害关系人,必要时可以依职权调查相关事实。

(2)审查内容:人民法院应当就主合同的效力、期限、履行情况,担保物权是否有效设立、担保财产的范围、被担保的债权范围、被担保的债权是否已届清偿期等担保物权实现的条件,以及是否损害他人合法权益等内容进行审查。被申请人或者利害关系人提出异议的,人民法院应当一并审查。

3. 审查结果

人民法院审查后,根据不同情形分别处理:当事人对实现担保物权无实质性争议且实现担保物权条件成就的,裁定准许拍卖、变卖担保财产;当事人对实现担保物权有部分实质性争议的,可以就无争议部分裁定准许拍卖、变卖担保财产;当事人对实现担保物权有实质性争议的,裁定驳回申请,并告知申请人向人民法院提起诉讼。

4. 审理期限

申请实现担保物权的案件,应当在立案之日起30日内或者公告期满后30日内审结。有特殊情况需要延长的,须经人民法院院长批准。此外,就实现担保物权案件,实行一审终审制。

5. 异议程序

就人民法院就实现担保物权案件作出的民事裁定书,当事人、利害关系人认为有错误的,可以向作出该裁定的人民法院提出异议。人民法院经审查,异议成立或者部分成立的,作出新的裁定撤销或者改变原裁定;异议不成立的,裁定驳回。对人民法院作出的准许实现担保物权的裁定,当事人有异议的,应当自收到裁定之日起 15 日内提出;利害关系人有异议的,自知道或者应当知道其民事权益受到侵害之日起 6 个月内提出。

二、贷款清收中特别程序与常规诉讼程序的适用比较

(一)优势分析

与常规诉讼程序相比,实现担保物权特别程序的主要优势在于其时限短、费用低。

1. 审理周期短,节省程序时间。根据民事诉讼法的相关规定,人民法院适用特别程序审理的案件,应当在立案之日起 30 日内审结,且实行一审终审制;而常规诉讼程序实行二审终审制,就一审中适用普通程序审理的案件,人民法院应当在立案之日起 6 个月内审结;即使是适用简易程序审理案件,审理期限也可达到 3 个月;而对于当事人上诉的案件,二审程序审理期限亦为 3 个月。

在实现担保物权特别程序中,取得可供执行的生效法律文书的时间短,有利于加快贷款本息回收进程,节约时间成本,优化银行贷款资产结构,降低了抵质押资产的减值风险。

2. 申请费用少,降低行权成本。例如,北京市规定申请实现担保物权的,应比照财产案件受理费标准的 1/3 交纳申请费。尽管立案时申请费仅是预交,人民法院裁定拍卖、变卖担保财产的,申请费由债务人、担保人负担,但预交的申请费用小,亦可降低行权成本。

(二)劣势分析

1. 适用的局限性

银行按揭贷款清收案件中,并非全部案件均可适用实现担保物权特别程序。如前所述,在按揭过程中,尽管购房人承诺将其所购房屋抵押予银

行,但由于开发商多实行商品房预售,以致购房人所购房屋多为期房(未竣工验收的房屋)。或虽为现房(开发商办理初始登记后销售的房屋),但购房人办理转移登记取得所购房屋《房屋所有权证》尚需一段时间。而根据我国现行规定只有取得《房屋所有权证》的房屋,才可以办理房屋抵押权设立登记。因此,在贷款发放和抵押登记办理完毕期间存在一定的真空期。

若抵押登记办理完毕前,借款人发生逾期,银行拟收回全部贷款的,只能适用常规诉讼程序。只有在抵押登记办理完毕,抵押权已合法设立的前提下,才可选择适用实现担保物权特别程序。

2. 审理的局限性

银行按揭贷款清收案件中,适用特别程序申请实现担保物权的,当事人仅能为银行(抵押权人)及借款人(抵押人),审理的内容亦仅与担保物权是否有效设立,担保物权实现的条件是否已成就,可予以优先受偿的范围相关。

在物的担保及人的担保并存的情况下(即保证人提供全程连带责任保证担保的情况下),特别程序中无法一并要求保证人承担连带保证责任。只能在提起特别程序申请实现担保物权的同时,向人民法院另行就保证人提起诉讼。或在经过特别程序及执行程序后,在抵押物价值不足以清偿贷款本息的情形下,再行通过常规诉讼程序向借款人及保证人提起诉讼。

3. 执行的局限性

在实现担保物权特别程序中,所取得的执行依据即民事裁定书,其裁定内容仅为准予对抵押物进行拍卖、变卖等方式依法变价。因此,进入执行程序后,执行措施较为单一。执行法官只能就裁定中列明的抵押物采取查封、扣押、评估拍卖等强制措施,而对于被执行人的其他财产,不得采取任何强制执行措施,更不能执行保证人的财产。对于抵押物的处置,需经评估拍卖等程序,与直接扣划被执行人银行存款等执行措施相比回款周期更长,且因抵押物的居住使用人拒绝迁出抵押物、案外人异议、抵押物流拍等情况可能致使处置过程中存在一定的不确定性。就实现担保物权的民事裁定书,在执行中一般不对被执行人采取强制申报财产、限制出境、限制高消费、在征信系统记录或通过媒体公布其不履行义务的信息等执行措施。

可见，实现担保物权特别程序的最大优势，在于其取得执行依据的便捷性。但在执行过程中，基于执行措施的单一性，可能导致执行回款时间较长。在抵押物处置金额未能覆盖全部贷款本息的情况下，还需重新启动常规诉讼程序。

比较可见，就抵押权尚未设立即已发生不良的按揭贷款，因缺乏适用特别程序的前提条件，只能适用常规诉讼程序。而就已设立抵押权的贷款债权，在选择诉讼程序时，可综合实际情况予以确定。

一般情况下，对于保证人提供阶段性连带责任保证担保的按揭贷款，因保证人在抵押登记设立后已解除保证责任，银行只能向借款人（即抵押人）求偿。对于财产结构比较单一的借款人，在抵押率较低，即使两次流拍，抵押物价值亦可覆盖全部贷款本息的情形下，应优先选择适用实现担保物权特别程序。

如果保证人提供全程连带责任保证担保，且具有较强的资金实力，或在诉讼前发现借款人其他的货币性或变现快的资产可供采取财产保全措施，从而预判将来的执行程序中并不完全依赖抵押物的处置实现清收的，则可考虑适用常规诉讼程序。

关于实现担保物权特别程序裁定书的执行程序以及常规诉讼程序，将在后续章节中予以详细介绍。

三、实现担保物权特别程序中的法律文件

（一）申请人提交的文件

1. 申请书

启动实现担保物权特别程序，首先要做的就是在审阅案件资料，了解案件事实的基础上，撰写申请书。根据新民事诉讼法司法解释的规定，申请书应当记明申请人、被申请人的姓名或者名称、联系方式等基本信息，具体的请求和事实、理由。

代理律师撰写申请书时，关键是准确表述请求事项，以免遗漏优先受偿的事项。同时，围绕主债权及担保债权形成的过程、抵押登记的设立情况、行使抵押权的条件已成就的情况等，阐述事实与理由。

其中，关于请求事项中列明的予以优先受偿的范围，应按照抵押合同中

约定的担保范围写就，包括贷款本金、利息、罚息、复利、违约金、损害赔偿金、实现担保物权的费用（如律师费等，以实际发生的金额为准）等。

在这里需注意的是，实践中有的登记机关颁发的《他项权证》或其他证明文件中载明的担保范围（债权金额或权利价值）仅为贷款本金。在这种情况下，可向人民法院主张以办理抵押登记时提交的抵押合同约定的担保范围，依法享有优先受偿权。这就要求银行在办理抵押登记时注意，若其向登记机关提供的是专项用于办理抵押登记的简版抵押合同，其约定的担保范围应与已签署的相关协议中的约定保持一致。

示范文本：

实现担保物权申请书

申请人：××银行股份有限公司××支行，负责人×××，住所地为××××，联系方式××××××。

被申请人：×××，男，汉族，××××年××月××日出生，身份证号为×××××，住××××××，联系方式××××××。

请求事项：

请求法院依法裁定对被申请人所有的×××××抵押房产以拍卖、变卖等方式依法变价，申请人就变价后所得价款优先受偿，优先受偿的范围包括贷款本金人民币×××元、截至××年××月××日的利息（含罚息、复利）人民币×××元以及自××年××月××日起至实际清偿之日止的利息罚息复利、律师费人民币×××元。

事实与理由：

××年××月××日，被申请人与×××房地产开发有限责任公司签订了《××市商品房预售合同》（合同编号：××），购买位于××××的房屋。为支付上述房屋购房款，被申请人向申请人申请个人房屋按揭贷款。

××年××月××日，申请人与被申请人签订了《房屋按揭借款合同》（以下简称借款合同），合同约定：借款合同项下贷款金额为人民币××元，贷款期限为××年，贷款年利率为××%，还款方式为等额本息；被申请人自愿以其所购房屋向申请人提供抵押担保，担保范围为贷款本金、利息、罚息、复利、违约金、损害赔偿金、实现抵押权而发生的费用以及其他所有借款人的应付费用。

借款合同签订后，申请人全面履行了合同约定的贷款发放义务。上述房屋也已办理了抵押登记手续。××年××月××日，申请人取得了由××房屋管理局颁发的《房屋他项权利证》，抵押权已有效设立。

但被申请人却未按照合同约定还本付息，并××年××月××日，发生连续的未按期还款行为。暂计到××年××月××日，被申请人已连续××个月、累计××个月未能按合同约定还本付息。

根据借款合同第××条第××款的约定：被申请人连续3个月或累计6个月未能按合同约定还本付息的，申请人有权宣布贷款提前到期，提前收回贷款本息，并有权处分抵押物。现申请人行使担保物权的条件已成就。

故申请人有权依合同约定要求实现担保物权，特此根据《中华人民共和国民事诉讼法》第一百九十六条规定向贵院提起申请，请求法院依法裁如所请！

此致

××××人民法院

申请人：（盖章）

负责人：（签字）

日期：××年××月××日

2. 证据目录

申请实现担保物权，除了要递交申请书之外，还需要向人民法院提交相关证据材料，证明担保物权存在且实现担保物权的条件已成就等事项。而基于人民法院在特别程序中的审查特点，特别程序中并不适用举证期限内的“证据突袭”。因此，在立案之初，即按照一定的逻辑顺序梳理证据并附证据目录，有利于申请人清晰表达自己的主张，有助于审判法官迅速了解案件事实。

示范文本：

××银行股份有限公司××支行与××申请实现担保物权案证据目录

编号	名称	页码	证明内容	证明目的
1	1－1《××市商品房预售合同》	1～28	××年××月××日，被申请人与×××房地产开发有限责任公司签订了《××市商品房预售合同》（合同编号：××），购买位于××××的房屋	当事人签订的合同意思表示真实，内容合法有效。申请人与被申请人之间存在真实有效的借贷关系。借款合同中已就还款期限、罚息利率、处置抵押物的情形等事项作出明确约定
	1－2房屋按揭借款合同	29～39	1. 申请人向被申请人××提供总金额为人民币××万元的按揭贷款。贷款期限为××年，贷款年利率为××%。还款方式为等额本息 2. 根据合同第××条之相关约定，被申请人应在每月20日之前向其在申请人开立的账户中存入当月足额还本付息的款项 3. 根据合同第××条之相关约定，被申请人如未按合同约定的还款日期偿还到期应付的贷款本息，自应付之日起，按合同约定的利息加收××%的罚息。对不能按期支付的利息，按罚息利率计收复利 4. 根据合同第××条之相关约定，被申请人自愿将所购房屋抵押给申请人，抵押担保范围为贷款本金、利息、罚息、复利、违约金、损害赔偿金、实现抵押权而发生的费用以及其他所有借款人的应付费用 5. 根据合同第××条之相关约定，被申请人违约致使申请人采取诉讼方式实现债权的，应承担申请人为此支付的诉讼费、律师费及其他实现债权的费用	

续表

编号	名称	页码	证明内容	证明目的
			6. 根据合同第××条之相关约定,被申请人连续3个月或累计6个月未能按合同约定还本付息的,申请人有权提前收回贷款本息,并处置抵押物	
	1-3 ××银行借款凭证	40	××年××月××日,申请人按照借款合同约定将人民币××万元贷款划入××账户,履行了借款合同项下的义务	
2	房屋他项权利证	41~43	申请人于××年××月××日取得了由××房屋管理局颁发的《房屋他项权利证》	申请人享有的抵押权已有效设立
3	3-1 ××银行系统查询清单	44~46	1. 被申请人已连续××个月未按照借款合同约定还本付息 2. 截至××年××月××日,被告应偿还的贷款本金为人民币×××元,利息(含罚息、复利)为人民币×××	申请人行使担保物权的条件已成就,优先受偿的范围包括提前到期的全部本金、利息、罚息、复利及申请人已支付的律师费
	3-2 律师委托代理协议、支付凭证及律师费发票	47~52	为实现担保物权,申请人已支付律师费人民币×××元	

(二)法院作出的法律文书

1. 通知类文书

如上所述,人民法院受理实现担保物权的申请后,应当在5日内向被申请人送达申请书副本、异议权利告知书等文书。一般情况下,实现担保物权特别程序中,除了《异议权利告知书》之外,人民法院在立案后还会向申请人送达《立案通知书》,向被申请人送达《案件受理通知书》。

以下附《浙江省高级人民法院关于审理实现担保物权案件若干问题的解答》(浙高法〔2013〕152号)中载明的相关通知类文书样式,以供参考。

(1)立案通知书

浙江省× ×人民法院

立案通知书

(××××)×××商特字第××号

__________:

你方与被申请人__________申请实现担保物权一案的申请书已收到。经审查,符合法定受理条件,本院决定立案审理。现将有关事项通知如下:

1. 申请实现担保物权案件,适用《中华人民共和国民事诉讼法》第一百九十六条、第一百九十七条的规定,按特别程序进行审理,实行一审终审。一般自立案之日起三十日内审结,有特殊情况需要延长的,由本院院长批准。

2. 案件审理过程中,当事人有权行使《中华人民共和国民事诉讼法》所规定的相关权利,同时也必须遵守审理秩序,履行相关义务。

3. 如需委托代理人的,应向本院递交由委托人签名或盖章的授权委托书,授权委托书须记明委托事项和权限。如你方系法人或其他组织,还应递交法定代表人或诉讼代表人身份证明书。

4. 应在接到本通知书后三日内,向本院预交案件申请费____元。开户银行:__________;账号:__________;收款人:______。

____年____月____日

(2)案件受理通知书

浙江省× ×人民法院

案件受理通知书

(××××)×××商特字第××号

__________:

本院现已受理申请人__________与你方申请实现担保物权一案。现将有关事项通知如下:

1. 申请实现担保物权案件,适用《中华人民共和国民事诉讼法》第一百九十六条、第一百九十七条的规定,按特别程序进行审理,实行一审终审。一般自立案之日起三十日内审结,有特殊情况需要延长的,由本院院长批准。

2. 案件审理过程中,当事人有权行使《中华人民共和国民事诉讼法》所规定的相关权利,同时也必须遵守审理秩序,履行相关义务。

3. 如需委托代理人的,应向本院递交由委托人签名或盖章的授权委托书,授权委托书须记明委托事项和权限。如你方系法人或其他组织,还应递交法定代表人或诉讼代表人身份证明书。

4. 你方有权对实现担保物权的申请提出异议。未提出异议的,不影响本案的审理。有关异议事项,详见所附的《异议权利告知书》。

附:《异议权利告知书》

____年____月____日

(3)异议权利告知书

实现担保物权案件
异议权利告知书

(××××)×××商特字第××号

__________:

本院已受理申请人__________与你方申请实现担保物权一案。依照《中华人民共和国民事诉讼法》的规定,你方依法享有就案件事实和证据提出异议的权利。现将异议权利及有关事项告知如下:

1. 被申请人提出异议的,应在收到申请书副本之日起____日内向人民法院书面提出,列明具体的异议理由并提供相应证据。逾期未提出异议的,不影响案件审理。

2. 被申请人可就以下事项提出异议:

(1)主合同及担保合同的效力;

(2)依法应登记的担保物权是否已登记;

(3)实现担保物权的条件是否已成就,如主债务是否已届清偿期等;

(4)担保债务的范围与金额,如利息和违约金等费用的计算是否合理,主债务是否已获部分清偿等;

(5)被申请人认为不符合实现担保物权条件的其他情形。

3.人民法院将对申请人提出的实现担保物权申请、被申请人提出的异议以及双方提供的证据进行综合审查,并视情决定是否举行听证。听证将通知申请人、被申请人及相关利害关系人到庭接受询问,当事人应按要求如期参加或委托代理人参加听证。

听证程序中,当事人依法享有申请主持人、记录人回避等权利,有义务遵守听证秩序,无正当理由拒不参加听证或中途退出者,视为对自己权利的放弃。确因特殊原因无法出庭的,经人民法院准许,可以书面答复人民法院的询问。

____年____月____日

2.民事裁定书

就申请实现担保物权的案件,人民法院经审查后依法裁定准予拍卖、变卖担保财产或裁定驳回申请。关于该等案件的民事裁定书文本,可通过中国裁判文书网查询,以了解人民法院审查的重点等内容及司法实践现状。

以下附《浙江省高级人民法院关于审理实现担保物权案件的意见》(浙高法〔2012〕396号)中载明的民事裁定书样式,以供参考。

(1)裁定准予拍卖、变卖担保财产

浙江省××人民法院民事裁定书
(样式一:裁定拍卖、变卖担保财产用)

(××××)×××商特字第××号

申请人:

被申请人:

申请人×××于××××年××月××日向本院提出实现担保物权的申请。本院受理后,依法由独任审判员(或依法组成合议庭)进行了审查。

申请人称,……(写明申请请求及相关事实、理由)

被申请人辩称,……(写明被申请人的意见)

本院经审查认为,……(说理)。申请人的申请符合法律规定,本院予以支持。依照《中华人民共和国民事诉讼法》第一百九十七条、《中华人民共和国物权法》第×××条之规定,裁定如下:

对被申请人×××的×××担保财产准予采取拍卖、变卖等方式依法变价，申请人×××对变价后所得款项在×××的范围内优先受偿。

本裁定为终审裁定。

审判员×××

××××年××月××日

本件与原本核对无异

书记员×××

(2)裁定驳回申请

浙江省××人民法院民事裁定书

(样式二：驳回申请用)

(××××)×××商特字第××号

申请人：

被申请人：

申请人×××于××××年××月××日向本院提出实现担保物权的申请。本院受理后，依法由独任审判员(或依法组成合议庭)进行了审查。

申请人称，……(写明申请请求及相关事实、理由)

被申请人辩称，……(写明被申请人的意见)

本院经审查认为，……(说理)。申请人的申请不符合法律规定，不予支持。依照《中华人民共和国民事诉讼法》第一百九十七条、第一百七十九条之规定，裁定如下：

驳回申请人×××要求实现担保物权的申请，申请人可以向人民法院提起诉讼。

本裁定为终审裁定。

审判员×××

××××年××月××日

本件与原本核对无异

书记员×××

此外,还需注意的是,尽管新民事诉讼法司法解释规定,同一财产上设立多个担保物权,登记在先的担保物权尚未实现的,不影响后顺位的担保物权人向人民法院申请实现担保物权,但在裁定主文的表述上会有所区别。例如,《浙江省高级人民法院关于审理实现担保物权案件若干问题的解答》(浙高法〔2013〕152 号)中明确:“在裁定主文的表述上,由于先顺位担保物权所担保的主债务是否已清偿、是否已到期等问题无法在本案中一并查明,故主文可表述为:‘对被申请人×××的×××担保财产准予采取拍卖、变卖等方式依法变价,申请人×××对变价后所得款项超出顺位在先的×××担保债权的部分,在×××元的范围内优先受偿’。”

N°03 第三章　立案——诉讼程序的开始

立案，是所有诉讼程序之始。当事人拟提起民事诉讼的，应当向有管辖权的人民法院提交民事起诉状（或申请书）、证明其诉讼主体资格的身份证明材料及支持其诉讼请求和事实理由的证据材料。因此，无论是在常规诉讼程序中，向人民法院提起诉讼递交民事起诉状，还是在实现担保物权特别程序中，向人民法院提出申请递交申请书，都需要在立案前准备立案随附资料、确定管辖法院、撰写民事起诉状（或申请书）。

第一节　立案前的准备

立案前，首先要准备的是立案随附资料，包括证明其诉讼主体资格的身份证明材料及支持其诉讼请求和事实理由的证据材料。要准备好证据材料，首要的就是读懂信贷档案、读懂银行系统查询清单。对于银行工作人员来说，这些资料都不陌生，但对于按揭贷款清收诉讼的律师，则需要通过与银行工作人员沟通等方式，掌握这些资料中载明的具体信息。

一、读懂信贷档案

（一）信贷档案资料

银行按揭贷款信贷档案，一般是指银行在经办和管理各类按揭贷款工作中形成的，具有凭证依据作用和参考利用价值的信贷经营管理材料的总称。主要可以分为以下两大类：

1. 个人房屋贷款档案资料

指每一借款人办理按揭贷款时，从贷款申请到贷款审批、贷款发放、贷

后管理过程中形成的信贷资料。一般包括:

(1)借款申请资料:借款申请书,借款人合法有效的身份证件,借款婚姻状况证明,借款人配偶的合法有效身份证件,借款人偿还能力证明(收入证明及其他财产证明),合法有效的购房合同及补充协议,首付款证明,抵押物权利清单、权属证明文件、有处分权人同意抵押的书面证明(银行要求评估、保险的情况下还包括抵押物评估报告、评估单位资格证明及保单等文件)。二手房按揭贷款还需提供所购房屋产权证(央产房等提供有关部门核准交易的批文),原房产共有人同意出售的书面声明。

(2)贷款审批资料及相关协议:个人住房贷款调查审批表,借款合同,保证合同,抵押合同,委托扣款协议等文件。

(3)贷款发放资料:放款通知单或开立贷款账户通知书,贷款发放凭证(借款凭证),还款计划书。

(4)可能形成的贷后管理文件:调整利率通知书或调整后的还款计划书,贷款到期通知书,提前还款申请书,提前归还贷款通知书,催收利息通知书,催还逾期贷款通知书及回执,抵押登记证明材料等。

2. 合作楼盘项目档案资料

合作楼盘项目档案资料,一般是银行在拟对某一房地产开发项目发放按揭贷款之前,就房地产开发企业及其开发项目进行调查时收集的资料及形成的文件。主要包括:

(1)开发商基本情况资料:营业执照,机构代码证、税务登记证,公司章程、联营协议,资质证书,贷款证(卡)、企业信用等级认定书,近3年及近期的财会报告,以及有权部门对财务报表的审查证明。

(2)项目资料:国有土地使用权证,建设用地规划许可证,建设工程开工许可证,建设工程规划许可证,商品房销(预)售许可证。

(3)合作协议资料:商品房销售合作申请书,调查报告,审批书,与开发商签署的合作协议,开发商董事会同意提供保证的决议等。

(二)重要资料筛选

梳理信贷档案,是了解案件事实,作好诉前准备的必经步骤。当然并非全部信贷档案均会用于清收诉讼之中,这就需要律师从信贷档案中有效筛选重要的信息及资料。

1. 身份资料

一般情况下，贷款清收诉讼中，不要求提供借款人也就是被告的身份证复印件，但在撰写民事起诉状之时，需要以借款人的身份证复印件为依据，列明被告的姓名、年龄、民族、身份证号等基本信息。同时，为了便于后续执行中了解借款人配偶的相关信息（特殊情况下可能将借款人的配偶列为共同被告），可从信贷档案中复印借款人及其配偶的身份证复印件、户口本复印件及结婚证复印件以备用。

2. 证据资料

梳理信贷档案的过程中，一般需复印下列资料作为支持银行诉讼请求和事实理由的证据材料，并通过审阅该等资料，了解债权形成及履行等案件事实情况：

（1）商品房买卖合同或二手房买卖合同：相对于借款合同，商品房买卖合同或二手房买卖合同实际为借款合同的主合同。即借款人向按揭银行申请借款，签署借款合同的目的是支付购房款，履行购房合同项下支付义务。因此，需要提供购房合同，用以证明借款人（购房人）与开发商之间存在合法有效的房屋买卖关系，借款的前提真实存在。

（2）借款申请书，即借款人向按揭银行申请贷款时签署的文件，一般会列明申请借款的金额、期限、还款方式等内容，有的银行还要求借款人及其配偶共同签署借款申请书并作出相关承诺。因此，需要提供借款申请书用于证明借款人向按揭银行提出购房贷款申请的事实。

（3）贷款抵押承诺文件，即由抵押人（购房合同中的买受人，一般同借款人）及其配偶（所购房屋即抵押物的共有权人）签署的文件，承诺将其所购房屋抵押予按揭银行作为贷款担保，并承诺在不能按约偿还贷款本息的情形下同意按揭银行行使抵押权人的权利，且承诺拟抵押房屋并非抵押人生活必需居住房屋。因此，需要提供该承诺文件用于证明抵押人同意以所购房屋提供抵押担保的事实。

（4）贷款发放委托书（或同类文件），即由借款人签署的、委托按揭银行将其贷款金额直接划入出卖人（一手房中的开发商或二手房中的售房人）账户。因此，需要提供该委托文件用于与划款凭证相结合证明按揭银行履行放款义务的事实。

(5)扣款委托书或同类文件,即由借款人签署的、授权按揭银行从其在按揭银行处开设的账户中直接划款,用以偿还贷款。因此,需要提供该文件用于与开户通知书相结合,证明借款人还款账户的相关情况。

(6)借款合同、抵押合同及保证合同(或一本制合同):该等合同中一般均会就贷款本金、贷款期限、贷款利率、还款方式、还款日、罚息复利的计算、抵押物及其担保范围、抵押物的处置条件、保证方式及其保证范围、宣布贷款提前到期的条件、实现债权及担保物权的费用承担等事项作出了详细约定。对支持银行的诉讼请求及事实与理由起到至关重要的作用。

(7)开户通知书:用以证明借款人在按揭银行处开设还款账户的情况。

(8)划款凭证:用以证明按揭银行按照借款合同约定及借款人的委托将贷款金额划入借款人指定的账户,履行了借款合同项下的放款义务。

(9)房屋他项权证:在抵押房屋已经办理完毕抵押登记的情况下,登记机关会向按揭银行(即抵押权人)颁发《房屋他项权证》。该证明文件用以证明抵押权已有效设立。

(10)催收通知书或提前到期通知书及回执:贷款发放后,因借款人未能按照合同约定还本付息,银行可能发出催收通知书,在已符合提前收回贷款的条件下,还可能向借款人发出提前到期通知书。因此,需提供该等通知及其回执作为银行主张债权的证明文件。

(11)其他:一般情况下,按揭贷款清收诉讼中,个人房屋贷款档案中的用作证据的资料较多,合作楼盘项目档案中的资料甚少动用。但在个别案件中,开发商就其保证责任的承担提出抗辩的,则除了保证合同(或保证条款)中的相关约定作为证据外,还可以提供按揭银行与开发商签署的合作协议作为证据。

3. 财产信息

除了身份资料及证据资料之外,信贷档案中往往会留存借款人的一些财产信息。例如,银行在贷款审批时要求借款人提供的存款证明、车辆登记证、其他房屋所有权证等资产证明文件。借款人在填写借款申请书时留存的住址信息、工作单位等。这些信息均可用于财产保全措施及后续执行程序,需予以留存备用。

二、读懂银行系统查询清单

除了通过信贷档案了解债权的形成、履行等情况之外，若要明确借款人逾期次数、逾欠金额等情况，则需进一步依赖于向银行财会部门查询的数据。一般情况下，作为借款人未按期足额还款的证明，最直观的证据即为借款人名下还款账户的扣款明细，明细单中显示扣款不成功或扣款金额小于月还款额的，则说明该期本息在还款日未能偿还，发生逾期。

但是，实践中往往存在银行系统在借款人逾期后，当还款账户内有存款时自动扣划逾欠本息及当期本息的情况。因而难以确定银行扣款金额用于偿还了哪期款项、是否已清偿全部逾欠金额等。并且，按揭贷款通常确定的分期还款的期数较多，且明细单往往存有其他交易信息（如利息、利息税、借款人其他交易等），从而导致查阅不便。如果还款账户的扣款明细无法形成统计结果及未还款余额，这就需要直接引用银行系统查询清单作为借款人逾期次数、逾欠金额的证据。

（一）术语介绍

要读懂银行系统查询清单，首先需要了解银行贷款业务中的相关术语。

1. 本金、利息、罚息、复利

本金，即借款合同约定的、由按揭银行实际发放的贷款原始金额；利息，即在贷款期限内以本金为基数按照合同约定的贷款利率计算的利息，贷款到期后不再计利息；罚息，即就借款人未按合同约定的还款期限偿还到期应付的贷款本金，自逾期之日起按照罚息利率计算的罚息；复利，即就不能按期偿还的利息，按照罚息利率计算的复利。

2. 还款方式

银行按揭贷款中，贷款期限一般较长，最长可达 30 年，因此往往约定在贷款期限内分期还本付息，最常采用的是每月还款（实践中还存在每 2 周还款、每 3 个月还款等情形），且多数银行将每月的还款日定为每月 20 日（具体以借款合同约定为准），即借款人应在每月还款日前向还款账户汇入足额款项以便由按揭银行直接扣收当月应还金额。

而具体分期还本付息方式（即还款方式）又分为等额本息还款及等额本金还款。其中，等额本息是指借款人每期（通常为每月）以相等的金额偿还

贷款本息,但首期(自贷款发放日至第一个还款日)与末期(自前一个还款日至贷款到期日)还款按贷款实际天数计算。计算公式为:

每期(月)还款额 = [贷款本金 × 月利率 × (1 + 月利率)^{还款总期数}] ÷ [(1 + 月利率)^{还款总期数} − 1]

等额本金是指借款人每期等额偿还贷款本金,贷款利息随本金逐期递减,但首期与末期还款按贷款实际天数计算。计算公式为:

每期(月)还款额 = [贷款本金 ÷ 还款总期数] + [(贷款本金 − 累计已还本金) × 月利率]

无论哪种还款方式,每期还款额中,均既包括本金又包括利息。

3. 还款计划

即银行依照借款合同中约定的贷款本金、贷款期限、贷款利率、还款方式等事项出具的,借款人应于每个分期还款日(如每月 20 日)向银行偿还的贷款本息金额明细表。贷款期限内因中国人民银行贷款基准利率调整导致借款合同项下贷款利率调整(一般情况下,住房按揭贷款利率为基准利率下浮一定比例,商业用房按揭贷款利率为基准利率上浮一定比例)的,还款计划根据借款合同的约定予以调整(借款合同中一般约定贷款利率,在下一个还款日调整或下一还款年度的首个还款日调整)。

(二)系统清单解读

就银行系统查询清单,各银行格式及载明的事项有所不同。作为代理律师,在首次接触银行系统查询清单时可能会对其中载明的事项不熟悉,这就需要与银行工作人员沟通,明确每一事项及每一事项对应数据的含义,从而准确掌握事实情况,得以撰写民事起诉状并从容应对后续法庭调查阶段的法官询问。

以某商业银行的系统查询清单为例,需查询三组数据,其一为按揭贷款账户的现状查询;其二为"拖欠本息查询";其三为"不良贷款/坏账查询"。

1. 按揭贷款账户的现状查询

按揭贷款账户的现状查询清单中,一般会载明下列事项:

(1)"账户类型":如"二手房屋按揭 5 ~ 30 年"。

(2)"期限":如"360",指 360 个月,即 30 年。

(3)"利率":如"4.585",指借款合同中约定的年利率,通常按照借款合同约定的下浮比例(或上浮比例)乘以中国人民银行贷款基准利率计算,单位为“%”;此外,还可能载明“拖欠本金利率”,指借款合同约定的罚息利率,一般为借款合同约定的利率上浮30%~50%。

(4)“账户名称”“客户名称”:指借款人姓名。

(5)“不良贷款标志”:如“减值贷款户”“拖欠户”等。

(6)“申请”“核准”“发放”“余额”“理论余额”:分别指申请的贷款本金金额;核准的贷款本金金额;发放的贷款本金金额;查询当日借款人实际尚未偿还的贷款本金余额;在借款人按照合同约定每期偿还足额本金的情形下,查询当日借款人理论上应该尚未偿还的贷款本金余额。

(7)“总拖欠”:总拖欠项目中载明的金额与上述“不良贷款标志”相关,如为“减值贷款户”,则总拖欠项下的金额为截至查询日(如2013年6月18日)的前一个还款日(如2013年5月20日),并假设该还款日为全部贷款提前到期日,借款人应付未付的全部贷款本息;但如为“拖欠户”,则总拖欠项下的金额为截止查询日(如2013年6月18日)的前一个还款日(如2013年5月20日),借款人按照借款合同项下的还款计划应付未付的贷款本息。

(8)“计提利息”“日息”:其中计提利息是指以理论余额(实际为银行未宣布贷款提前到期的情形下最近一个还款日后尚未到期的本金)为基数,自最近一个还款日(如2013年5月20日)至查询日(如2013年6月18日)期间按照合同约定的贷款利率计提的利息;而日息则为最近一个还款日后每日计提的利息。

(9)“拖欠本金计提利息”“拖欠利息计提利息”:分别是指截至最近一个还款日就借款人应还未还的本金计算的罚息以及就借款人应还未还的利息计算的复利。

(10)“上一发放日”“上一金融交易日期”“应还款日期”“拖欠次数”:分别载明了贷款发放日、最近一次银行扣款日(但不一定足额扣收)、借款人未能按期足额还款的还款日及借款人未按期还本付息的次数(指连续次数)。

2. 拖欠本息查询

“拖欠本息查询”清单中,除了会载明账户名称、到期日期(指借款合同约定的到期日期)等基本信息外,主要载明的是截至最近一个还款日(如2013年5月20日)借款人按照借款合同项下的还款计划应付未付的贷款本金、贷款利息，以及就逾期的本金及利息分别计算的罚息与复利。

3. 不良贷款/坏账查询

“不良贷款/坏账查询”清单中，除了会载明账户名称等基本信息外，还会载明下列事项：

(1)“付清日”：实际为查询日，即假设借款人在该日偿还全部贷款本息。

(2)“放款余额”“到期本金”：是指截至查询日(并假设该日为贷款提前到期日)，借款人应付未付的全部贷款本金。

(3)“到期利息”：指截至查询日(并假设该日为贷款提前到期日)，借款人应付未付的全部贷款利息，等于“拖欠本息查询”清单项下载明的截至最近一个还款日的拖欠利息与“按揭贷款账户的现状查询”清单项下“计提利息”之和。

(4)“罚息”：指截至查询日(并假设该日为贷款提前到期日)，借款人就逾期的本金金额按照罚息利率计算的罚息。

(5)“欠息复利”“罚息复利”：分别指截至查询日(并假设该日为贷款提前到期日)，借款人就逾期的利息金额按照罚息利率计算的复利，以及就罚息计算的复利。

因此，在银行要求提前收回全部贷款本息的情形下，截至查询日，借款人应付的全部贷款本息总额即为“到期本金”“到期利息”“罚息”“欠息复利”“罚息复利”之和。

三、关于个人信用报告

如前所述，还款账户扣款明细信息零散，银行系统查询清单一般仅体现借款人的连续逾期次数。与之相比，个人信用报告载明了借款人最近 24 个月的还款状态及最近 5 年内前 36 个月的逾期记录，可以更好地体现按揭贷款还款状态的全貌。

因此，在立案准备阶段，借用个人信用报告，有助于尽快了解借款人还款状态，有助于检索还款账户扣款明细中的重点信息。但就个人信用报告，最终是否作为证据提交，需根据实际情况进一步确定。以下先行介绍并解读个人信用报告体现的还款状态，再进一步分析其作为证据资料的可行性。

(一)个人信用报告样本

个人信用报告是个人征信系统提供的，通过将分散在各银行和社会有关方面的公民个人信用信息进行采集、整理、储存而形成的信用报告，其中包括了个人基本信息（自然人身份识别信息、职业和居住地址等信息）、个人信贷交易信息（银行提供的自然人在个人贷款、贷记卡、准贷记卡、担保等信用活动中形成的交易记录）以及反映个人信用状况的其他信息等。

目前使用的个人信用报告版本为2011年版，其中又分为个人版、个人明细版、银行版、银行异议版、征信中心版。以下为2011银行版个人信用报告样本。

个人信用报告
（2011银行版）

报告编号：2011111500000747188332　查询请求时间：2011.11.15 10:05:10

报告时间：2011.11.15 10:05:20

被查询者姓名	被查询者证件类型	被查询者证件号码	查询操作员	查询原因
张十五	身份证	110108＊＊＊＊＊＊181×	中国工商银行信用卡中心/user	特约商户实名审查

一、个人基本信息

身份信息

性别	出生日期	婚姻状况	手机号码	单位电话	住宅电话	学历	学位
男	1981.08.15	已婚	1381＊＊＊1234	010－66＊＊1234	010－61＊＊1234	研究生	硕士
通讯地址				户籍地址			
北京市西城区金融大街35号国际企业大厦A座3＊＊室				北京市朝阳区春晓园北区7号楼C5＊＊室			

配偶信息

姓名	证件类型	证件号码	工作单位	联系电话
山田惠子	外国人居留证	123456＊＊＊＊＊＊8888	中国进出口总公司北京分公司财务部	1391＊＊＊1234

居住信息

编号	居住地址	居住状况	信息更新日期
1	北京市朝阳区春晓园北区7号楼C5＊＊室	按揭	2011.02.01
2	北京市海淀区学院路20号院甲2号楼4＊＊室	集体宿舍	2009.01.22
3	北京市西城区复兴门北大街4号楼6＊＊室	租房	2008.02.01
4	北京市西城区西交民巷64号院1号楼2＊＊室	租房	2008.01.22
5	北京市海淀区花园路10号院3号楼7＊＊室	租房	2007.11.12

职业信息

编号	工作单位	单位地址
1	中国人民银行征信中心＊＊＊部	北京市西城区金融大街35号国际企业大厦A座3＊＊室
2	北京大学信息科学技术学院软件工程研究所	北京市海淀区颐和园路5号理科3号楼6＊＊室
3	清华大学信息科学技术学院	北京市海淀区清华园1号
4	中科院微电子研究所	北京市朝阳区北土城西路3号
5	IBM软件中心	北京市朝阳区北辰东路8号

编号	职业	行业	职务	职称	进入本单位年份	信息更新日期
1	办事人员和有关人员	金融业	中级领导	中级	2008	2011.02.01
2	专业技术人员	信息传输、计算机服务和软件业	中级领导	中级	2007	2009.01.22
3	专业技术人员	信息传输、计算机服务和软件业	一般员工	初级	2004	2008.02.01
4	专业技术人员	信息传输、计算机服务和软件业	一般员工	初级	2003	2008.01.22
5	专业技术人员	信息传输、计算机服务和软件业	一般员工	初级	2001	2007.11.12

二、信息概要

（一）信用提示

住房贷款笔数	其他贷款笔数	首笔贷款发放月份	贷记卡账户数	首张贷记卡发卡月份	准贷记卡账户数	首张准贷记卡发卡月份	本人声明数目	异议标注数目
3	2	2005.09	5	2005.03	5	2005.03	4	4

中征信评分

中征信评分	评分月份
568	2011.06

（二）逾期及违约信息概要

呆账信息汇总		资产处置信息汇总		保证人代偿信息汇总	
笔数	余额	笔数	余额	笔数	余额
3	170,000	1	20,000	1	10,000

逾期（透支）信息汇总

贷款逾期				贷记卡逾期				准贷记卡60天以上透支			
笔数	月份数	单月最高逾期总额	最长逾期月数	账户数	月份数	单月最高逾期总额	最长逾期月数	账户数	月份数	单月最高透支余额	最长透支月数
3	5	5500	2	2	5	5500	2	2	3	5500	4

（三）授信及负债信息概要

未结清贷款信息汇总

贷款法人机构数	贷款机构数	笔数	合同总额	余额	最近6个月平均应还款
2	2	3	1,010,000	552,000	6000

未销户贷记卡信息汇总

发卡法人机构数	发卡机构数	账户数	授信总额	单家行最高授信额	单家行最低授信额	已用额度	最近6个月平均使用额度
2	2	4	80,000	30,000	20,000	15,000	4000

未销户准贷记卡信息汇总

发卡法人机构数	发卡机构数	账户数	授信总额	单家行最高授信额	单家行最低授信额	透支余额	最近6个月平均透支余额
3	3	4	95,000	30,000	5000	12,000	2000

对外担保信息汇总

担保笔数	担保金额	担保本金余额
1	200,000	100,000

三、信贷交易信息明细

（一）资产处置信息

编号	资产管理公司	债务接收日期	接收的债权金额	最近一次还款日期	余额
1	D	2007.11.08	400,000	2011.01.08	20,000

（二）保证人代偿信息

编号	代偿机构	最近一次代偿日期	累计代偿金额	最近一次还款日期	余额
1	F	2008.10.05	100,000	2010.01.08	10,000

（三）贷款

1. 2005年10月20日机构“工商银行北京分行”发放的500,000元（美元折人民币）住房贷款，业务号001，抵押担保，180期，按月归还，2020年10月20日到期。已变成呆账，最近一次还款日期为2010年11月5日，余额为150,000元。

2. 2005年9月22日机构“工商银行北京分行”发放的500,000元（美元折人民币）住房贷款，业务号002，抵押担保，180期，按月归还，2020年9月22日到期。截至2011年11月5日，

五级分类	本金余额	剩余还款期数	本月应还款	应还款日	本月实还款	最近一次还款日期
次级	400,000	108	4055	2011.11.05	0	2011.09.05

当前逾期期数	当前逾期金额	逾期31~60天未还本金	逾期61~90天未还本金	逾期91~180天未还本金	逾期180天以上未还本金
2	5500	1000	0	0	0

2009年12月~2011年11月的还款记录

N	N	N	N	N	N	N	N	N	N	N	N	N	N	N	N	N	N	N	N	N	N	1	2

2009年10月~2009年11月的逾期记录

逾期月份	逾期持续月数	逾期金额	逾期月份	逾期持续月数	逾期金额
2009.10	1	2500	——	——	——

特殊交易类型	发生日期	变更月数	发生金额	明细记录
展期(延期)	2008.09.22	10	318,020	该贷款展期10个月

贷款机构说明	添加日期
该客户委托××房地产开发公司偿还贷款,因开发公司不按时还款导致出现多次逾期	2008.12.22
本人声明	添加日期
本人因出国未能按时还款,非恶意拖欠	2009.12.12
异议标注	添加日期
该贷款记录正处于异议处理中	2010.12.25

3.2007年9月29日机构"A"发放的10,000元(人民币)助学贷款,业务号X,免担保,不定期归还,2011年12月28日到期。截至2011年6月30日,

五级分类	本金余额	剩余还款期数	本月应还款	应还款日	本月实还款	最近一次还款日期
正常	2000	——	1000	2011.06.30	1000	2011.06.09

2009年07月~2011年06月的还款记录

*	*	*	*	*	N	*	*	*	*	*	*	*	*	*	*	*	*	*	*	*	*	*	N

特殊交易类型	发生日期	变更月数	发生金额	明细记录
展期(延期)	2008.11.14	12	5000	该贷款展期12个月

4. 2007年12月2日机构“工商银行天津分行”发放的200,000元(人民币)住房公积金贷款,业务号003,抵押担保,60期,按月归还,2012年12月1日到期。已于2011年08月“转出”。

2009年10月~2011年08月的逾期记录					
逾期月份	逾期持续月数	逾期金额	逾期月份	逾期持续月数	逾期金额
2011.08	2	2000	2011.07	1	1000

特殊交易类型	发生日期	变更月数	发生金额	明细记录
展期(延期)	2009.11.4	12	30,000	该贷款展期12个月

5. 2010年1月12日机构“B”发放的50,000元(人民币)助学贷款,业务号X,免担保,不定期归还,2011年8月11日到期。已于2011年8月“结清”。

2009年10月~2011年08月的逾期记录					
逾期月份	逾期持续月数	逾期金额	逾期月份	逾期持续月数	逾期金额
2011.07	1	2000	——	——	——

(四)贷记卡

1.2005年5月9日机构“A”发放的贷记卡(人民币账户),业务号X,授信额度30,000元,免担保。已变成呆账,最近一次还款日期为2009年8月5日,余额为10,000元。

2. 2005年3月1日机构“工商银行信用卡中心”发放的贷记卡(人民币账户),业务号004,授信额度30,000元,免担保。截至2011年11月12日,

共享额度	已用额度	最近6个月平均使用额度	最大使用额度	本月应还款
30,000	5000	4000	7000	2000
账单日	本月实还款	最近一次还款日期	当前逾期期数	当前逾期金额
2011.11.12	0	2011.09.12	2	5500

2009年12月~2011年11月的还款记录																							
N	N	N	N	N	N	N	N	N	N	N	N	N	N	N	N	N	N	N	N	N	N	1	2

续表

2009 年 10 月 ~2009 年 11 月的逾期记录					
逾期月份	逾期持续月数	逾期金额	逾期月份	逾期持续月数	逾期金额
2009.10	2	5500	——	——	——

特殊交易类型	发生日期	变更月数	发生金额	明细记录
其他	2009.07	0	1000	——

发卡机构说明	添加日期
该卡逾期情况极为严重	2010.12.15
本人声明	添加日期
本人因出国无法及时还款，导致当前逾期，非恶意违约	2011.01.02
异议标注	添加日期
该贷记卡记录正处于异议处理中	2010.11.22

3. 2005 年 3 月 1 日机构“工商银行信用卡中心”发放的贷记卡（美元账户），业务号 005，授信额度折合人民币 30,000 元，免担保。截至 2011 年 11 月 12 日，

共享额度	已用额度	最近 6 个月平均使用额度	最大使用额度	本月应还款
0	0	0	0	0
账单日	本月实还款	最近一次还款日期	当前逾期期数	当前逾期金额
2011.11.12	0	2009.06.12	0	0

2009 年 12 月 ~2011 年 11 月的还款记录																							
*	*	*	*	*	*	*	*	*	*	*	*	*	*	*	*	*	*	*	*	*	*	*	*

4. 2007 年 8 月 12 日机构“A”发放的贷记卡（人民币账户），业务号 X，授信额度 50,000 元，免担保，已于 2011 年 9 月“销户”。

2009 年 10 月 ~2011 年 09 月的逾期记录					
逾期月份	逾期持续月数	逾期金额	逾期月份	逾期持续月数	逾期金额
2011.08	2	5500	2011.07	1	2500

5. 2010 年 3 月 17 日机构“A”发放的贷记卡(人民币账户),业务号 X,授信额度 20,000 元,免担保,截至 2010 年 3 月 17 日尚未激活。

(五)准贷记卡

1. 2005 年 7 月 9 日机构“A”发放的准贷记卡(人民币账户),业务号 X,授信额度 30,000 元,免担保。已变成呆账,最近一次还款日期为 2009 年 2 月 15 日,余额为 10,000 元。

2. 2005 年 3 月 11 日机构“工商银行”发放的准贷记卡(人民币账户),业务号 006,授信额度 30,000 元,免担保。截至 2011 年 11 月 12 日,

共享额度	透支余额	最近 6 个月平均透支余额	最大透支余额	账单日	本月实还款	最近一次还款日期	透支 180 天以上未付余额
30,000	1000	1000	2000	2011.11.12	0	2011.08.19	0

2009 年 12 月~2011 年 11 月的还款记录

N	N	N	N	N	N	N	N	N	N	N	N	N	N	N	N	N	N	N	N	N	1	2	3

2009 年 10 月~2009 年 11 月 60 天以上的透支记录

透支月份	透支持续月数	透支金额	透支月份	透支持续月数	透支金额
2009.10	4	5500	——	——	——

特殊交易类型	发生日期	变更月数	发生金额	明细记录
其他	2009.07	0	1000	——

发卡机构说明	添加日期
该卡透支情况极为严重	2010.12.15
本人声明	添加日期
本人因出国无法及时还款,导致当前透支,非恶意违约	2011.01.02
异议标注	添加日期
该准贷记卡记录正处于异议处理中	2010.11.22

3. 2005 年 3 月 15 日机构“A”发放的准贷记卡(人民币账户),业务号 X,授信额度 30,000 元,免担保。截至 2011 年 06 月 12 日,

共享额度	透支余额	最近6个月平均透支余额	最大透支余额	账单日	本月实还款	最近一次还款日期	透支180天以上未付余额
30,000	1000	1000	2000	2011.06.12	1000	2011.06.12	0

2009年07月~2011年06月的还款记录																							
N	N	N	1	2	3	N	N	N	N	N	N	N	N	N	N	N	N	N	N	N	N	N	N

4. 2007年8月12日机构"A"发放的准贷记卡(人民币账户),业务号X,授信额度50,000元,免担保,已于2011年6月"销户"。

5. 2007年9月11日机构"C"发放的准贷记卡(人民币账户),业务号X,授信额度5000元,免担保,截至2007年9月11日尚未激活。

(六)担保信息

对外担保信息

编号	担保贷款发放机构	担保贷款合同金额	担保贷款发放日期	担保贷款到期日期	担保金额	担保贷款本金余额	担保贷款五级分类	结算日期
1	工商银行	200,000	2008.05.15	2025.05.14	200,000	100,000	正常	2011.01.10

四、公共信息明细

欠税记录

编号	主管税务机关	欠税总额	欠税统计日期
1	北京市东城区地税局	500	2009.05.11
2	甘肃省靖远县国家税务局	700	2008.03.17

民事判决记录

编号	立案法院	案由	立案日期	结案方式
1	北京市宣武区人民法院	——	2008.09.11	判决
2	北京市东城区人民法院	——	2007.05.09	判决

编号	判决/调解结果	判决/调解生效日期	诉讼标的	诉讼标的金额
1	被告张十五赔偿原告李四人民币500,000元	2009.07.09	房屋买卖纠纷	500,000
2	被告张十五赔偿原告王五人民币200,000元	2008.10.11	房屋买卖纠纷	200,000

强制执行记录

编号	执行法院	执行案由	立案日期	结案方式
1	北京市西城区人民法院	——	2008.09.11	执行结案
2	北京市宣武区人民法院	——	2007.05.09	执行结案

编号	案件状态	结案日期	申请执行标的	申请执行标的价值	已执行标的	已执行标的金额
1	执行完毕	2009.09.15	房屋	420,000	房屋买卖纠纷	420,000
2	执行完毕	2008.10.11	房屋	220,000	房屋买卖纠纷	220,000

行政处罚记录

编号	处罚机构	处罚内容	处罚金额	生效日期	截至日期	行政复议结果
1	青海省西宁市地方税务局	责令限期改正、没收违法所得	400	2007.07.01	——	无
2	湖南省建设管理服务中心	暂扣或者吊销许可证、暂扣或者吊销执照	——	2006.09.	2008.09	——

住房公积金参缴记录

参缴地	参缴日期	初缴月份	缴至月份	缴费状态	月缴存额	个人缴存比例	单位缴存比例
内蒙古自治区通辽市	2006.07.01	2006.07	2006.12	缴交	1000	12%	12%
缴费单位							信息更新日期
科左中旗努日木苏木经管站							2010.07.01

养老保险金缴存记录

参保地	参保日期	累计缴费月数	参加工作月份	缴费状态	个人缴费基数	本月缴费金额	信息更新日期
北京市东城区	2001.03.08	36	1995.06	正常	5623	1022	2010.11.08
缴费单位					中断或终止缴费原因		
中国工商银行					——		

养老保险金发放记录

发放地	离退休类别	离退休月份	参加工作月份	本月实发养老金	停发原因
北京市东城区	正常退休	2010.03	1995.06	1560	——
原单位名称					信息更新日期
中国工商银行					2011.01.08

（备注：有养老保险金发放信息时，仅展示养老保险金发放信息，不展示养老保险缴费信息。另，本备注内容非表样内容，不进行展示）

低保救助记录

编号	人员类别	所在地	工作单位	家庭月收入	申请日期	批准日期	信息更新日期
1	在职职工	北京市	——	200	1995.01.08	1995.03.08	2000.03.15

执业资格记录

编号	执业资格名称	等级	获得日期	到期日期	吊销日期	颁发机构	机构所在地
1	会计从业资格证书	省市级机构颁发的执业资格证书	2007.05	2007.05	——	江西省财政厅	江西省南昌市市辖区
2	会计从业资格证书	省市级机构颁发的执业资格证书	2009.03	2010.03	——	北京市财政厅	北京市市辖区朝阳区

行政奖励记录

编号	奖励机构	奖励内容	生效日期	截至日期
1	甘肃省白银市地方税务局	优秀纳税人	2008.06.13	2009.09.13
2	湖南省建筑管理服务中心	暂缺	2009.05	2010.05

车辆交易和抵押记录

编号	车牌号码	发动机号	品牌	车辆类型	使用性质	车辆状态	抵押标记	信息更新日期
1	京 NJ8745	JTLGK12E79563	丰田	客车	非营运	正常	未抵押	2010.09.14
2	京 NK5624	GKJTL12E79536	大众	客车	非营运	正常	已抵押	2010.12.14

电信缴费记录

编号	电信运营商	业务类型	业务开通日期	当前缴费状态	当前欠费金额	当前欠费月数	记账年月
1	中国铁通甘肃分公司	固定电话后付费	2006.08.17	欠费	500	表示欠费超过宽限期2个月不足3个月	2010.10
2	中国网通(集团)山西省通信公司	移动电话	2007.03.24	正常	0	正常	2010.11

编号	最近24个月缴费记录																							
1	N	N	N	N	1	N	N	N	N	N	N	N	N	N	N	N	N	N	N	N	N	N	1	2
2	N	N	N	N	N	N	N	N	1	N	N	N	N	N	N	N	N	N	N	N	N	N	N	N

五、本人声明

编号	声明内容	添加日期
1	本人身份证丢失,2011年1月后的新业务均非本人办理	2010.10.14

六、异议标注

编号	标注内容	添加日期
1	中国铁通甘肃分公司报送的固定电话并未欠费,异议正在处理中	2010.12.16

七、查询记录

查询记录汇总

最近1个月内的查询机构数		最近1个月内的查询次数		最近2年内的查询次数		
贷款审批	信用卡审批	贷款审批	信用卡审批	贷后管理	担保资格审查	特约商户实名审查
0	0	0	0	7	0	0

信贷审批查询记录明细

编号	查询日期	查询操作员	查询原因
1	2010.02.10	D/xykcrmz	信用卡审批
2	2009.12.14	B/kmzui	贷款审批

报告说明

1. 本报告由中国人民银行征信中心出具,依据截至报告时间个人征信系统记录的信息生成。除查询记录外,其他信息均由相关机构提供,征信中心不保证其真实性和准确性,但承诺在信息汇总、加工、整合的全过程中保持客观、中立的地位。

2. 本报告中的评分处于试用验证阶段,仅供使用本信用报告的银行等授信机构参考,授信机构因使用评分引起的消费者的异议、纠纷应自行解决,并自行承担由此引起的任何法律责任。

3. 本报告中如果没有“逾期及违约信息概要”信息,说明消费者最近5年内没有连续逾期。

4. 本报告中的金额类数据均以人民币计算,精确到元。

5. 本报告不展示5年前已经结束的逾期及违约行为,以及5年前的欠税记录、强制执行记录、民事判决记录、行政处罚记录、电信欠费记录。

6. 贷款(发卡)机构说明是数据报送机构对具体业务添加的特别说明信息。

7. 本人声明是消费者对信用报告中的信息所附注的简要说明,消费者对本人声明的真实性负责。

8. 异议标注是征信中心添加的,用于说明消费者对信用报告中的哪些信息有异议,以及商业银行对异议信息的核实情况。

9. 本报告内容涉及个人隐私,查询者应依法使用、妥善保管。因使用不当造成个人隐私泄露的,征信中心将不承担相关责任。

(二)贷款信息解读

1. 贷款还款状态说明

就按揭银行查询打印的借款人个人信用报告,应重点关注本行的按揭贷款信息,2011年版信用报告中详细记录了报告查询时间前24个月的贷款还款状态,其中的各种符号和数字的含义如下:

/表示未开立账户;*表示本月没有还款历史,还款周期大于月的数据用此符号标识,还款频率为不定期,当月没有发生还款行为的用此符号标识,开户当月不需要还款的也用此符号标识;N 表示正常(借款人已经按时归还该月应还款金额的全部);1 表示逾期 1 ~ 30 天;2 表示逾期 31 ~ 60 天;3 表示逾期 61 ~ 90 天;4 表示逾期 91 ~ 120 天;5 表示逾期 121 ~ 150 天;6 表示逾期 151 ~ 180 天;7 表示逾期 180 天以上;D 表示担保人代还(表示借款人的该笔贷款已由担保人代还,包括担保人按期代还与担保人代还部分贷款);Z 表示以资抵债(表示借款人的该笔贷款已通过以资抵债的方式进行还款,仅指以资抵债部分);C 表示结清(借款人的该笔贷款全部还清,贷款余额为 0,包括正常结清、提前结清、以资抵债结清、担保人代还结清等情况);G 表示结束(除结清外的,其他任何形态的终止账户);#表示账户已开立,但当月还款状态未知。

2. 实例解读

(1)例一

若就某笔贷款在查询之日前 24 个月的还款记录如下表所示:

2013 年 5 月 ~2015 年 4 月的还款记录																							
*	N	N	N	N	N	N	1	2	N	N	N	N	N	N	N	N	1	2	3	4	5	6	7

则说明:按揭银行在 2013 年 5 月当月发放贷款,同时借款人开立或关联还款账户,当月不还款;2013 年 6 月至 11 月借款人均按期足额还款,自 2013 年 12 月起发生连续 2 期未按期还款行为,2013 年 12 月以及 2014 年 1 月两月的还款日应还本息均未得以偿还;2014 年 2 月,借款人偿还了拖欠的贷款本息,包括 2013 年 12 月、2014 年 1 月及 2014 年 2 月应还金额,此后正常还款;自 2014 年 10 月起再次发生连续的未按期还款行为,直至 2015 年 4 月;自贷款发放后至 2015 年 4 月期间,借款人连续 7 个月、累计 9 个月逾期。

(2)例二

①2015 年 2 月 5 日查询打印的信用报告中载明(因系统信息更新滞后,未能体现 2015 年 1 月还款状态):

2013 年 1 月 30 日机构“××银行北京分行”发放的 800,000 元(人民币)住房贷款,业务号××,抵押担保,120 期,按月归还,2023 年 1 月 30 日到期。截至 2014 年 12 月 31 日,

五级分类	本金余额	剩余还款期数	本月应还款	应还款日	本月实还款	最近一次还款日期
损失	781,551	97	6796	2014.12.31	0	2013.09.29

当前逾期期数	当前逾期金额	逾期31～60天未还本金	逾期61～90天未还本金	逾期91～180天未还本金	逾期180天以上未还本金
19	188,210	0	0	0	93,909

2013年1月～2014年12月的还款记录																							
*	N	1	1	2	3	3	4	4	5	6	7	7	7	7	7	7	7	7	7	7	7	7	7

②2015年2月5日查询打印的银行系统查询清单中载明："上一发放日"为2013年1月30日；"上一金融交易日期"为2013年9月29日；"应还款日期"为2013年6月20日；"拖欠次数"为20次。

③信息解读：

根据信用报告及银行系统单"上一发放日"载明的信息，该笔按揭贷款的发放日为2013年1月30日，借款人自2013年2月起每月20日还款；2013年2月20日借款人按期足额还本付息，2013年3月20日借款人未能偿还当期应还款项，发生逾期；3月20日至4月20日期间借款人向还款账户汇入的部分款项，但账户内金额不足以清偿3月及4月两期应还本息，仅偿还了3月20日应还款项，而未能偿还4月20日当期应还本息（根据4月20日显示逾期天数小于30日判断，银行在还款账户金额不足时扣收的款项优先偿还拖欠本息后再行偿还当期贷款本息）；同理，5月20日及6月20日借款人未按期足额还款，6月20日至7月20日期间借款人向还款账户汇入的部分款项，但账户内金额不足以清偿四期应还本息，仅偿还了4月20日应还款项，而未能偿还5月、6月、7月当期应还本息；8月20日借款人未按期足额还款，8月20日至9月20日期间借款人向还款账户汇入的部分款项，但账户内金额不足以清偿五期应还本息，仅偿还了5月20日应还款项，而未能偿还6月、7月、8月、9月当期应还本息；根据信用报告中的"最近一次还款日期"及银行系统查询清单中的"上一金融交易日期"显示，还款账户在2013年9月29日发生一笔扣款，但该扣款金额不足以偿还2013年6月20日的应还款项；自2013年10月20日后借款人一直未能还款。

借款人自2013年6月20日起的当期应还本息未能得以偿还，因此，银行系统查询清单中的“应还款日期”为2013年6月20日(信用报告中的“应还款日”实际为信用报告出具时的贷款信息截止日,与清单中并非同一概念),自2013年6月20日至2015年2月5日查询日,借款人连续20个月(信用报告中缺少2015年1月的还款状态,因此显示“当前逾期期数”为19)未能按照借款合同约定还本付息;而借款人自2013年3月20日起即已发生逾期行为,累计23个月未能按照借款合同约定还本付息。

(三)是否作为证据提交

由上可见,个人信用报告在表现按揭贷款的还款状态上更为直观。司法实践中,亦存在银行将个人信用报告作为证据向人民法院提交的情形。但提交个人信用报告作为诉讼中的证据,需注意下列事项:

1. 传来证据的证明力

《个人信用信息基础数据库管理暂行办法》(中国人民银行令〔2005〕第3号)第6条规定:商业银行应当遵守中国人民银行发布的个人信用数据库标准及其有关要求,准确、完整、及时地向个人信用数据库报送个人信用信息。可见,个人信用报告中关于涉诉按揭贷款的还款状态信息,实际来源于按揭银行报送的数据。因此,个人信用报告并非原始证据,一般情况下仅可配合银行系统查询清单使用,难以单独作为借款人未按照借款合同还本付息的证据。

且具有可替代性,例如,借款人自2014年1月开始发生连续的未还款行为,至诉讼前已连续12个月逾期,对此还款账户的明细单显示自2014年1月20日开始银行因还款账户内余额为零再未扣划还款,且银行系统查询清单显示拖欠次数为12次,现有证据已足以证明事实情况且足以证明借款合同约定的提前收回全部贷款本息的条件已成就,因此,可不再提供个人信用报告作为证据。

2. 信用报告的使用范围

根据《个人信用信息基础数据库管理暂行办法》(中国人民银行令〔2005〕第3号)第12～13条的规定:商业银行审核个人贷款申请或对已发放的个人信贷进行贷后风险管理的,可以向个人信用数据库查询个人信用报告;且对已发放的个人信贷进行贷后风险管理的,无须取得被查询人的书面授权即可查询个人信用报告。但对于查询结果,也就是信用报告的使用范围未作出明确规定。

可能存有争议的是,个人信用报告是否属于借款人的隐私,有权查询个人信用报告是否当然意味着有权将查询结果运用在清收诉讼的过程中向法院提交。作者认为,将个人信用报告作为证据提交并未超出银行的正当使用范围,亦未侵犯借款人的隐私。但是,在存有其他证据足以替代个人信用报告的情况下,为避免争议,可不将个人信用报告作为证据提交。

四、准备诉讼当事人身份证明材料

(一)主体资格证明文件

1. 常规文件

拟就按揭贷款提起清收诉讼的,应提前准备按揭银行(即借款合同中的贷款银行,一般为支行)的主体资格证明文件,包括营业执照、组织机构代码证书、金融许可证复印件加盖银行公章。其中,营业执照及组织机构代码证用于证明诉讼当事人的主体存续情况,为合法设立的主体。金融许可证用于证明按揭银行为合法设立的金融机构,具有从事贷款业务的主体资格。

此外,还应准备负责人(按揭银行一般为支行,即银行分支机构,非独立法人)身份证明书原件,以及负责人居民身份证复印件加盖银行公章。其中,负责人身份证明书格式附后:

负责人身份证明书

兹证明×××在我单位××银行股份有限公司××支行任行长职务,是我单位××银行股份有限公司××支行的负责人。

特此证明。

××银行股份有限公司××支行(公章)
年　　月　　日

附:负责人身份证复印件

负责人住址:

邮政编码:

联系电话:

2. 变更文件

若借款合同签署后，按揭银行的名称发生变更，如"××银行股份有限公司北京亚运村支行"名称变更为"××银行股份有限公司北京奥运村支行"，则还应准备工商登记部门出具的名称变更核准通知书复印件加盖银行公章。

此外，实践中还存在按揭银行的负责人发生变更，但相关证件中载明的负责人信息尚未完成变更登记的情形。这种情形下，鉴于实际签署授权委托书及民事起诉状的负责人姓名与相关银行证件中载明的负责人信息不符，除应在《负责人身份证明书》中按照实际负责人信息出具证明外，还应向法院提交银行内部的负责人任免文件复印件加盖银行公章，作为相应的证明资料。

(二)委托代理手续

1. 代理人的范围与人数

根据民事诉讼法的相关规定，律师、基层法律服务工作者，当事人的近亲属或者工作人员，当事人所在社区、单位以及有关社会团体推荐的公民，均可以被委托为诉讼代理人。每一当事人的诉讼代理人不得超过2人。按揭贷款清收诉讼中，按揭银行往往委托律师或本行工作人员作为代理人提起诉讼。

司法实践中，各地对"当事人的工作人员"及其提交的证明材料有着不同的要求。以北京为例，《北京市高级人民法院关于民事案件立案材料要求的规范意见》(京高法发〔2014〕451号)规定，"当事人的工作人员"系与当事人存在真实、合法、持续劳动关系(含人事、任用关系等)的职工；代理人为当事人的工作人员的，应当提交劳动合同、工作证、社保缴费记录、工资支付记录等与当事人有合法人事关系的证明材料。

2. 委托代理文件

(1)授权委托书

银行委托代理人提起诉讼的，需提前准备由银行盖章并由其负责人签字的授权委托书。授权委托书必须记明委托事项和代理人的代理权限。代理人代为承认、放弃、变更诉讼请求，进行和解，提起反诉或者上诉，必须有委托人的特别授权。附授权委托书样本如下：

授权委托书

委托单位:××银行股份有限公司××支行

住所地:

负责人:　　　　　　职务:

受委托人:××　　　　　　　　　　　职务:律师

工作单位:××律师事务所　　　　　　联系电话:

受委托人:××　　　　　　　　　　　职务:律师

工作单位:××律师事务所　　　　　　联系电话:

现委托上列受委托人在我单位与××金融借款合同纠纷一案中,作为我方的代理人。代理人的代理权限:

提起诉讼;代为陈述;参与庭审或其他相关程序;承认、变更或者放弃诉讼请求;进行调解或者和解;提起反诉;提起上诉;申请执行;收取或者收转执行标的;签署、送达、接受法律文书。

委托单位:××银行股份有限公司××支行(公章)

负责人:(签字)

年　　月　　日

本授权委托书一式三份

(2)代理人身份证明文件

代理人身份证明文件包括:律师执业证、法律服务工作者的执业证及公民代理人的身份证的原件及复印件。

此外,代理人为律师的,还应提交律师事务所的证明或函件;代理人为基层法律服务工作者的,应提交基层法律服务所出具的介绍信及当事人一方位于本辖区内的证明。代理人为银行工作人员的,如上,应当提交劳动合同、工作证、社保缴费记录、工资支付记录等与当事人有合法人事关系的证明材料(各地法院对证明材料的具体要求可能有所不同)。

第二节　确定管辖法院

所谓管辖，是指各级人民法院之间以及同级人民法院之间受理第一审民事案件的权限和分工。拟提起按揭贷款清收诉讼的，必然要明确向哪个人民法院立案。

一、确定级别管辖

（一）三级法院一审案件划分标准

级别管辖，是指上下级法院之间划分受理第一审民事案件的分工和权限。根据民事诉讼法的相关规定，基层人民法院管辖中级人民法院、高级人民法院以及最高人民法院管辖范围以外的第一审民事案件。中级人民法院管辖重大涉外案件，在本辖区有重大影响的案件以及最高人民法院确定由中级人民法院管辖的案件。高级人民法院管辖在本辖区有重大影响的第一审民事案件。最高人民法院管辖在全国有重大影响的案件以及认为应当由本院审理的案件。

而各省市范围内三级人民法院之间管辖第一审民商事案件的标准有所不同。根据最高人民法院2015年4月30日公布的《关于调整高级人民法院和中级人民法院管辖第一审民商事案件标准的通知》，将各地级别管辖划分标准列明如下：

1. 就当事人住所地均在受理法院所处省级行政辖区的第一审民商事案件

北京、上海、江苏、浙江、广东高级人民法院，管辖诉讼标的额5亿元以上一审民商事案件，所辖中级人民法院管辖诉讼标的额1亿元以上一审民商事案件。

天津、河北、山西、内蒙古、辽宁、安徽、福建、山东、河南、湖北、湖南、广西、海南、四川、重庆高级人民法院，管辖诉讼标的额3亿元以上一审民商事案件，所辖中级人民法院管辖诉讼标的额3000万元以上一审民商事案件。

吉林、黑龙江、江西、云南、陕西、新疆高级人民法院和新疆生产建设兵团分院，管辖诉讼标的额2亿元以上一审民商事案件，所辖中级人民法院管辖诉讼标的额1000万元以上一审民商事案件。

贵州、西藏、甘肃、青海、宁夏高级人民法院，管辖诉讼标的额1亿元以上一审民商事案件，所辖中级人民法院管辖诉讼标的额500万元以上一审民商事案件。

2. 就当事人一方住所地不在受理法院所处省级行政辖区的第一审民商事案件

北京、上海、江苏、浙江、广东高级人民法院，管辖诉讼标的额3亿元以上一审民商事案件，所辖中级人民法院管辖诉讼标的额5000万元以上一审民商事案件。

天津、河北、山西、内蒙古、辽宁、安徽、福建、山东、河南、湖北、湖南、广西、海南、四川、重庆高级人民法院，管辖诉讼标的额1亿元以上一审民商事案件，所辖中级人民法院管辖诉讼标的额2000万元以上一审民商事案件。

吉林、黑龙江、江西、云南、陕西、新疆高级人民法院和新疆生产建设兵团分院，管辖诉讼标的额5000万元以上一审民商事案件，所辖中级人民法院管辖诉讼标的额1000万元以上一审民商事案件。

贵州、西藏、甘肃、青海、宁夏高级人民法院，管辖诉讼标的额2000万元以上一审民商事案件，所辖中级人民法院管辖诉讼标的额500万元以上一审民商事案件。

（二）按揭贷款清收诉讼一般由基层人民法院管辖

根据上述规定，按揭贷款的涉诉金额未能达到中级人民法院的管辖标准，一般情况下由基层人民法院管辖。但不排除特殊情况发生的可能性。因此，涉及具体案件前，应根据诉讼请求的涉案金额以及当事人是否涉外或港澳台等具体情况，依据当地人民法院的具体标准，确定级别管辖。

二、确定地域管辖

地域管辖，是指同级人民法院之间划分受理第一审民事案件的分工和权限。《民事诉讼法》确定了被告住所地（公民提起的民事诉讼，被告住所地与经常居住地不一致的，由经常居住地人民法院管辖）管辖的一般管辖原则，并对不同类别的案件作出了具体管辖规定，且就特殊案件规定了专属管辖。此外，《民事诉讼法》还规定了在不违反级别管辖和专属管辖的前提下，合同或者其他财产权益纠纷的当事人可以书面协议选择被告住所地、合同履行地、合同签订地、原告住所地、标的物所在地等与争议有实际联系的地点的人民法院管辖。

因此,要确定按揭贷款清收诉讼的地域管辖,首先要明确清收诉讼的案件类别、相关合同中是否有协议管辖条款等前提。

(一)需明确的前提

1. 按揭贷款清收诉讼属于何种类别的案件

诉讼案件的类别,从大的方面,可分为民事案件、刑事案件、行政案件。广义的民事案件又可分为民事案件、商事案件、知识产权案件、海事海商案件、铁路运输纠纷案件、劳动争议案件等。其中,狭义的民事案件包括人格权纠纷、婚姻家庭、继承纠纷、机动车交通事故责任纠纷等,商事案件包括承揽合同纠纷、借款合同纠纷、票据纠纷、保险纠纷等。

而按揭贷款清收诉讼,属于商事案件,其案由为“金融借款合同纠纷”。根据诉争的法律关系还可能涉及“保证合同纠纷”“抵押合同纠纷”等。

在《民事诉讼法》关于专属管辖及协议管辖的规定中,按揭贷款清收诉讼不适用专属管辖,可由当事人在被告住所地、合同履行地、合同签订地、原告住所地、标的物所在地的范围内协议约定管辖法院。

2. 借款合同、保证合同、抵押合同等协议中是否有协议管辖条款

(1)有协议管辖条款

如前所述,办理按揭贷款,一般需签署借款合同、保证合同、抵押合同(或一本制合同),实践中银行印制的各版本合同中均有协议管辖条款,且一般均约定为银行住所地人民法院管辖。

但在涉及具体案件时,清收诉讼案件的代理人在拿到案件资料后,首先就应查阅借款合同、保证合同、抵押合同中是否约定了协议管辖条款,且各合同中约定的管辖法院是否一致。

相关合同中约定的管辖法院不符合上述民事诉讼法规定的,可能导致协议管辖条款无效。约定两个以上与争议有实际联系的地点的人民法院管辖的,银行可以向其中任一个人民法院起诉。

借款合同、保证合同、抵押合同等合同中约定的管辖法院不一致的,参照《北京市高级人民法院关于涉保证合同纠纷案件管辖确定的通知(试行)》

(2012 年 6 月 6 日起实施)的规定:当事人就主合同(即借款合同)和保证合同发生纠纷,债权人以主债务人、保证人作为共同被告向人民法院提起诉讼的,保证合同与主合同确定管辖不一致的,应当根据主合同确定案件管辖。主合同有约定管辖的,从其约定;主合同没有约定管辖的,由债务人住所地或主合同履行地的人民法院管辖。但保证合同的当事人订有仲裁协议,约定纠纷由仲裁机构仲裁的除外。债权人与保证人仅就保证合同发生纠纷,保证人承担连带保证责任,债权人仅向保证人主张权利的,应根据保证合同确定管辖,保证合同没有约定的,由保证人住所地、保证合同履行地的人民法院管辖。

(2)无协议管辖条款

若借款合同等相关协议中未约定管辖条款,则需根据法律规定确定管辖法院。《民事诉讼法》第 23 条规定:因合同纠纷提起的诉讼,由被告住所地或者合同履行地人民法院管辖。

其中,被告为公民的,被告住所地是指公民的户籍所在地,户籍所在地与经常居住地不一致的,由经常居住地人民法院管辖。经常居住地是指公民离开住所地至起诉时已连续居住一年以上的地方,但公民住院就医的地方除外。被告的户籍迁出后尚未落户,且没有经常居住地的,由其原户籍所在地人民法院管辖。

被告为法人或者其他组织的,被告住所地是指法人或者其他组织的主要办事机构所在地,主要办事机构所在地不能确定的,法人或者其他组织的注册地或者登记地为住所地。

合同约定履行地点的,以约定的履行地点为合同履行地。合同对履行地点没有约定或者约定不明确,争议标的为给付货币的,接收货币一方所在地为合同履行地。

鉴于借款合同的争议标的为给付货币,因此,银行住所地为合同履行地,若借款合同等相关协议中未约定管辖条款,则由被告住所地或银行住所地人民法院管辖。

3. 拟起诉地点法院系统的构成

在确定了管辖指引(即被告住所地或银行住所地人民法院等)后,若要确定具体向哪个人民法院提起诉讼,则需进一步明确当地法院系统的构成。

以北京市为例:

北京市的行政辖区之内,设有下列法院:

(1)北京市高级人民法院

(2)中级人民法院

①北京市第一中级人民法院,下设清河法庭和团河法庭两个派出法庭,且管辖海淀区、石景山区、门头沟区、昌平区、延庆县地域内法律规定由其审理的第一审案件以及上述区(县)基层人民法院的上诉、抗诉案件。

②北京市第二中级人民法院,管辖东城区、西城区、丰台区、房山区、大兴区地域内法律规定由其审理的第一审案件以及上述区基层人民法院的上诉、抗诉案件。

③北京市第三中级人民法院,管辖朝阳区、通州区、顺义区、怀柔区、平谷区、密云县地域内法律规定由其审理的第一审案件以及上述区(县)基层人民法院的上诉、抗诉案件。

④北京市第四中级人民法院,管辖以北京市区(县)人民政府为被告的第一审行政案件,按照级别管辖标准应由本市中级人民法院管辖的金融借款合同纠纷案件、保险纠纷案件、涉外及涉港澳台的第一审商事案件,跨地区的重大环境资源保护案件、重大食品药品安全第一审案件,北京市人民检察院第四分院提起公诉的案件,北京市高级人民法院指定管辖的其他特殊案件,按照最高人民法院《关于铁路运输法院案件管辖范围的若干规定》、北京市高级人民法院《关于指定北京铁路运输中级法院和北京铁路运输法院受理案件范围的通知》由北京铁路运输中级法院管辖的案件,对北京铁路运输法院、天津铁路运输法院、石家庄铁路运输法院第一审裁判的上诉案件。

此外,北京铁路运输中级法院尚未撤销,但其原管辖案件已由四中院管辖。

(3)基层人民法院

北京市海淀区人民法院(下设复兴路人民法庭、东升人民法庭、山后人民法庭、上地人民法庭、中关村人民法庭共五个派出法庭);北京市石景山区人民法院(下设五里坨人民法庭一个派出法庭);北京市门头沟区人民法院(下设王平村人民法庭、斋堂人民法庭共两个派出法庭);北京市昌平区人民法院(下设小汤山法庭、回龙观法庭、沙河法庭、南口法庭、东小口法庭共五个派出法庭）；北京市延庆县人民法院（下设八达岭法庭、沈家营法庭、永宁法庭共三个派出法庭）；北京市东城区人民法院；北京市西城区人民法院；北京市丰台区人民法院（下设王佐人民法庭、花乡人民法庭、卢沟桥人民法庭、方庄人民法庭和右安门人民法庭共五个法庭）；北京市房山区人民法院（下设长阳法庭、城关法庭、长沟法庭、燕山法庭、河北法庭、窦店法庭共六个派出法庭）；北京市大兴区人民法院（黄村法庭、红星法庭、安定法庭、采育法庭、庞各庄法庭、榆垡法庭、开发区法庭共七个派出法庭）；北京市朝阳区人民法院（下设南磨房法庭、王四营法庭、酒仙桥法庭、双桥法庭、奥运村法庭、亚运村法庭、温榆河法庭共七个派出法庭）；北京市通州区人民法院（下设宋庄法庭、马驹桥法庭、张家湾法庭、漷县法庭四个派出法庭）；北京市顺义区人民法院（下设杨镇法庭、牛栏山法庭、李遂法庭、后沙峪法庭共四个派出法庭）；北京市怀柔区人民法院（下设庙城法庭、雁栖法庭、汤河口法庭共三个派出法庭）；北京市平谷区人民法院（下设金海湖法庭、王辛庄法庭、东高村法庭、峪口法庭、大华山法庭共五个派出法庭）；北京市密云县人民法院（下设巨各庄法庭、双井法庭、溪翁庄法庭、太师屯法庭共四个派出法庭）。

此外，还设有北京铁路运输法院（除管辖原铁路相关案件外，北京市高级人民法院还指定其受理东城区、西城区、朝阳区、海淀区内发生的运输合同纠纷案件及保险纠纷案件）。

（4）专门法院

北京知识产权法院。

由上可见，只有在了解了当地法院系统的具体组成之后，才能清楚的确定管辖法院。例如，若就某一金融借款合同纠纷案件，借款合同中约定由银行住所地法院管辖，且该银行的住所地位于北京市海淀区，则在涉诉金额未达到中级人民法院一审案件标准的情况下，应由北京市海淀区人民法院管辖，即使同时位于海淀区的还有北京知识产权法院，因其为专门受理知识产权案件的法院，本案不由其管辖；若该案涉诉金额已达到中级人民法院一审案件标准，则应由北京市第四中级人民法院管辖，即使四中院具体地址位于北京市丰台区，亦应由其管辖。又如，若就某一保险纠纷案件（银行作为抵押物财产保险的第一受益人要求获得保险赔偿），相关协议约定由保险公司住所地法院管辖，且该保险公司的住所地位于北京市海淀区，但根据北京市高级人民法院的指定,海淀区内发生的保险纠纷案件由北京铁路运输法院管辖,则即使北京铁路运输法院的具体地址位于北京市丰台区,亦应由其管辖。

还需注意的是,部分基层法院与其派出法庭之间就一审案件的管辖亦可能有分工规定,虽然这并不影响民事起诉状的撰写(如此致×××人民法院部分),但会影响具体案件立案之时前往何处地址办理立案手续。

(二)需考虑的因素

如上所述,无论是协议管辖还是法定管辖,均有可能存在两个以上有管辖权的人民法院的情形,这就涉及了管辖法院的选择。

一般情况下,在选择管辖法院时,通常会选择银行住所地法院管辖,主要是考虑到地理位置相对便捷、避免被告住所地法院地方保护等因素。但在涉及具体案件时,需具体问题具体分析,不能一概而论。

案例分析:

2011年2月13日,按揭银行与借款人张某签署了《借款合同》,其后,按揭银行按照合同约定发放了贷款人民币120万元,并在2012年4月办理了房屋抵押登记,取得《房屋他项权证》。2012年12月开始,借款人张某连续6个月未按照借款合同约定还本付息。2013年7月,按揭银行拟对张某提起诉讼,发现银行的抵押物已于2013年1月被北京市大兴区人民法院因张某与第三人建设工程纠纷案件诉讼保全查封,该保全查封案件刚刚开始办理建设工程鉴定及笔迹鉴定手续,诉讼周期较长。

上述案例中,借款合同中并未约定管辖条款,根据法律规定银行有权在被告住所地北京市大兴区人民法院及合同履行地即银行住所地北京市朝阳区人民法院之间选择立案法院。在这一案件中,尽管选择朝阳法院可免除代理人奔波之苦,同时又不存在地方保护的可能性,且抵押物亦位于朝阳区,但本案还是选择了大兴法院管辖。主要是考虑到银行的抵押物已因为建设工程纠纷案件而被大兴法院首封,而该建设工程纠纷案件诉讼周期较长进入执行程序的时间具有不确定性,如果按揭银行在朝阳法院起诉,根据民事诉讼法的规定只能在朝阳法院(财产所在地亦为朝阳法院)申请执行,但朝阳法院因抵押物已被大兴区人民法院首封而难以处置抵押物,如需协调需通过北京市高级人民法院;而若在大兴法院诉讼并申请执行,则如需在建设工程纠纷案件未结案或未进入执行程序的情况下提前处置抵押物仅需在大兴法院内部协调。最终,本案先行进入执行程序后,大兴法院执行法官在与首封申请人协调签署确认笔录后,提前处置了抵押物,银行得以提前优先受偿、收回全部贷款本息。

第三节 撰写民事起诉状

对于任何一个民事诉讼案件,立案之时都必须提供民事起诉状。民事起诉状由原被告信息、案由、诉讼请求、事实与理由、致送法院、起诉人署名几部分组成。

一、确定适格当事人、适用正确案由

如前所述,银行按揭贷款中,一般包括五组法律关系,即购房人与开发商(或其他出卖人)之间的房屋买卖关系,借款人(一般即为购房人)与银行之间的借贷关系,购房人与银行之间的抵押关系,开发商(或其他担保机构)与银行、借款人之间的保证关系,购房人、银行与保险公司之间的保险关系。无论是确定当事人还是确定案由,都与法律关系息息相关。

(一)当事人

1. 与按揭贷款相关的被告范围

一审案件中的当事人一般即为原告与被告,在按揭银行作为原告的情形下,被告即为与按揭银行发生纠纷的法律关系中的另一方。上述五组法律关系之中:

(1)银行并非房屋买卖关系中的任何一方,因此不能就房屋买卖关系提起诉讼。

(2)在借贷法律关系之中,主要的权利义务内容为银行(贷款人)履行放款义务,借款人履行还款义务。借款人未能按照借款合同的约定向银行还本付息的,由此产生纠纷时,则与银行相对、作为借贷法律关系另一方的借款人可以作为被告。

(3)在抵押法律关系之中,主要的权利义务内容为购房人(抵押人)应按照抵押合同的约定,配合银行(抵押权人)办理抵押登记,且在抵押权已有效

设立的情况下，由抵押人以抵押物承担担保责任，在符合约定的情况下处置抵押物，使担保的借贷法律关系中的主债权得以优先受偿。

购房人未能按照抵押合同的约定，配合银行办理抵押登记或未能配合银行行使抵押权的，由此产生纠纷时，与银行相对、作为抵押法律关系另一方的购房人（即抵押人，一般同借款人）可以作为被告。其中，就抵押法律关系中因购房人未配合办理抵押登记引发的纠纷，基于银行在贷款审批之时已采取了收押房产证（或开发商直接移交房产证）、预先签署抵押申请与授权文件等防范措施，实践中较为少见，且银行一般不会单独就此提起诉讼，本书中不再就此予以讨论。

(4)在保证法律关系之中，主要的权利义务内容为开发商（或其他担保机构）作为保证人，为借贷法律关系中的主债权承担阶段性或全程连带责任保证担保，履行代偿义务。保证人未能按照保证合同的约定，在借款人未还本付息的情形下代为清偿的，由此产生纠纷，与银行相对、作为保证法律关系另一方的开发商（或其他担保机构）可以作为被告。

(5)在保险法律关系之中，主要的权利义务内容为在发生保险事故（火灾、地震等），导致抵押物价值贬损或灭失的情形下由保险公司（保险人）向银行（受益人）赔付相应款项。因此，在发生保险事故，保险公司未能按照约定履行赔付义务，产生纠纷的情形下，与银行相对、作为保险法律关系另一方的保险公司可以作为被告。但鉴于产生该种纠纷的前提是已出现保险事故，实践中较为少见，且与主债权的履行情况关联不大，本书中亦不再就此予以讨论。

2. 确定具体案件的被告

(1)根据发生纠纷的法律关系确定具体案件被告

如前文之界定，本书中的贷款清收，是指银行在贷款到期后或在借款人未能按期足额还本付息的情形下，根据借款合同约定宣布贷款提前到期，以货币资金方式收回贷款本息的行为。因此：

①在贷款清收诉讼中，必然发生纠纷的，是借贷法律关系（即借款人未履行还款义务），于是，借款人是贷款清收诉讼中的当然被告。

②在抵押法律关系中，最主要的纠纷是抵押人未配合行使担保物权。而银行有权要求行使担保物权的前提是抵押登记已办理完毕，抵押权已有

效设立。因此,若拟提起诉讼之时尚未办理完毕抵押登记,则在贷款清收诉讼中不得以抵押人作为被告(抵押人与借款人为同一人的情况下系基于其借款人的身份地位被列为被告而非基于其抵押人的身份地位被列为被告)。

在此,需要探讨的是,若已经办理完毕抵押登记,在民事诉讼法就实现担保物权作出特别程序规定的情形下,还能否将抵押人列为一审普通程序或简易程序的被告,主张行使抵押权并以抵押物变价款优先受偿。作者对此持否定态度,具体理由在下文诉讼请求部分予以阐述。

③在保证法律关系中,基于保证人未履行代偿义务引发纠纷的前提是保证人负有保证责任(未超出保证期间等)。因此,若保证人提供的是阶段性连带责任保证担保,且拟提起诉讼之时抵押登记已办理完毕,解除了保证人的保证责任,则此时不得再以保证人为被告。保证人提供阶段性连带责任保证担保,拟提起诉讼之时尚未办理完毕抵押登记的,或保证人提供全程连带责任保证担保且未超过保证期间的,应以保证人为被告(鉴于按揭贷款中银行一般均要求保证人提供连带责任保证担保,关于一般保证不在本书中予以讨论)。

因此,在贷款清收诉讼中,被告为借款人,而在有保证人提供连带责任保证担保、负有保证责任的情形下,被告为借款人与保证人。

(2)选择性的增加或放弃被告

涉及具体案件时,可根据实际情况选择性的增加或放弃被告。例如,就某一按揭贷款拟提起诉讼之时,发现借款人(购房人、抵押人)与其配偶已协议离婚且离婚协议中约定按揭所购房屋归其配偶所有而债务由借款人承担,且此时尚未办理房屋抵押登记。但按揭贷款审批之时,借款人的配偶签署承诺文件,承诺"若借款人出现拖欠还款或无法还款的情形,同意为借款人向银行承担连带还款责任,履行向银行偿还借款人未清偿部分本息及相关费用的义务"。考虑到在这种情形下,案件进入执行阶段后可能难以执行按揭所购房屋,因此,立案之时,除了将借款人及保证人(保证合同的当事人)列为被告外,还应将借款人的配偶列为共同被告。

银行在拟对借款人及保证人提起诉讼(尚未办理抵押登记)之时,发现借款人下落不明,可能需要公告送达,按揭所购房屋因借款人其他案件被其他法院首封。而保证人资金实力雄厚且开发的楼盘仍在销售中,有自由现金流用于办理财产保全。在此情形下，考虑到借款人公告送达耗时较长，其按揭所购房屋因被其他法院首封可能难以参与受偿，为争取尽快回款，可选择放弃将借款人作为被告，而仅起诉保证人。当然，在放弃被告的情形下可能面临决策风险，需审慎确定。

3. 正确填写当事人的信息

在原被告确定后，撰写起诉状时应准确填写原被告的信息。就原告（按揭银行，即借款合同中的贷款人，一般为分支机构，即银行的支行），应根据其营业执照列明银行名称（支行名称）、住所、负责人的姓名与职务以及按揭银行联系方式。就被告，对借款人应根据信贷档案中留存的身份证复印件列明被告的姓名、性别、住所、身份证号等信息，并根据借款合同或借款申请书等文件中载明的通讯方式列明被告的通讯地址及联系方式；对保证人，在保证人为公司法人的情形下，应通过全国企业信用信息公示系统查询企业最新的工商登记信息，并根据该查询结果列明保证人名称、住所、法定代表人等信息。

（二）案由

案由一般是人民法院进行民事案件管理的手段，民事诉讼法中并未要求将案由列入民事起诉状中。但各地法院具体要求不一，如《北京市高级人民法院关于民事案件立案材料要求的规范意见》（京高法发〔2014〕451 号）规定，起诉人委托律师为诉讼代理人的，应依据法律关系列明案由。

根据《最高人民法院关于印发修改后的〈民事案件案由规定〉的通知》（法〔2011〕42 号），民事案件案由反映案件所涉及的民事法律关系的性质，是将诉讼争议所包含的法律关系进行的概括。同一诉讼中涉及两个以上的法律关系的，应当依当事人诉争的法律关系的性质确定案由，均为诉争法律关系的，则按诉争的两个以上法律关系确定并列的两个案由。

因此，可对照发生纠纷的民事法律关系确定贷款清收诉讼中民事起诉状中列明的案由。一般情况下，贷款清收诉讼的案由为“金融借款合同纠纷”，涉及要求保证人承担保证责任的，则案由为“金融借款合同纠纷及保证合同纠纷”，具体以人民法院确定的案由为准。

二、确定诉讼请求、表述事实与理由

(一)诉讼请求

1. 宣布贷款提前到期区别于解除借款合同

司法实践中,很多金融借款合同纠纷案件的诉讼请求第 1 项往往就是“解除原被告双方签署的《借款合同》”,作为其后续要求收回全部贷款本息的依据。但是,提前收回全部贷款本息,并非以借款合同解除为前提,其关键是看借款合同中的约定。

若借款合同中并未约定银行要解除借款合同,而是明确约定“甲方(注:指借款人)如有下列情形之一的,乙方(注:指贷款人)有权停止发放贷款,宣布本合同项下已发放的全部贷款提前到期,提前收回贷款本息,并有权处分抵/质押财产和/或要求保证人承担连带保证责任”,则诉讼请求应直接要求借款人偿还全部贷款本息,而并非解除借款合同。

实际上,宣布贷款提前到期与解除借款合同并非同一法律概念。例如,《合同法》第 203 条规定:“借款人未按照约定的借款用途使用借款的,贷款人可以停止发放借款、提前收回借款或者解除合同。”可见,银行提前收回借款的权利和解除合同的权利是两种并列的权利,而非合同解除制度所包容。提前收回借款或解除合同虽然最终均会导致合同终止,但其致使合同终止的时间及原因并不相同。根据《合同法》第 91 条的规定,债务已经按照约定履行或者合同解除均可导致合同的权利义务终止。提前收回借款,实质是银行根据借款合同的约定变更了贷款期限(提前到期)、还款方式(按月还款变更为一次性还款)等合同履行方式,合同仍然正在履行过程中,因此银行可以继续按照借款合同的约定计算利息、罚息、复利等,只有在借款人归还了全部贷款本息后(无论是自动履行还是执行阶段强制履行),借款合同才基于“债务已经按照约定履行”终止。而解除合同,将致使借款合同在其解除之日即已终止,其后的恢复原状、赔偿损失等均为后合同义务。

与解除借款合同相比,行使“提前收回借款”的权利更有利于维护银行的权益。《合同法》第 97 条规定:“合同解除后,尚未履行的,终止履行;已经履行的,根据履行情况和合同性质,当事人可以要求恢复原状、采取其他补救措施,并有权要求赔偿损失。”据此,若银行要求解除借款合同,就未履行的部分，即借款人按照还款计划剩余未还的贷款本息不再履行。就已经履行的，即就银行已发放的贷款本金由借款人扣除其已向银行偿还的贷款本息后，向银行返还，恢复原状。对于银行的损失，借款人应予以赔偿，但除非合同中明确约定了赔偿标准，否则银行的损失可能难以界定，例如，银行的实际损失就是借款人资金占用期间的利息损失，但对于以何种利率计算利息损失可能存有争议；当然也可以主张预期可能利益损失，要求借款人支付按照合同约定的贷款期限计算的全部利息，但该种诉讼请求不一定得到法院的支持，亦与银行系统的计息方式不符。

一方面，目前大多数的银行按揭贷款允许借款人选择提前还款且不收取任何的提前还款违约金等费用，银行的预期可得利息损失具有不确定性，无法当然作为赔偿损失的标准，在当事人双方未就赔偿损失的标准作出明确约定的情形下，法院对此具有自由裁量权。另一方面，就逾期贷款，银行系统内会按照借款合同约定的贷款利率、罚息利率等自动计算利息、罚息、复利等金额，而若主张借款合同解除，在恢复原状、赔偿损失的法律后果下，难以再适用借款合同的约定将利息、罚息、复利作为诉讼请求。

因此，在主张解除借款合同的情况下，就只能适用合同中关于解除责任的相关约定或在没有约定的情况下根据合同法的规定要求借款人赔偿损失，但赔偿的损失与利息、罚息、复利不能直接画等号。

要注意的是，目前银行推行的按揭贷款合同往往为借款合同、抵押合同、保证合同三本合一的合同，统一命名为"《房屋按揭借款合同》"等，如起诉状中的第一条诉讼请求即列明"解除原被告签署的《房屋按揭借款合同》"，则可能产生一并解除借款合同、抵押合同、保证合同的歧义。

如果借款合同明确约定了银行享有在一定情形下宣布贷款提前到期的权利，则不应再将解除借款合同作为诉讼请求之一。而应直接按照借款合同的约定，主张提前收回全部贷款本息，这样才可以有理有据的适用借款合同的约定计算利息、罚息、复利，并行使合同约定的处分抵押财产、要求保证人承担责任的权利。

2. 明确借款人应偿还款项及应承担的诉讼费用

在明确了提前收回全部贷款本息的前提之下，就可以在民事起诉状中列明要求借款人偿付的具体款项了，一般可以分为两大类：

(1)本金、利息、罚息、复利

尽管银行按揭贷款中的保证合同(条款)、抵押合同(条款)等均列明了担保的主债权范围除本金、利息、罚息、复利之外,还包括了"违约金、损害赔偿金"等,但是,一般情况下借款人未能按期还款产生的违约责任仅为罚息、复利,其与本金、利息一并作为银行的诉讼请求之一。

通常在写民事起诉状时,代理人仅需按照银行提供的系统查询结果(如前文提到的"不良贷款/坏账查询")列明暂计到起诉之日的本金、利息、罚息、复利即可。但是,代理人除了知其然之外,还要知其所以然,这样才能更好地应对法庭调查。

从一定程度上而言,银行系统的计息方式可能与借款合同项下的提前收回贷款本息的约定略有不符。如上所述,利息是贷款期限内的利息,因此在银行宣布贷款提前到期后,不应再计算利息,而是计算罚息与复利。但是,基于银行系统内仅有"付清日"的设置、而无"提前到期日"的设置,[①]所以银行系统中仅能查询到以当日作为付清日应付的利息、罚息、复利,而无法更改系统已设置的贷款期限,在银行另行确定的"提前到期日"后按贷款已到期的情形计算罚息、复利。

例如,按揭银行于2013年1月30日向借款人发放了人民币80万元的贷款,贷款期限为10年,贷款到期日为2023年1月30日,贷款利率为6.765%,还款方式为等额本息,每月20日还款8222.68元(其中本金逐渐递增、利息逐渐递减,但每月还款的本息总额一致),按月计息。自2013年6月20日开始借款人发生连续未按期还款的行为。截至2015年2月5日银行向法院提起诉讼当日,根据银行系统查询清单,借款人按照还款计划拖欠的本金为99,255.4元,拖欠的利息为83,573.51元;在假设2015年2月5日为付清日的情形下,借款人应还的到期本金781,554.35元、当日的本金理论余额为682,298.95元、到期利息85,624.96元、罚息8838.85元、复利7549.72元。2015年3月5日,法院开庭审理。

上述案例中,若完全依据借款合同之约定,按揭银行在2015年2月5日

① 鉴于作者并非银行系统的专业开发维护人员,在此仅依据曾代理银行的系统查询清单反映的信息进行分析,并不代表银行系统操作的客观实际情况。

起诉之日视为宣布贷款提前到期(实践中还存在银行起诉前向借款人送达《提前到期通知书》的情形),则该笔涉诉按揭贷款的到期日应为 2015 年 2 月 5 日(或《提前到期通知书》载明的提前到期日),贷款到期后,银行才可要求借款人偿还全部的贷款本息,且到期后不再计算利息,而是对逾欠的本金计算罚息、对逾欠的利息计算复利。因此,起诉状中列明的诉讼请求应为:"请求人民法院依法判令被告向原告偿还贷款本金人民币 781,554.35 元、利息人民币 85,624.96 元以及截至实际清偿之日止的罚息、复利(暂计至 2015 年 2 月 5 日的罚息为人民币 8838.85 元、复利为人民币 7549.72 元,自 2015 年 2 月 6 日起的罚息、复利按照借款合同的约定计算)"。2015 年 3 月 5 日,法院开庭审理时若要求原告提供最新的逾欠金额,则截至 2015 年 3 月 5 日,借款人应还的本金仍为 781,554.35 元,利息仍为 85,624.96 元,但罚息应为暂计至 2015 年 2 月 5 日的罚息 8838.85 元加上以本金 781,554.35 元为基数按照罚息利率自 2015 年 2 月 6 日计算至 2015 年 3 月 5 日的罚息,而复利应为暂计至 2015 年 2 月 5 日的复利 7549.72 元加上以利息 85,624.96 元为基数按照罚息利率自 2015 年 2 月 6 日计算至 2015 年 3 月 5 日的复利。

但是,在银行系统中,因无法更改系统已设置的贷款期限,只能按照贷款未到期的情形计算利息、罚息、复利。即若 2015 年 3 月 5 日法院开庭审理时,要求原告提供最新的逾欠金额,则根据 2015 年 3 月 5 日查询打印的系统清单:借款人拖欠的本金是指 2013 年 6 月 20 日(含,下同)至 2015 年 2 月 20 日(不含,下同)期间借款人按照还款计划(120 个月分期等额还款)应还未还的本金金额;拖欠的利息是指 2013 年 6 月 20 日至 2015 年 2 月 20 日期间借款人按照还款计划应还未还的利息金额。2015 年 3 月 5 日借款人应还的到期本金是指 2013 年 6 月 20 日至合同约定的贷款到期日 2023 年 1 月 30 日期间借款人按照还款计划应还未还的本金金额。

而本金理论余额是在假设借款人按期还款的情况下自 2015 年 2 月 20 日至合同约定的贷款到期日 2023 年 1 月 30 日期间借款人按照还款计划应还未还的本金金额;到期利息是指 2013 年 6 月 20 日至 2015 年 2 月 20 日期间的拖欠利息,加上 2015 年 2 月 20 日至假设的付清日 2015 年 3 月 5 日期间以本金理论余额为基数按照贷款利率计算的利息;罚息是自 2013 年 6 月 20 日起以每月 20 日拖欠的本金为基数按照罚息利率分段计算罚息;复利是自2013年6月20日起以每月20日拖欠的利息为基数按照罚息利率分段计算复利。

因此,若依照银行系统的计算方式,民事起诉状中列明的诉讼请求应为:“请求人民法院依法判令被告向原告偿还贷款本金人民币781,554.35元以及截至实际清偿之日止的利息、罚息、复利(暂计至2015年2月5日的利息为人民币85,624.96元、罚息为人民币8838.85元、复利为人民币7549.72元,自2015年2月6日起的利息、罚息、复利按照借款合同的约定计算)”。

由上可见,宣布贷款提前到期后,按照借款合同的约定计算的罚息、复利金额要高于银行系统中在其后计算的利息、罚息、复利金额。但实践中,银行一般均会按照银行系统的计算方式,主张借款人应还的贷款本息金额。对此,律师代理按揭贷款清收诉讼起诉前,经与银行沟通后,确定主张的贷款本金、利息、罚息、复利金额,并在民事起诉状中明确列明。

(2)律师费、案件受理费、保全费、公告费等实现债权的费用

借款合同中往往均会约定,因借款人违约致使银行采取诉讼方式实现债权的,借款人应承担银行为此支付的诉讼费、仲裁费、保全费、公告费、评估费、鉴定费、拍卖费、差旅费、律师费及其他实现债权的费用。因此,在起诉之时,可以将上述实现债权的费用一并列入诉讼请求之中。

需要注意的是,该等费用应该是实际已发生的费用,或起诉时虽未实际发生但在诉讼程序中必然发生的费用。例如,对于律师费,若银行在起诉前已聘请了律师并实际支付了律师费,可以将实际已支付的律师费金额纳入诉讼请求之中。但是,若律师费采用风险代理的支付方式,在银行实际收回贷款本息后根据已收回的金额支付律师费,则因该等实现债权的费用尚未发生且金额不确定,不能列入诉讼请求。

对于案件受理费及保全费(申请费),根据《诉讼费用交纳办法》的规定,案件受理费/申请费由原告/申请人预交,诉讼费用由败诉方负担,部分胜诉、部分败诉的,人民法院根据案件的具体情况决定当事人各自负担的诉讼费用数额。因此,就该等费用,即使未列入诉讼请求,人民法院亦会根据相关规定在判决书中确定当事人应承担的金额。

对于公告费,鉴于起诉之时尚无法确定该诉讼案件是否需要办理公告送达,因此,在起诉时,可列明“请求人民法院依法判令被告承担本案的诉讼

费用(案件受理费、保全费、公告费等)”,在庭审时则根据实际情况对该项诉讼请求予以明确。一般情况下,若案件需公告送达,庭审时已实际发生的是送达起诉状及开庭传票的公告费,送达判决书的公告费尚未实际发生。因此,在庭审时明确诉讼请求时,需向法官说明,但就尚未实际发生的送达判决书的公告费,人民法院是否支持实践中有所不同,依赖于具体审判人员的认定。

对于评估费、鉴定费、拍卖费,一般在按揭贷款清收诉讼的审判阶段并不涉及,因此可不再明确列入诉讼请求之中。

3. 实现担保物权还能否作为一审普通程序(简易程序)中的诉讼请求

本书在第二章第二节中已就实现担保物权的特别程序作出了详细介绍。在此讨论的是,在民事诉讼法已就实现担保物权作出特别规定的情形下,在一审的普通或简易诉讼程序中,还能否将实现担保物权列为诉讼请求。

笔者认为,既然民事诉讼法已就实现担保物权作出特别程序规定,则不应在一审普通或简易程序中就实现担保物权提出诉讼请求。但是,实现担保物权的诉讼请求,其重点在于请求人民法院依法裁定对于担保房产以拍卖、变卖等方式依法变价,确认的是实现担保物权的方式;而在贷款清收诉讼的一审普通程序或简易程序中,虽然不适合请求人民法院裁定以拍卖等方式实现担保物权,但可以请求人民法院确认银行对其已设立抵押权的抵押物享有优先受偿权。

例如,在具体表述上,实现担保物权中的诉讼请求可表述为:请求法院依法裁定对被申请人所有的×××××抵押房产以拍卖、变卖等方式依法变价,申请人就变价后所得价款优先受偿。而金融借款合同纠纷案的诉讼请求可表述为:请求法院依法确认原告有权就被告所有的×××××抵押房产的拍卖、变卖、折价款优先受偿。

涉及具体案件时,可与立案法官或审判法官进一步沟通。实践中,即使审判阶段未将上述确认优先受偿权的内容列入诉讼请求,一般情况下亦不会影响执行阶段的优先受偿,但出于审慎考虑,在法官不提异议的情况下,还是建议在起诉状中明确提出该项诉讼请求。

4. 关于保证人承担连带清偿责任的范围

如前所述,按揭贷款中,保证人多承担的是阶段性连带责任保证担保,因此一般不存在人的保证与物的担保并存的情况。保证人承担连带清偿责任的范围，即为保证合同中约定的保证范围，一般均会包括：本金、利息、罚息、复利、违约金、损害赔偿金、实现债权的费用以及其他所有主债务人的应付费用等。

但若在保证人提供全程连带责任保证担保且抵押权已设立的情形下，则会涉及人的保证与物的担保并存的情况。《物权法》第176条规定："被担保的债权既有物的担保又有人的担保的，债务人不履行到期债务或者发生当事人约定的实现担保物权的情形，债权人应当按照约定实现债权；没有约定或者约定不明确，债务人自己提供物的担保的，债权人应当先就该物的担保实现债权；第三人提供物的担保的，债权人可以就物的担保实现债权，也可以要求保证人承担保证责任。提供担保的第三人承担担保责任后，有权向债务人追偿。"

在人的保证与物的担保并存的情况下，如何表述要求保证人承担保证责任的诉讼请求，依赖于保证合同等协议的约定。实践中，大多数保证合同中均会约定债权人有权自行选择担保人承担担保责任的顺序。例如，"保证人承诺，不论债务人或第三方是否为主债权提供其他担保，不论上述其他担保何时成立、是否有效、债权人是否向其他担保人提出权利主张，也不论是否有第三方同意承担主合同项下的全部或部分债务，保证人均对担保范围内的全部债权承担担保责任，并且同意由债权人在各项担保中自主选择实现担保的顺序和额度。无论债权人过去、现在或将来是否已经、将要或可能放弃（包括但不限于放弃抵押权或其他担保权利、放弃抵押权或其他担保权利的顺位）、变更（包括但不限于变更抵押权或其他担保权利的顺位、担保金额或范围）、减免债务人或任何第三方过去、现在或将来已经、将要或可能提供的任何抵押权、质权或保证或其他任何形式的担保，保证人的担保责任均不因此而减少或免除，保证人承诺仍然按照本合同的规定提供担保。"在此情形下，保证人不得以物的担保提出抗辩，对保证人的诉讼请求可表述为"请求法院依法判令被告二（保证人）为被告一（借款人）应支付的上述全部款项承担连带保证责任，履行连带还款义务"。

在保证合同中无明确约定，借款人以其自己所购房屋提供物保的情况下，根据上述规定，债权人应当先就该物的担保实现债权。从法律规定而言，对保证人的诉讼请求应表述为"请求法院依法判令被告二（保证人）在原告行使抵押权后对被告一(借款人)仍未偿还的款项承担连带保证责任,履行连带还款义务”。但从诉讼策略上而言,仍然沿用第一种表述亦无不可,但是否支持依赖于审判人员的认定。

在此需要说明的是,代理律师应对起民事诉状中列明的诉讼请求有着基本的预判,哪些诉讼请求一般会得到法院支持,哪些诉讼请求可能无法得到法院支持,在起诉前应与当事人进行良好的沟通。在不影响诉讼成本增加的情况下,可以尽量在起诉状中列全诉讼请求,避免因遗漏诉讼请求而导致庭审过程中的风险(如被告要求答辩期导致诉讼程序拖延、公告送达的案件庭审中增加诉讼请求可能不被法官允许等)。

而对于某部分可能不被法院支持的诉讼标的金额(如合同约定的违约金金额过高,人民法院可能根据被告的答辩意见予以调低等),因其导致案件受理费金额增加,该部分金额若最终未被法院支持其对应的案件受理费会由原告方承担,对此,代理律师应在起诉前向当事人充分予以说明,由当事人决定是否坚持该部分诉讼标的金额纳入诉讼请求。

(二)事实与理由

在民事起诉状中陈述事实与理由时,最重要的就是要将关键的案件事实,按照一定的逻辑顺序表述出来。

1. 什么是关键的案件事实

所谓关键的案件事实,就是足以支持诉讼请求的案件事实。要紧紧围绕诉讼请求来表述案件事实。如上所述,按揭贷款清收诉讼中,诉讼请求主要包括:要求借款人偿还全部贷款本息;确认原告就抵押房屋享有优先受偿权;要求保证人承担连带清偿责任;要求被告承担律师费等实现债权的费用。

因此,围绕要求借款人偿还全部贷款本息,需要在事实与理由中,阐述:什么时候签署了借款合同,借款合同对还款方式是怎样约定的,什么情况下借款人有权提前收回全部贷款本息,什么时候贷款人发放了全部贷款,合同履行过程中借款人出现的逾期还款情况,借款合同项下宣布贷款提前到期的条件是否已成就等。

围绕确认原告就抵押房屋享有优先受偿权,需要在事实与理由中,阐述:什么时候签署了抵押合同,抵押合同就抵押物、担保范围等是如何约定的,什么时候办理了抵押登记并取得他项权利证书等。

围绕要求保证人承担连带清偿责任，需要在事实与理由中，阐述：什么时候签署了保证合同，保证合同中就保证责任、担保范围等是如何约定的，经贷款人主张保证人未承担保证责任的事实情况等。

对于要求被告承担律师费等实现债权的费用，一般情况下，若仅主张案件受理费、保证费等诉讼费用，则基于法律法规有所规定，可不在事实与理由中予以陈述。若主张律师费，则需说明贷款人为实现债权在什么时候签署了委托代理协议、什么时候支付了多少金额的律师费等事实情况。对于具体案件，若还存在借款人的其他违约行为等事实情况，需一并列明。

2. 逻辑顺序

对于上述关键的案件事实，需以一定的逻辑顺序用较为简练的语言陈述。一般情况下，可以按照时间顺序进行陈述，如首先是借款人与开发商签署了购房合同；为支付购房款向银行提出了借款申请；其次贷款人与借款人、抵押人、保证人签署了借款合同、抵押合同、保证合同，该等合同就相关事项作出了约定；合同签署后，贷款人发放了贷款，但借款人却未按照约定还本付息；目前的还款状态等。最后可就原告的起诉行为作一个总结，例如，“综上，原告方认为被告逾期还款的行为已构成严重违约。现原告为维护自身合法权益，特向贵院提起诉讼，请求法院依法判如所请”。

（三）其他注意事项

陈述完了事实与理由之后，在民事起诉状的尾部还应按照已经确定的管辖法院列明起诉状致送的法院名称。而在最后的具状人署名时，鉴于按揭贷款清收诉讼中原告为银行，即公司法人或公司法人的分支机构，则民事起诉状应当加盖公章，并有其法定代表人或负责人的签字或盖章。

以下附民事起诉状示范文本：

示范文本一：

民事起诉状

原告：××银行股份有限公司××支行，负责人××，住所地北京市东城区××，联系电话：××；

被告：刘××，男，××年××月××日出生，汉族，身份证号××，住北京市大兴区××，联系电话：××。

案由：金融借款合同纠纷

诉讼请求：

1. 请求法院依法判令被告偿还贷款本金人民币××元及至实际清偿之日止的利息、罚息、复利（暂计至2010年8月12日利息为人民币××元、罚息为人民币××元、复利为人民币××元，自2010年8月13日起至实际清偿之日止的利息、罚息、复利按借款合同约定计算）；

2. 请求法院依法确认原告有权就被告所有的×××××房屋的拍卖、变卖、折价款优先受偿；

3. 请求法院判令被告承担本案的诉讼费用（案件受理费、保全费、公告费等）。

事实和理由：

××年××月××日，被告刘××（以下简称被告）与北京××房地产开发有限责任公司签订《北京市商品房预售合同》（合同编号：××），购买位于北京市大兴区××房屋（该房号在办理房屋所有权证时变更为"大兴区××号"，以下简称涉诉房屋）。

为支付涉诉房屋购房款，被告向原告申请个人住房按揭贷款。××年××月××日，原被告双方签订了《房屋按揭借款合同》（以下简称借款合同），合同约定的借款金额为人民币××元，贷款期限为××年，贷款年利率为××%，还款方式为等额本金，并约定借款人连续3个月或累计6个月未能按合同约定还本付息的，原告有权提前收回贷款本息。同时根据借款合同约定被告将涉诉房屋抵押给原告作为借款担保。

借款合同签订后，原告根据合同约定履行了发放贷款的义务。涉诉房屋也办理了抵押登记手续。××年××月××日，原告取得了由北京市大兴区建设委员会填发的《房屋他项权利证》。

但被告却未按照借款合同的约定还本付息，并自××年××月××日起发生连续的未按期还款行为。原告多次催收无果。截至2010年8月12日，被告已累计13个月未能按照借款合同约定还本付息，根据借款合同的约定原告有权收回全部贷款本息。

综上，原告方认为被告逾期还款的行为已构成严重违约。现原告为维护自身合法权益，特向贵院提起诉讼，请求法院依法判如所请。

此致

北京市东城区人民法院

具状人：（公章）

负责人：（签字）

年　月　日

示范文本二：

民事起诉状

原告：××银行股份有限公司××支行，负责人××，住所地北京市东城区××，联系电话：××；

被告：刘××，男，××年××月××日出生，汉族，身份证号××，住所地北京市大兴区××，联系电话：××。

被告：北京××房地产开发有限公司，法定代表人××，住所地北京市大兴区××，联系电话：××。

案由：金融借款合同纠纷及保证合同纠纷

诉讼请求：

1. 请求法院依法判令被告刘××偿还贷款本金人民币××元及至实际清偿之日止的利息、罚息、复利（暂计至2010年8月13日利息为人民币××元、罚息为人民币××元、复利为人民币××元，自2010年8月14日起至实际清偿之日止的利息、罚息、复利按借款合同约定计算）；

2. 请求法院依法判令被告北京××房地产开发有限公司为被告刘××应支付的上述全部贷款本息承担连带保证责任，履行连带还款义务。

3. 请求法院判令二被告承担本案的诉讼费用（案件受理费、保全费、公告费等）。

事实和理由：

××年××月××日，被告刘××与被告北京××房地产开发有限公司签订《北京市商品房预售合同》（合同编号：××），购买位于北京市大兴区××房屋（该房号在办理房屋所有权证时变更为“大兴区××号”，以下简称涉诉房屋）。

为支付涉诉房屋购房款，被告刘××向原告申请个人住房按揭贷款。××年××月××日，原被告三方签订了《房屋按揭借款合同》(以下简称借款合同)，合同约定：被告刘××向原告申请贷款金额为人民币××元，贷款期限为××年，贷款年利率为××%，还款方式为等额本息；被告刘××自愿以涉诉房屋向原告提供抵押担保；被告北京××房地产开发有限公司自愿为涉诉房屋抵押登记手续办理完毕前产生的所有被告刘××应付款项承担连带保证责任。此外，借款合同第十二条第五款约定：被告刘××连续3个月或累计6个月未能按合同约定还本付息的，或不论任何原因涉诉房屋不能在有关房地产管理机关办理抵押登记手续的，或被告刘××未得到原告书面同意而擅自将抵押房屋出售、转让、交换、抵债、赠与、转借、托管或以其他方式处分的，原告均有权提前收回贷款本息，并有权要求被告北京××房地产开发有限公司承担连带保证责任。

借款合同签订后，原告全面履行了合同约定的贷款发放义务。但被告刘××却未按照合同约定还本付息，并自××年××月××日起，发生连续的未按期还款行为。截至2010年8月13日，被告刘××已连续5个月、累计10个月未能按照借款合同约定还本付息。

且在原告不知情的情况下，被告刘××擅自将涉诉房屋转让他人，并与他人发生纠纷，致使涉诉房屋于××年××月××日被北京市大兴区人民法院查封、××年××月××日被过户给他人名下，从而导致涉诉房屋的抵押登记手续无法办理，原告的抵押权根本无法实现。

综上，原告方认为被告刘××逾期还款和擅自转让涉诉房屋的行为已构成严重违约，给原告造成了重大经济损失。现原告为维护自身合法权益，特向贵院提起诉讼，请求法院依法判如所请。

此致

北京市东城区人民法院

具状人：(公章)

负责人：(签字)

年　　月　　日

第四节　具体立案程序

立案时与立案法官沟通，其实并非从踏入立案庭开始，自准备立案提交资料之时，与立案法官的沟通即已开始。

一、常规立案程序

（一）应提交的立案资料

就每一具体案件，在完成了立案准备、确定了管辖法院后，就可以携带立案资料前往有管辖权的人民法院立案庭立案了。将立案资料按照一定的顺序整理并避免遗漏，可以便于立案法官对立案资料进行审查，节约立案时间，赢得立案法官的好感，从而实现顺利立案。

1. 立案资料的顺序

一般情况下，代理人可以携带自身的身份证明文件原件及按照下列顺序整理的立案资料前往法院立案庭立案：

（1）民事起诉状原件，提交法院的份数为被告的人数 +1（代理人自己应留存至少 1 份，用于后续开庭及存档）。

（2）原告的身份证明材料，包括按揭银行的营业执照、组织机构代码证书、金融许可证、负责人（或法定代表人）身份证复印件加盖银行（多为支行）公章，以及负责人（或法定代表人）身份证明书原件，各 1 份；此外有名称变更或负责人变更等情形的，还需提供相应的证明文件。

（3）委托代理手续，包括授权委托书原件 1 份及代理人身份证明文件。其中，代理人为律师的，应提交律师执业证复印件（当场核验原件）1 份、律师事务所的证明或函件原件 1 份；代理人为银行工作人员的，应当提交身份证复印件 1 份（当场核验原件）以及劳动合同、工作证、社保缴费记录、工资支付记录等与当事人有合法人事关系的证明材料（各地法院具体要求可能有所不同）1 份。

（4）就诉讼请求和事实理由提供的证据材料

①资料：在按揭贷款清收诉讼中，基于案件事实清楚、法律关系简单，不适用证据突袭的情形，因此，在立案之时，即可向人民法院提交已形成的全

部证据资料，按照相关证据文件形成的时间顺序依次为：商品房买卖合同或二手房买卖合同；借款申请书；贷款抵押承诺文件；贷款发放委托书（或同类文件）；扣款委托书（或同类文件）；借款合同、抵押合同及保证合同（或一本制合同）；开户通知书；划款凭证；房屋他项权证；催收通知书或提前到期通知书及回执；银行系统查询清单等。

②份数：全套证据资料的份数，与民事起诉状的份数相等。

（5）其他人民法院要求提供的资料

除了上述资料之外，立案时法院还要求起诉人提交受诉法院对案件有管辖权的证据。一般情况下，因借款合同中往往约定银行住所地人民法院管辖（通过合同履行地原则确定管辖法院的亦为银行住所地人民法院管辖），因此，借款合同中的约定管辖条款及原告的身份证明文件（营业执照上载明的住所等）即可作为法院有管辖权的证据，而无须另行提供。

若无约定管辖条款，基于被告住所地确定管辖法院，被告为公民的，应提供身份证复印件作为法院有管辖权的证据，若主张经常居住地作为管辖连接点的，应当提供关于居住生活地及居住生活时间起算点的证据材料，如物业公司、居委会、村委会、派出所出具的证明，并附房屋买卖合同、房屋租赁合同等证据，此外，在没有其他相反证据推翻暂住证的情况下，可以认定暂住证上记载的地址为公民经常居住地。被告为公司法人或其他组织的，可提供被告的基本工商信息打印文件作为法院有管辖权的证据，就此文件可通过全国企业信用信息公示系统查询打印。

2. 其他注意事项

（1）关于日期的填写

一般情况下，就立案资料中的日期，如民事起诉状、负责人身份证明书、授权委托书、律师事务所所函等文件中的日期，可以在经立案法官审查立案资料确定可收案后，于立案当时填写立案资料递交当日的日期。

（2）关于送达地址确认书

立案法官在收到立案资料后，均会要求代理人填写《送达地址确认书》，对此一般需填写代理人的联系地址，以用于收取开庭传票、被告答辩状、管辖权异议申请书以及判决书等法律文书。

（二）缴纳案件受理费

1. 案件受理费的标准

按揭贷款清收诉讼属于财产案件，根据《诉讼费用交纳办法》第13条的规定，财产案件根据诉讼请求的金额或者价额，按照下列比例分段累计交纳：

不超过1万元的，每件交纳50元；超过1万元至10万元的部分，按照2.5%交纳；超过10万元至20万元的部分，按照2%交纳；超过20万元至50万元的部分，按照1.5%交纳；超过50万元至100万元的部分，按照1%交纳；超过100万元至200万元的部分，按照0.9%交纳；超过200万元至500万元的部分，按照0.8%交纳；超过500万元至1000万元的部分，按照0.7%交纳；超过1000万元至2000万元的部分，按照0.6%交纳；超过2000万元的部分，按照0.5%交纳。

以调解方式结案或者当事人申请撤诉的，减半交纳案件受理费。适用简易程序审理的案件减半交纳案件受理费。

目前，部分法院的官方网站及其他法律网站均有诉讼费计算器的软件，尽管案件受理费金额以法院出具的缴费通知单为准，但代理人可通过相关网站软件查询预算并告知当事人大概的案件受理费金额。

与之相关的一个细节是，代理人在起诉状首页应合并计算诉讼请求中列明的诉讼标的总额，以便于立案法官计算案件受理费金额。

2. 取得缴费通知单并按指定期限缴费

根据《诉讼费用交纳办法》的规定，案件受理费由原告预交；原告自接到人民法院交纳诉讼费用通知次日起7日内交纳案件受理费。

原告按照缴费通知单指定的期限缴纳案件受理费后，诉讼案件才可以正式立案。当事人逾期不交纳诉讼费用又未提出司法救助申请，或者申请司法救助未获批准，在人民法院指定期限内仍未交纳诉讼费用的，一般会按撤诉处理。

最终的案件受理费等诉讼费用由败诉方负担，部分胜诉、部分败诉的，人民法院根据案件的具体情况决定当事人各自负担的诉讼费用数额。

二、立案登记制

在以往的诉讼案件中，基于立案审查制，对于立案过程中出现的非常规事项，一般需要与立案法官进行专项沟通，在说服立案法官后方可得以立案。例如，银行选择将借款人的配偶一并列为按揭贷款清收诉讼中的被告的，因其配偶并非借款合同的当事人，尽管银行持有借款人的配偶签署的承诺文件，但实践中，立案法官可能会以合同具有相对性为由，认为不应将借款人的配偶列为共同被告因而不予立案。对此，往往需要代理人与立案法官就该等事项具体沟通、阐述理由，主张借款人的配偶签署的承诺文件实际为单方的保证条款，应对借款人应还的贷款本息承担连带清偿责任，从而说服立案法官予以立案。

2015 年 4 月 15 日，最高人民法院发布了《关于人民法院登记立案若干问题的规定》以及《关于人民法院推行立案登记制改革的意见》，规定了：人民法院对依法应该受理的一审民事起诉实行立案登记制；对于与本案有直接利害关系的公民、法人和其他组织提起的民事诉讼，有明确的被告、具体的诉讼请求和事实依据，属于人民法院主管和受诉人民法院管辖的，应当登记立案；对符合法律规定的起诉，一律接收诉状，当场登记立案，出具书面凭证并注明收到日期；对当场不能判定是否符合法律规定的，应当在法律规定的期限内决定是否立案；起诉材料不符合形式要件的，应当及时释明，以书面形式一次性全面告知应当补正的材料和期限；对不符合法律规定的起诉，应当依法裁决不予受理或者不予立案，并载明理由；禁止不收材料、不予答复、不出具法律文书；禁止在法律规定之外设定受理条件，全面清理和废止不符合法律规定的立案“土政策”。

相信在立案登记制得以全面实施后，立案程序将会更为便捷、顺畅。

N°04 第四章　财产保全——贷款清收的关键

第一节　财产保全的必要性

一、财产保全的作用

财产保全,是指人民法院在利害关系人起诉前或者当事人起诉后,为保障将来的生效判决能够得到执行或者避免财产遭受损失,对当事人的财产或者争议的标的物,采取限制当事人处分的强制措施。可见,财产保全制度的设立即为控制财产线索以保障裁判文书的执行,这也是财产保全的首要作用。而在司法实践中,除了控制财产线索之外,财产保全也发挥着越来越多元化的作用。

(一)控制财产线索

财产保全对于控制财产线索的作用主要体现在其保全措施上。司法实践中,实施财产保全的具体措施包括查封、扣押、冻结或者法律规定的其他方法。

1. 查封、扣押、冻结

根据《最高人民法院关于人民法院民事执行中查封、扣押、冻结财产的规定》(法释〔2004〕15 号)[①]以及北京市、上海市等地方高级人民法院的具体规定,人民法院可以查封、扣押、冻结被申请人(即诉讼案件中的被告)占有的动产、登记在被申请人名下的不动产、特定动产及其他财产权。未登记的

---

① 该规定第 32 条明确:财产保全裁定和先予执行裁定的执行适用本规定。实践中,关于财产保全中的查封、扣押、冻结等强制措施的具体规定均适用执行程序中的相关规定。

建筑物和土地使用权,依据土地使用权的审批文件和其他相关证据确定权属。对于第三人占有的动产或者登记在第三人名下的不动产、特定动产及其他财产权,第三人书面确认该财产属于被申请人的,人民法院可以查封、扣押、冻结。

人民法院采取保全措施后,被申请人就已经查封、扣押、冻结的财产所作的移转、设定权利负担或者其他有碍执行的行为,不得对抗申请人(但人民法院的查封、扣押、冻结没有公示的,其效力不得对抗善意第三人)。相关登记机关亦不得办理相关财产的转移登记、抵质押登记等手续。对于已冻结的银行账户,被申请人无法支取账户内资金。

因此,在按揭贷款清收诉讼中,就将来拟执行的具有金钱给付内容的判决,通过财产保全措施控制财产线索,保证在执行程序中能够以相关保全财产的拍卖、变卖、折价款项受偿。

2. 其他方法

除了查封、扣押、冻结等保全措施之外,人民法院还可以对特别财产或财产性权利,实施其他保全方法,以达到控制财产线索的目的。

例如,人民法院对季节性商品、鲜活、易腐烂变质以及其他不宜长期保存的物品采取保全措施时,可以责令被申请人及时处理,由人民法院保存价款,必要时,人民法院可予以变卖,保存价款;对被申请人到期应得的收益,可以采取财产保全措施,限制其支取,通知有关单位协助执行;被申请人对第三人有到期债权的,人民法院可以裁定第三人不得对被申请人清偿,第三人要求偿付的,由人民法院提存财物或者价款。该等保存、提存的价款可用于在执行程序中清偿债权。

(二)程序上的权利

1. 首封法院的优先处置权

司法实践中,对于某项财产或财产性权利,首先采取查封、扣押、冻结等保全措施的人民法院,原则上享有优先处置权。例如,《北京市法院执行案件办理流程与执行公开指南》(京高法发〔2014〕183 号)规定:对被执行人财产的处置和具体分配,原则上由首先查封、扣押或冻结的法院主持进行,本市法院之间亦可协商由非首封的法院主持进行;协商不成的,可报请市高级人民法院予以协调。

2. 确定案款发放顺序

2015 年新民事诉讼法司法解释规定,在执行中,作为被执行人的企业法人符合企业破产法规定情形的,执行法院经申请执行人之一或者被执行人同意,应当裁定中止对该被执行人的执行,将执行案件相关材料移送被执行人住所地人民法院;当事人不同意移送破产或者被执行人住所地人民法院不受理破产案件的,执行法院就执行变价所得财产,在扣除执行费用及清偿优先受偿的债权后,对于普通债权,按照财产保全和执行中查封、扣押、冻结财产的先后顺序清偿。

《北京市法院执行案件办理流程与执行公开指南》(京高法发〔2014〕183 号)亦规定:多份生效法律文书确定金钱给付内容的多个债权人分别对同一被执行人申请执行,各债权人对执行标的物均无担保物权和法律规定的其他优先受偿权的,按执行法院对执行标的物采取查封、扣押、冻结等控制性措施的先后顺序进行案款分配。

3. 其他作用

在各地法院的具体规定中,对于申请实施财产保全的债权人,可能会有适当的补偿等权利。例如,《北京市高、中级法院执行局(庭)长座谈会(第五次会议)纪要——关于案款分配及参与分配若干问题的意见》(2013 年 8 月 21 日发布)中规定:参与分配程序中,若执行标的物为诉讼前、诉讼中、仲裁前或仲裁中依债权人申请所保全的财产,在清偿对该标的物享有担保物权和法律规定的其他优先受偿权的债权后,对该债权人因申请财产保全所支出的成本及其损失,视具体情况优先予以适当补偿,但补偿额度不得超过其未受偿债权金额的 20%;其剩余债权作为普通债权受偿。

二、特殊情况下的财产保全

(一)已抵押的房屋亦应财产保全

按揭贷款清收诉讼中,银行往往就其尚未办理抵押登记的抵押房屋采取财产保全措施,而对于已经办理了抵押登记的抵押物,则基于优先受偿权的保障,不再实施财产保全。但实际上,即使办理了抵押登记,亦应对抵押房屋采取财产保全措施。

如上所述,首封法院享有查封财产的优先处置权。尽管民事诉讼法司法解释规定了人民法院对抵押物、质押物、留置物可以采取财产保全措施,不影响抵押权人、质权人、留置权人的优先受偿权,但这仅是就实体权利的规定。而在司法程序中,基于首封法院对查封财产的优先处置权利,往往导致银行无法及时行使抵押权。

实践中就出现过这样的案例,银行在诉讼阶段未对其抵押物申请财产保全,在案件进入执行程序后,才发现抵押物已被其他法院首次查封,且该首次查封的涉诉案件正在审理过程中,短时间内未能进入执行程序,从而导致银行的抵押物迟迟不能处置,不能及时收回贷款本息。

由于银行就按揭贷款已设置了抵押担保且控制一定的抵押率,即使按揭贷款归为不良,但一般情况下并不存在实质回收不能的风险。但银行内部基于不良贷款管理的考核指标非常严格,要求较快的清收回款速度,若因诉讼阶段未申请财产保全,而导致执行阶段只能"望房兴叹",则会陷入极为被动的局面。

若抵押物被其他法院查封在先,银行只能向首封法院申请优先受偿,但实践中存在首封法院基于被执行人地方保护或保护自身执行案件中的申请执行人利益等因素,而对申请优先受偿的债权人设置种种障碍的情形。例如,要求债权人放弃一定的罚息、复利,甚至是要求减免利息等。

因此,对于已经办理了抵押登记的抵押物,亦应及时申请财产保全,争取首封的权利。

(二)已查封的资产亦应轮候保全

以上介绍了首封的作用,那么,对于起诉前发现抵押房屋等财产已被其他法院查封在先的,是否就没有必要轮候查封呢?答案是否定的。尽管根据《最高人民法院关于查封法院全部处分标的物后轮候查封的效力问题的批复》(法函〔2007〕100号)中"轮候查封、扣押、冻结自在先的查封、扣押、冻结解除时自动生效"的规定,如果在先查封的人民法院已对查封、扣押、冻结的全部财产进行了处分,则该财产上的轮候查封自始就没有能产生查封、扣押、冻结的效力。但是,轮候查封并非毫无用处。除了上述在确定案款发放顺序中的作用之外,在一定情况下,轮候查封亦可发挥其独特的作用。

首先,只有在首封人民法院对已查封、扣押、冻结的全部财产进行了处分的情况下,该财产上的轮候查封、扣押、冻结才会无任何限制性的作用。

但首封法院并非一定会处置查封资产，若被执行人为避免查封的资产被处置而拟与首封申请人达成和解以解除首封，则基于首封解除后，排列在先的轮候查封、扣押、冻结自动生效转为在先的查封、扣押、冻结。所以，被执行人只有与全部的查封申请人达成和解后，才能实现其避免处置查封资产的目的，这就督促了被执行人自动履行相关判决确定的全部义务。

其次，在个别案件中轮候查封可能起到关键性的作用，结合以下这个案例，虽然是偶然事件，但其具有十分重要的警示意义。

案例：2010年，北京某银行支行与借款人刘某及保证人开发商三方签订了借款合同、抵押合同及保证合同。借款人以其所购房屋提供抵押担保，但后因开发商违规建设未能办理项目初始登记，而致使借款人所购房屋无法取得房屋所有权证，抵押物没有办理抵押登记。

在上述借款合同履行过程中，借款人因在江苏某地因合同诈骗罪被判有期徒刑，入狱后不再还款。江苏某中院在刑事追赃执行案件中，以借款人首付款来源于诈骗赃款为由，查封了借款人所购房屋。银行向借款人的清收诉讼在北京某区人民法院取得胜诉判决后，以借款合同约定的抵押物对应的银行贷款份额，不属于赃物，且民事优于刑事等理由，向江苏某中院申请优先受偿。但该中院均以涉案房屋未办理抵押登记为由驳回了银行的申请。

再加上作为保证人的开发商已被吊销营业执照，丧失代偿能力，若银行申请参与分配，则会因刑案追赃金额较高而导致银行债权按比例受偿金额较小。当代理人本以为该笔贷款回收无望之际，江苏某中院又主动联系银行，表示同意给银行优先分配案款，但要求银行减免利息并申请解除北京法院的轮候查封。代理人带着对首封法院处置查封资产一般并不需要解除轮候查封的疑问，前往涉案房屋登记机关查询，方知江苏某中院拍卖了涉案房屋后，查封期限到期，没有及时续封，导致首封自动解除。银行在北京法院申请的轮候查封已转为首封，江苏某中院即使送达协助执行通知书，登记机关亦拒绝办理转移登记手续，只能依靠北京法院解除查封。最终，银行受偿了全额贷款本息。

上述案例中，是银行申请的轮候查封，最终发挥了转为首封的作用。虽有一定的偶然性，但是诉讼本身就带有一定的不确定性，做好充足的准备是得到机会青睐的前提。同时,无论是代理律师还是银行工作人员,都必须高度关注申请续封的重要性,应注意在财产保全期限到期前,及时申请续封,以保障申请人的权益。尤其是,银行申请财产保全无须提供实物或资金担保,成本是人民币5000元的申请费,对于已查封的资产的轮候保全,有益无害。

第二节 诉前财产保全与诉讼财产保全

财产保全,一般包括诉前财产保全、诉讼财产保全、仲裁财产保全和执行前的财产保全。

诉前财产保全,是指利害关系人因情况紧急,不立即申请保全将会使其合法权益受到难以弥补的损害的,可以在提起诉讼前向被保全财产所在地、被申请人住所地或者对案件有管辖权的人民法院申请采取保全措施。

诉讼财产保全,是指人民法院对于可能因当事人一方的行为或者其他原因,使判决难以执行或者造成当事人其他损害的案件,在诉讼程序中根据对方当事人的申请,裁定对其财产进行保全。

仲裁财产保全,则包括在申请仲裁前向有管辖权的人民法院申请的诉前财产保全,以及在申请仲裁后(或同时)为保障将来的仲裁裁决得以顺利执行,而通过仲裁委员会向人民法院转递的财产保全申请。

执行前的财产保全,是指法律文书生效后,进入执行程序前,债权人因对方当事人转移财产等紧急情况,不申请保全将可能导致生效法律文书不能执行或者难以执行的,可以向执行法院申请保全措施。但债权人在法律文书指定的履行期间届满后5日内不申请执行的,人民法院应当解除保全。

以下主要介绍诉前财产保全与诉讼财产保全的基本程序及相关规定,并在下一节介绍按揭贷款清收诉讼中申请财产保全的具体流程及文书。

一、诉前财产保全

(一)提起诉前财产保全的条件

提起诉前财产保全,应符合下列条件:

1. 当事人:申请人与被申请人之间存在法律上的权利义务关系,且已发生纠纷。

2. 保全的财产：申请保全的财产为被申请人所有的财产或者双方争议的财产，且提供的财产证据或线索应当明确、具体：财产线索为银行存款、存单的，应当提供具体银行名称、账号和银行的确切地址；财产线索为股票的，应当提供具体的股东账号、资金账号以及证券公司的确切地址；财产线索为已经登记的不动产、特定动产及其他财产权的，应当提供坐落/位置、所有权人、权证号码、品牌、型号、有无抵押权人和司法限制等信息。

3. 保全的紧迫性：情况紧急，不立即申请保全将会使其合法权益受到难以弥补的损害的，来不及准备相应的起诉材料。

4. 保全的担保：申请人应当提供担保。

5. 保全的管辖法院：向被保全财产所在地、被申请人住所地或者对案件有管辖权的人民法院申请采取保全措施。

（二）提起诉前财产保全的资料与担保

1. 应提交的资料

一般情况下，申请人申请诉前财产保全的，应当提交下列材料：财产保全申请书（申请书应当记载双方当事人基本情况、申请事由、具体内容、范围和理由、保全标的、保全标的所在地或相关线索等）；申请人身份证明材料复印件，有委托代理人的，还应提交委托手续；证明申请人与被申请人存在权利、义务关系的证据材料；保全财产的线索及相关证明材料；担保材料；申请人未就相关纠纷向法院起诉或者申请支付令的确认书；向被保全财产所在地法院申请的，应提交被保全财产在受诉法院辖区内的证据材料。

2. 应提供的担保

根据《民事诉讼法》的规定，提起诉前财产保全的，申请人应当提供担保，不提供担保的，裁定驳回申请。司法实践中，各地法院对于提供担保的具体要求有所不同，因此，在涉及具体案件时，需要与保全法官进行充分的沟通。以北京及上海为例：

（1）北京市

根据《北京市高级人民法院关于财产保全若干问题的规定（试行）》（京高法发〔2009〕163 号）、《北京市高级人民法院关于立案阶段财产保全试点工作若干规定（试行）》（京高法发〔2012〕405 号）的相关规定：

申请人申请财产保全可以下列方式提供担保：申请人提供物的担保或现金担保；第三人提供物的担保或现金担保；法院许可的金融机构、融资性担保公司提供信用担保。申请人以上述方式提供担保的，人民法院可以依据申请人的资信状况、案件情况、担保财产的价值以及变现的难易程度等决定接受担保的方式。商业银行、保险公司等金融机构的分支机构申请财产保全的，人民法院可以接受其上级机构出具的担保函作为信用担保。

其中，申请人或第三人提供财产担保的，应当出具担保书，担保书应当载明担保人、担保方式、担保财产、担保范围、担保物的价值、担保责任的承担等内容，并附相应材料；人民法院应当对担保财产的权属、价值、合法性等进行审查，并要求申请人或第三人提供能够证明担保财产价值的证明文件；申请人提供担保的数额原则上应相当于请求保全的数额，对于申请人无力提供相等金额担保，但案件权利义务关系明确、如不及时保全可能造成无法弥补的损失的，可以要求申请人提供不低于请求保全数额20%的现金作担保，其余部分可申请担保公司为其提供信用担保。财产担保的比例和数额由人民法院根据案件情况决定。

法院许可的金融机构、融资性担保公司提供信用担保的，在出具担保书的同时，应当向人民法院提交营业执照复印件、有关财务状况资料及已经为其他单位提供担保的情况等文件；人民法院应当依法对第三人或担保公司的资信状况等进行审查。融资性担保公司可以提供全额信用担保，但提供的担保额度不得超过其注册资本的30%。依法设立、经营范围包括诉讼保全内容、注册资本在1亿以上，公司近3年连续盈利且没有违法、犯罪行为的融资性担保公司，经人民法院资格审查认可后，可以开展诉讼保全信用担保业务。开展诉讼保全信用担保业务的公司，经资格审查合格后，应列入高级法院统一编制的名册，纳入高院相关部门的统一管理。

（2）上海市

根据《上海市高级人民法院关于财产保全工作的规定》（沪高法[审]〔2014〕3号）的相关规定：

申请财产保全除提交书面申请、足额缴纳保全费外，还应当提供可靠担保。可靠担保是指申请人、申请人的担保人提供了物的担保，或者具有代为清偿债务能力的法人、其他组织或者公民真实、明确地为申请人提供了连带保证。国家机关、学校、幼儿园、医院以及以公益为目的的事业单位、社会团体、企业法人的分支机构和职能部门等,不能作为担保人提供担保。

申请人提供担保应当符合以下要求:有担保人出具的连带保证担保书;提供相当于申请保全金额的财产,或者不低于因申请错误可能造成被申请人财产损失金额的现金作为担保。确定可能造成被申请人财产损失金额有困难的,可以参考下列标准分段累积计算现金担保金额:保全金额在1000万元以下部分按20%计,保全金额在1000万元至一个亿部分按10%计,保全金额在1个亿以上部分按5%计。但申请诉前保全,一般应当提供相当于申请保全金额的足额担保。实物担保,应当提供担保实物清单、存放地点以及保管人员名单或者仓单等物权凭证。实物价值应当高于申请保全金额,必要时还需提供评估机构对实物价值的评估报告。以已经登记的不动产、特定动产担保的,还应提供登记机关出具的他项权利登记信息和无司法限制等证明文件。以债券、存款单、提单、知识产权权益证书等权利凭证担保的,应当提供债券、存款单、提单、知识产权权益证书等权利凭证原件,由受诉人民法院代为保管。

申请人或担保人系社会公众普遍认知的特大型企业或者有足够资产的金融机构的,经审查并认可后,该申请人或者担保人可以本企业的信用作担保。担保人系经国家金融管理机关批准设立的具有诉讼担保业务许可的担保公司的,经审查并认可后,该担保人可以本企业的信用作担保。但1件案件提供信用担保的额度不得超过其净资产的30%。信用担保,应当提供由法定代表人签名并加盖企业法人公章的连带保证担保书、企业法人营业执照副本(留存复印件)、法定代表人身份证明书、最近6个月的资产负债表、损益表以及由其基本账户开户银行或者审计机构出具的资信证明以及《公司法》规定的相关文件材料。

(三)诉前财产保全的基本程序

各地法院,甚至是同一行政辖区的不同法院之间,财产保全的裁定及实施部门可能有所不同。一般情况下,诉前财产保全由立案庭作出裁定,具体保全措施由执行局中的保全组或受理法院的专业职能部门实施。

1. 申请

诉前财产保全符合上述条件的,申请人可持上述资料向有管辖权的人民法院提出诉前财产保全申请,并提供相应的担保。

2. 裁定

人民法院在收到诉前财产保全的申请资料后,经审查,认为诉前财产保全申请符合受理条件的,应立即受理并于48小时内作出保全裁定;保全裁定中的保全标的物应当明确、具体,保全裁定一般应当写明保全财产的明细及价值数额;特殊情况下,也可以采取限定保全财产价值数额方式进行概括表述。人民法院认为诉前财产保全申请不符合受理条件的,裁定驳回保全申请。

当事人对财产保全裁定不服的,可以申请复议一次,复议期间不停止裁定的执行。复议由作出保全裁定的部门组成合议庭进行审查。经审查,认为复议理由不成立的,书面通知驳回当事人的复议申请;认为复议成立的,依法及时作出新的裁定变更或者撤销原裁定。

保全过程中或保全措施实施完毕后,第三人就保全措施或保全标的提出异议的,由作出保全裁定的部门组成合议庭进行审查。异议审查期间,不停止裁定的执行。经审查,认为异议理由不成立的,书面通知驳回案外人的异议;认为异议理由成立的,依法及时作出新的裁定变更或者撤销原裁定。

3. 保全的实施

保全的审查与实施分属不同部门的,保全裁定作出后,应当立即将保全裁定、申请人提供的被申请人的财产线索及当事人联系方式,一并移送保全实施部门。保全实施部门接受移送材料后,应当对相关材料进行审查。经审查,材料齐全的,予以登记,并按规定及时实施;材料有欠缺的,应当通知裁定作出部门补齐后再予实施。财产保全措施适用《最高人民法院关于人民法院民事执行中查封、扣押、冻结财产的规定》的相关规定。具体实施中的相关规定为:

(1)采取查封、扣押、冻结措施需要有关单位或者个人协助的,应当制作协助执行通知书,连同裁定书副本一并送达协助执行人,协助执行通知书中应写明保全的具体财产及价值数额。拟保全的财产中有部分财产已被其他法院查封、冻结的,人民法院应当首先对其他财产采取保全措施;仍不足申请保全数额的,可轮候查封、冻结已被其他法院查封、冻结的财产。

(2)查封、扣押、冻结被申请人的财产,应当以申请人请求保全的财产价值数额及相关费用为限，不得明显超出申请保全的数额。被保全财产上附有抵押、质押或其他优先权的，应当保全的财产价值为享有上述优先权的债权总额与请求保全的价值之和。被保全财产难以明确分割或者具体价值难以判断的，可以整体查封、冻结，但被申请人提供了分割依据并能够确定分割部分的价值的，人民法院应当裁定对超出保全数额的财产部分解除查封、冻结。

（3）人民法院对保全财产采取扣押措施后，应当妥善保管。对不动产或不宜采取扣押措施的动产采取查封措施后，可以责令被申请人对保全财产妥善保管，并告知其保管不善的法律责任。被申请人下落不明或采取保全措施的财产不宜由被申请人保管的，可以指定申请人或委托第三人保管。因保管发生的实际费用由申请人垫付。

（4）在采取财产保全措施的同时，人民法院应当对申请人或者第三人提供的担保财产进行查封、扣押、冻结。担保财产有权属证书的，应当对权属证书予以扣押，同时向有关部门发出协助执行通知书，要求其在规定的时间内不予办理担保财产的转移手续。

（5）人民法院采取财产保全措施后，应当立即将采取财产保全的情况通知被申请人，同时应当向申请人告知以下事项：保全措施的有效期限及届满日期；申请人如继续申请保全，应当在期限届满15日前以书面形式提交续行保全申请；申请人在期限届满前未提出续行保全申请，已采取的保全措施将自动解除；接受续行保全申请的机构和联系方式；续行保全申请应当由申请人本人或代理人向人民法院直接提交。

保全实施结束后，保全实施部门应及时向立案庭反馈保全的结果，移交以下材料：《财产保全措施告知书》；采取保全措施的相关手续，如协助冻结存款通知书回执原件，被保全财产清单原件，房管部门、车管部门协助执行的材料原件等。

4. 保全的解除及后续事宜

申请人在人民法院采取保全措施后30日内不依法提起诉讼的，人民法院应当解除保全。

申请人提起诉讼后，相关诉前财产保全资料移交审判庭，诉前财产保全未能或未足额保全被申请人财产，进入审理程序后，人民法院可依申请人申请,在原保全申请的数额范围内继续采取财产保全措施,保全费用不再另行收取;但再次保全申请增加保全数额的,应当另行作出裁定并收取保全费用。申请人已提供担保且符合条件的,可以不再提供新的担保。

采取财产保全措施的人民法院受理申请人的起诉后,发现受理的案件不属于本院管辖的,应当将案件和财产保全申请费一并移送有管辖权的法院。案件移送后,财产保全裁定、人民法院采取的财产保全措施以及对担保财产进行的查封、扣押、冻结继续有效。

保全裁定未经人民法院依法撤销或者解除,进入执行程序后,自动转为执行中的查封、扣押、冻结措施,期限连续计算,执行法院无须重新制作裁定书,但查封、扣押、冻结期限届满的除外。

申请人提起诉讼后,保全的延续、解除等手续由审判部门或执行部门按照有关规定办理。

二、诉讼财产保全

诉讼程序中的财产保全,是指申请人在提起诉讼的同时或在提起诉讼后向人民法院提出的财产保全申请。

(一)提起诉讼财产保全应符合的条件

提起诉讼财产保全,应符合下列条件:

1. 当事人:申请人和被申请人都是诉讼案件的当事人。

2. 保全的财产:有明确的财产线索,请求保全的财产是当事人争议的财产或者是被申请人的财产。

3. 保全的价值:请求保全的财产价值金额以诉讼或者裁决请求的金额为限。

4. 保全的目的:请求保全的目的是确保判决或者裁决的顺利执行或者是为了避免财产的损失。

5. 保全的担保:申请人根据人民法院的要求提供担保。

6. 保全的管辖法院:向提起诉讼的人民法院申请采取保全措施。

(二)诉讼财产保全的基本程序

1. 申请

申请人在提起诉讼的同时或提起诉讼后,可以向诉讼案件的管辖法院提出财产保全申请。除了提起诉讼应提交的立案资料之外，申请人还应提交下列材料：财产保全申请书（申请书应当记载双方当事人基本情况、申请事由、具体内容、范围和理由、保全标的、保全标的所在地或相关线索等）；申请人身份证明材料复印件，有委托代理人的，还应提交委托手续；保全财产的线索及相关证明材料；担保材料。

申请人在一审诉讼程序中未提起财产保全申请的，对当事人不服一审判决提起上诉的案件，在第二审人民法院接到报送的案件之前，当事人有转移、隐匿、出卖或者毁损财产等行为，必须采取保全措施的，第一审人民法院可依当事人申请或者依职权采取。此外，民事诉讼法司法解释规定了二审、再审程序中，申请人亦可提出财产保全申请，但司法实践中相对较为少见。

申请人申请诉讼财产保全的，一般情况下亦应提供担保，相关规定详见上述诉前财产保全中的介绍。申请人不提供担保的，人民法院可裁定驳回申请。

2. 裁定及其实施

人民法院接受诉讼保全后，应当及时作出裁定；情况紧急的，应当在48小时内作出裁定。裁定采取财产保全措施的，应当立即开始执行，即实施保全措施。

一般情况下，诉讼财产保全由审理该案件的审判庭作出裁定。但各地法院可能有特殊规定，如《北京市高级人民法院关于立案阶段财产保全试点工作若干规定（试行）》（京高法发〔2012〕405号）规定，在提起诉讼之后、案件受理之前申请诉讼保全的案件，人民法院应当在立案阶段完成审查、裁定和执行工作。

准予诉讼财产保全的裁定书作出后，由该案件受理法院的执行部门或职能部门（如北京市朝阳区人民法院设立的审判事务管理办公室等）负责实施。具体保全措施实施的相关规定同诉前财产保全。

一审上诉后、二审接到报送的案件前由第一审人民法院作出保全裁定的，一审人民法院应将保全裁定和实施情况及时报送二审法院。第二审人民法院裁定对第一审人民法院采取的保全措施予以续保或者采取新的保全措施的，可以自行实施，也可以委托第一审人民法院实施。再审人民法院裁定对原保全措施予以续保或者采取新的保全措施的,可以自行实施,也可以委托原审人民法院或者执行法院实施。

需要注意的是,部分地方法院规定:二审审理期间,当事人申请人民法院采取保全措施或者续行保全的,由一审人民法院受理并实施;当事人向第二审人民法院提交申请的,第二审人民法院应当立即将申请书及有关材料转交一审人民法院(如《北京市高级人民法院关于财产保全若干问题的规定(试行)》等)。因此,在涉及具体案件时,需与审判法官及时、充分沟通,按照审判法官的要求具体办理相关财产保全手续。

3. 保全的延续、解除

(1)续保

根据2015年新民事诉讼法司法解释的规定:人民法院冻结被执行人的银行存款的期限不得超过1年,查封、扣押动产的期限不得超过2年,查封不动产、冻结其他财产权的期限不得超过3年。

保全措施的期限适用执行程序中关于查封、扣押、冻结期限的规定。保全措施期限即将届满,案件尚未审结或尚未执行完毕的,申请人一般应提前15日以书面形式提交续行保全申请。申请人在期限届满前未提出续行保全申请,已采取的保全措施将自动解除。

(2)解除

①保全财产的解除

一般情况下,裁定采取财产保全措施后,除作出财产保全裁定的人民法院、接受案件的受移送人民法院自行解除或其上级人民法院决定解除外,任何单位都不得解除。

采取财产保全措施后,被申请人提供了可靠担保的、申请人申请解除财产保全、申请人申请撤诉并且被人民法院准许、被申请人债务已经履行完毕、申请人的起诉或者诉讼请求被生效裁判驳回的,人民法院应当及时解除财产保全。其中,就被申请人提供相应财产担保的情形,人民法院应当对其担保财产合法性、可执行性以及财产价值是否能够满足申请人请求的数额等进行审查。被申请人提供的担保符合法律规定的,应当及时作出裁定解除保全,同时对被申请人提供的担保财产予以查封、扣押、冻结。

解除财产保全,应当出具裁定书,并及时送达当事人。解除以登记方式查封、扣押、冻结财产的,应当向登记机关发出协助执行通知书。解除财产保全一般由作出财产保全裁定的法院执行。

查封、扣押、冻结的财产已经执行被拍卖、变卖或者抵债的,查封、扣押、冻结的效力消灭。

②担保财产的解除

申请人胜诉的法律文书生效后,经申请人书面申请,人民法院应当及时裁定解除对担保财产的保全。

人民法院解除保全财产的保全措施后,一般应同时解除对申请人提供的担保财产采取的查封、扣押、冻结措施。但被申请人以保全错误为由提出赔偿请求的,不得解除对担保财产的查封、扣押、冻结措施。被申请人认为保全申请确有错误,要求确定因错误保全给其造成的损失的,作出保全裁定部门应告知被申请人通过诉讼程序另行处理。被申请人向作出保全裁定的部门提出赔偿损失请求,但在人民法院指定的期限内未正式起诉的,可以解除对担保财产的查封、扣押、冻结措施。

例如,《上海市高级人民法院关于财产保全工作的规定》(沪高法[审]〔2014〕3 号)中规定:申请人部分败诉和全部败诉的法律文书生效后,申请人要求解除担保财产保全的,人民法院应当及时向被申请人送达《解除担保财产保全征询意见书》;被申请人书面同意的,应当及时裁定解除对担保财产的保全,被申请人提出异议的,人民法院不得解除担保财产的保全,应当将担保财产保全至损失赔偿诉讼案件执行时或者受理损失赔偿诉讼案件人民法院对申请人的担保财产采取了财产保全措施时止;《解除担保财产保全征询意见书》的内容应当包括,被申请人可在 10 日内提出书面异议,如提出异议,须在提出异议之日起的 3 个月之内提起以申请人为被告的要求其承担保全不当损失赔偿责任的诉讼,否则,视为同意;被申请人下落不明无法直接送达《解除担保财产保全征询意见书》的,适用民事诉讼法公告送达的规定。

第三节　申请财产保全的具体流程与文书

如上所述,财产保全是贷款清收的关键。在银行按揭贷款清收诉讼中,无论抵押房产是否已办理抵押登记，均应对其申请财产保全措施，知悉借款人及保证人其他财产线索的，应一并提起财产保全。具体流程及相关文书如下：

一、锁定财产线索

鉴于在启动诉讼程序前或在案件审理过程中，人民法院并不负有查询被告或被申请人财产线索的义务，因此，申请财产保全的前提，即需要申请人自行掌握明确的被申请人的财产线索。

按揭贷款清收诉讼中，首要保全的即为银行的抵押房产，但若抵押房产已被借款人擅自处置，或已被其他法院采取查封等强制措施，或已抵押登记予其他债权人的，往往导致抵押房产无法用于或不足以偿付银行的债权金额。该种情形下，就需要积极查询被申请人（借款人或保证人）的其他财产线索，以便申请财产保全。一般情况下，可以主要通过信贷档案及公开信息查询借款人或保证人的财产线索。

（一）通过信贷档案查询财产线索

如前所述，在按揭贷款申请、审批过程中，银行往往要求借款人提供存款流水单、车辆行驶证、其他房屋所有权证等资信证明，同时亦会要求借款人提供收入证明，从而知悉借款人的其他财产线索及其工作单位。因此，在申请财产保全前，可优先查阅信贷方案，发现其中的财产线索。

（二）通过公开信息查询财产线索

在按揭贷款清收诉讼中，保证人一般为借款人所购房屋的房地产开发企业。而目前，大部分城市已开通了房地产项目的预售及现售公示系统，其中公示了房地产项目的坐落、开发单位、预售许可证或房地产开发企业的房屋所有权证以及具体楼盘表等信息（如北京市住房和城乡建设委员会网站公示系统等）。

通过官方网站公示的房地产项目楼盘信息，可以清晰地了解保证人所开发的房地产项目的销售状况，而对于其未销售或未预定的房屋，可以作为采取保全措施的财产。需要注意的是，有的人防工程（作为地下车库等）虽然登记在房地产开发企业名下，但属于国家所有，无法销售、处置用于偿付银行的贷款债权，也就不适合优先选作财产保全的对象。但若保证人已无其他财产可供保全,亦可对其采取财产保全措施,以便在执行阶段以该财产的租金等收入作为偿还贷款债权的来源。

二、申请财产保全

(一)撰写财产保全申请书

无论是申请诉前财产保全,还是申请诉讼财产保全,均需向人民法院递交财产保全申请书。申请书的基本写作结构和内容如下:

1. 首部

首部应列明申请书的标题及申请人与被申请人的基本情况。其中,当事人的基本情况同起诉状,所不同的是,起诉状中的当事人列明为"原告"、"被告",而保全申请书中的当事人列明为"申请人""被申请人"。需要注意的是,在诉讼财产保全申请中,若起诉状中的被告为多人,即使已知的财产线索仅为其中某一被告的财产,被申请人亦应按照起诉状的被告人数列明。

2. 请求事项

司法实践中,不同的法院对于财产保全申请事项的表述有着不同的要求。主要有以下两种表述:一种表述为直接请求人民法院查封、冻结、扣押已明确的财产线索,如"请求法院依法查封坐落于北京市××区××号的房屋";另一种表述为无论是否知晓被申请人的银行账户等信息,均首先请求法院按照诉讼标的金额冻结等额的银行存款,如"申请冻结被申请人的银行存款人民币××元;如银行存款不足,申请查封扣押被申请人的其他财产"。

其中,上述第二种表述为通用表述,主要是基于人民法院一般情况下不能超出诉讼标的采取保全措施的要求写就。

3. 正文

申请书正文中主要是阐述事实与理由,并列明提出财产保全申请的法律依据。一般情况下,需列明提起诉讼的情况(诉讼财产保全适用)、债权的形成情况、被申请人逾欠本息情况(诉讼标的金额)等。

4. 尾部

申请书的尾部写明致送的法院,分两行列明"此致""××人民法院",并由申请人签署(由负责人签字并加盖银行的公章),列明提出申请的具体年月日。最后,附采取保全措施的财产线索。

示范文本:

诉讼财产保全申请书

申请人:××银行股份有限公司××支行,负责人×××,住所地为××××,联系方式××××××。

被申请人:余××,男,汉族,××××年××月××日出生,身份证号为×××××,住所地为×××××,联系方式××××××。

被申请人:××房地产开发有限公司,法定代表人×××,住所地为××××,联系方式××××××。

申请事项:

申请冻结二被申请人的银行存款人民币××××元;如银行存款不足,申请查封扣押二被申请人的其他财产。

事实和理由:

申请人诉被申请人金融借款合同纠纷及保证合同纠纷一案,现已诉至贵院。

××年××月××日,被申请人余××与××房地产开发有限公司签订《商品房买卖合同》(合同编号:××),购买位于北京市××区××号的房屋(以下简称涉诉房屋)。

为支付涉诉房屋购房款,余××向申请人申请个人房屋按揭贷款,××房地产开发有限公司提供连带责任保证担保。××年××月××日,申请人与被申请人三方签订《房屋按揭借款合同》,但被申请人余××未能按照合同约定还本付息,××房地产开发有限公司亦未承担连带保证责任。

截至××年××月××日,被申请人应偿还的贷款本金为人民币××元,应偿还的利息(含罚息、复利)暂计为人民币××,本息合计人民币××元。

为更好地维护申请人的合法权益,保证法院判决将来得以顺利执行,申请人根据《中华人民共和国民事诉讼法》第一百条的规定特向贵院提出诉讼保全申请,请予批准。

此致

北京市××区人民法院

申请人:××银行股份有限公司××支行

负责人:

申请日期:××年××月××日

附:财产线索

1. 被申请人余××名下位于北京市××区××号的房屋。

2. 被申请人××房地产开发有限公司名下开户行为××支行、账号为××的银行账户。

(二)提供担保函

如前所述,一般情况下,商业银行、保险公司等金融机构的分支机构申请财产保全的,人民法院可以接受其上级机构出具的担保函作为信用担保。因此,在按揭贷款清收诉讼中,按揭银行拟申请财产保全的,除提交财产保全申请书等文件外,还需提供由上级机构出具的担保函。附担保函示范文本如下:

担保函

致:北京市××区人民法院

我行支行××银行股份有限公司××支行与余××、××房地产开发有限公司金融借款合同纠纷及保证合同纠纷一案,已向贵院提起诉讼。为防止被申请人转移、隐匿财产,保证本案审理终结后的生效判决、裁定等得以顺利执行,我行支行××银行股份有限公司××支行特向贵院提出了财产保全申请,申请冻结二被申请人的银行存款人民币××元,如银行存款不足,申请查封扣押二被申请人的其他财产。为此,我行向贵院出具财产担保如下:

本行愿以自有资金为前述之财产保全申请提供担保,并承担因采取该保全措施错误而给被申请人造成的经济损失。

特此担保。

担保人：××银行股份有限公司××分行
负责人：
年 月 日

三、其他注意事项

（一）缴纳保全申请费

根据《诉讼费用交纳办法》，申请保全措施的，根据实际保全的财产数额按照下列标准交纳：财产数额不超过1000元或者不涉及财产数额的，每件交纳30元；超过1000元至10万元的部分，按照1%交纳；超过10万元的部分，按照0.5%交纳。但是，当事人申请保全措施交纳的费用最多不超过5000元。

提出财产保全申请后，人民法院经审查准予采取财产保全措施的，会出具缴费通知书，由申请人缴纳申请费。一般情况下，只有在申请人缴纳完毕申请费后，作出保全裁定的审判法官才会将保全裁定等资料移交保全实施部门执行，因此，为了尽快完成保全，在收到人民法院的缴费通知书后，需要及时缴纳保全申请费。

（二）明确保全的顺位及保全财产的其他权利人

司法实践中，保全实施部门可能会通知申请人一同办理财产保全的相关手续。在陪同保全执行法官办理财产保全手续之时，或在保全实施部门完成财产保全并反馈保全结果后，需要特别向相关登记机关或审判法官了解采取保全措施的顺位及保全财产有无其他权利人等信息，从而预判将来的案件执行情况，及时采取应对措施。

如前所述，首封法院享有优先处置权，若经了解，按揭银行对借款人的相关财产（如抵押房屋等）申请的财产保全措施为首封，且该保全的财产无按揭银行以外的抵押权人等其他权利人，财产价值足以覆盖贷款债权，则可预判案件在进入执行程序后一般可全额收回贷款债权，现阶段正常推进案件诉讼程序即可。

但若经了解，已采取的保全措施为轮候查封、扣押、冻结，就保全的财产已被其他法院或其他案件在先采取查封、扣押、冻结等措施，则需进一步了解在先采取查封等措施的人民法院及所涉案件，并与首封法院的审判法官或执行法官沟通，了解所涉案件的进展情况，在所涉案件已进入执行阶段的情况下，适时向首封法院申请优先受偿或参与分配。

若经了解，已采取保全的财产虽为首封、但存有在先的抵押权等其他权利人，则需进一步了解在先权利的债权金额或权利价值，从而预判扣除在先权利价值后的财产价值余额能否覆盖贷款债权，若无法覆盖，则还需进一步寻找被申请人的其他财产线索，从而采取保全措施以保障将来的判决得以顺利执行。

（三）提出续保申请

鉴于财产保全措施均具有一定期限，申请人在期限届满前未提出续行保全申请，已采取的保全措施将自动解除，因此，在保全实施部门完成财产保全后，应及时向审判法官索取保全结果通知书，明确财产保全期限的届满时间，并在届满前按照保全结果通知书的相关要求及时提出续保申请。附续保申请书示范文本如下：

财产保全续保申请书

申请人：××银行股份有限公司××支行，负责人×××，住所地为××××，联系方式××××××。

被申请人：余××，男，汉族，××××年××月××日出生，身份证号为×××××，住所地为×××××，联系方式××××××。

被申请人：××房地产开发有限公司，法定代表人×××，住所地为××××，联系方式××××××。

申请事项：

申请继续冻结被申请人××房地产开发有限公司名下开户行为××支行、账号为××的银行账户。

事实与理由：

申请人诉被申请人余××、××房地产开发有限公司金融借款合同纠纷及保证合同纠纷一案，贵院已依法冻结了被申请人××房地产开发有限公司名下开户行为××支行、账号为××的银行账户。由于该案尚未审理终结，现冻结期限即将届满，故申请人特申请贵院对上述账户继续冻结。

此致

北京市××区人民法院

申请人：××银行股份有限公司××支行

负责人：

年 月 日

(四)解除财产保全措施

按揭贷款清收诉讼中，有时会存在案件审结前借款人自动履行、还清所有贷款本息的情形。该种情形下，对已采取财产保全措施的，需申请人民法院解除财产保全。

附解除财产保全申请书示范文本如下：

解除财产保全申请书

申请人：××银行股份有限公司××支行，负责人×××，住所地为××××，联系方式××××××。

被申请人：余××，男，汉族，××××年××月××日出生，身份证号为×××××，住所地为×××××，联系方式××××××。

被申请人：××房地产开发有限公司，法定代表人×××，住所地为××××，联系方式××××××。

申请事项：

申请解除对北京市××区××号房屋(《商品房买卖合同》编号：××)的查封。

事实与理由：

申请人诉被申请人余××、××房地产开发有限公司金融借款合同纠纷及保证合同纠纷一案，业经贵院立案受理，并采取财产保全措施。现因被申请人余××已清偿全部应还款项，申请人特向贵院提出解除诉讼保全申请，请予批准。

此致

北京市××区人民法院

申请人：××银行股份有限公司××支行

负责人：

年　　月　　日

N°05 第五章　一审——取得胜诉裁判

第一节　开庭前的准备

对于人民法院，开庭前的准备主要在于向被告送达民事起诉状副本及相应证据，向原告送达答辩状（如有）副本、处理管辖权异议（如有）、组成合议庭，通知必须共同进行诉讼的当事人参加诉讼等工作。而对于贷款清收诉讼中按揭银行的代理人，在开庭前，应当准备庭审资料、起草庭审方案、与当事人进行充分的沟通，并在必要时申请调查取证，以便更好地参与庭审。

一、准备庭审资料

（一）核查事实变化

在按揭贷款清收诉讼中，从立案到开庭期间，往往发生案件事实的变化，例如基于逾期天数的变化导致利息、罚息、复利金额变化，或因借款人偿还了部分本息、银行扣划了保证人保证金账户内资金等因素导致贷款本金余额及利息、罚息、复利金额发生变化等。因此，需要在开庭前与按揭银行工作人员沟通、打印最新的银行系统查询单、核查案件事实变化情况等，与民事起诉状中载明的诉讼请求及事实理由进行比对，以便在庭审过程中变更诉讼请求、正确陈述案件事实。

（二）重新梳理证据

1. 编制证据目录

证据是诉讼请求及其事实与理由的有效支撑，因此，在准备庭审资料时，最重要的，就是根据案件事实变化情况，在立案时已提交的证据基础上，重新梳理现有证据，并编制证据目录（当然，证据目录也可在立案时先行向人民法院提交)。但需注意,对于立案时未提交的新证据,其提交时间不能超过人民法院指定的举证期限。

编制证据目录,一般可按照起诉状中阐述的事实与理由的基本顺序进行梳理,如证明债权形成情况的证据、证明合同履行情况的证据、证明提前收回贷款的条件已成就的证据、证明逾欠贷款本息金额的证据等。附证据目录范本如下:

××银行股份有限公司××支行与刘××、北京××房地产开发有限公司金融借款合同纠纷及保证合同纠纷案

一审证据目录

编号	名称	页码	证明内容	证明目的
1	1-1 北京市商品房预售合同	1~28	1. 2006年2月6日,被告刘××与被告北京××房地产开发有限公司签订《北京市商品房预售合同》,购买位于北京市大兴区××号的房屋 2. 根据合同第6条及附件五之相关约定,被告刘××选择的付款方式为贷款方式付款,贷款金额为人民币××万元,贷款银行为××银行	原被告之间存在真实有效的借贷关系。借款合同已就还款期限、罚息利率、提前收回贷款本息等事项作出明确约定。被告北京××房地产开发有限公司应承担连带责任保证担保
	1-2 ××银行个人购房借款申请书	29~35	1. 被告刘××于2006年3月1日向原告提出按揭贷款申请,所购房屋坐落于北京市大兴区××号。申请贷款金额为人民币××万元,申请贷款期限××年,申请还款方式为等额本息。被告刘××承诺按时足额偿还贷款本息 2. 被告刘××承诺将北京市大兴区××号房屋抵押给原告作为贷款担保 3. 被告北京××房地产开发有限公司在借款申请书中盖章确认同意为被告刘××提供连带责任保证担保	

续表

编号	名称	页码	证明内容	证明目的
1	1－3 房屋按揭借款合同	36～46	1. 原告向被告刘××提供总金额为人民币××万元的按揭贷款。贷款期限为××年，贷款年利率为××%。还款方式为等额本息，即被告应按月以相等金额偿还贷款本息 2. 根据合同第5条之相关约定被告刘××自愿将所购房屋抵押给原告 3. 根据合同第8条之相关约定被告北京××房地产开发有限公司自愿为借款合同项下办理完毕房屋所有权证及房屋抵押登记手续前产生的所有被告刘××应付款项承担连带保证责任 4. 根据合同第9条第5款之相关约定，未经原告书面同意，被告刘××不得将借款合同项下抵押房产全部或部分进行转让 5. 根据合同第12条第2款之相关约定被告刘××如未按合同约定的还款日期偿还到期应付的贷款本息，自应付之日起，按合同约定的利息加收50%的罚息。对不能按期支付的利息，按罚息利率计收复利 6. 根据合同第12条第5款之相关约定被告刘××连续3个月或累计6个月未能按合同约定还本付息的，原告有权提前收回贷款本息，并有权要求被告北京××房地产开发有限公司承担连带保证责任；不论任何原因，如涉诉房屋不能在有关房地产管理机关办理抵押登记手续的，原告有权提前收回贷款本息，并有权要求被告北京××房地产开发有限公司承担连带保证责任；被告刘××未得到原告书面同意而擅自将设定抵押权的财产出售、转让的，原告有权提前收回贷款本息，并有权要求被告北京××房地产开发有限公司承担连带保证责任	

续表

编号	名称	页码	证明内容	证明目的
2	××银行(个人住房贷款)借款凭证	47	2006年4月15日,原告按照借款合同约定将××万元贷款划入北京××房地产开发有限公司账户	原告已履行了借款合同项下的义务
3	××银行系统查询清单	49	1. 被告刘××自2009年3月20日起,连续6次未按照合同约定还本付息 2. 截止到2009年10月25日止,被告刘××应偿还的贷款本金为人民币××元,利息(含罚息、复利)暂计为人民币××元,本息合计人民币××元	被告刘××未按借款合同约定还本付息,提前收回贷款本息的条件已成就

2. 准备证据原件

根据民事诉讼法的相关规定,当事人提供证据的,书证应当提交原件,物证应当提交原物,以供审判人员核查及对方当事人质证。鉴于银行的信贷档案及房屋他项权证(如有)均需遵循严格的档案管理规定,因此,代理人在收到法院送达的开庭传票或电话开庭通知后,应及时通知银行,提前调取、准备证据原件。

(三)调查取证申请

对于需要用作证明案件事实,而当事人及其诉讼代理人因客观原因不能自行收集的证据,可以向人民法院提出调查取证申请,由人民法院调查收集相关证据。一般情况下,按揭贷款清收诉讼中的证据均可由银行自行提供,无须申请法院调查取证,但在特殊情况下,如在未办理抵押登记的情况下,拟向房屋管理部门调取借款合同项下抵押房屋权属状况的,需在开庭前(若开庭前无法申请则可在第一次庭审中提出调查取证申请)与审判法官进行沟通,申请由法院调查取证或由代理律师申请法院调查令自行取证。

1. 申请由法院调查取证

根据《最高人民法院关于民事诉讼证据的若干规定》的相关规定:

符合下列条件之一的,当事人及其诉讼代理人可以申请人民法院调查收集证据：申请调查收集的证据属于国家有关部门保存并须人民法院依职权调取的档案材料；涉及国家秘密、商业秘密、个人隐私的材料；当事人及其诉讼代理人确因客观原因不能自行收集的其他材料。

当事人及其诉讼代理人申请人民法院调查收集证据，应当提交书面申请。申请书应当载明被调查人的姓名或者单位名称、住所地等基本情况、所要调查收集的证据的内容、需要由人民法院调查收集证据的原因及其要证明的事实。当事人及其诉讼代理人申请人民法院调查收集证据，不得迟于举证期限届满前7日。

人民法院对当事人及其诉讼代理人的申请不予准许的，应当向当事人或其诉讼代理人送达通知书。当事人及其诉讼代理人可以在收到通知书的次日起3日内向受理申请的人民法院书面申请复议一次。人民法院应当在收到复议申请之日起5日内作出答复。

以下附调查取证申请书示范文本：

调查取证申请书

申请人：××银行股份有限公司××支行，负责人××，住所地北京市××，联系电话×××。

申请事项：

申请法院向北京市大兴区建设委员会调取关于北京市大兴区××号房屋全部的权属登记档案资料。

事实和理由：

申请人诉刘××、北京××房地产开发有限公司金融借款合同纠纷及保证合同纠纷一案，业经贵院立案受理。

2009年10月27日，申请人作为利害关系人前往北京市大兴区建设委员会查询北京市大兴区××号房屋（以下简称“涉诉房屋”）的权属状况，获悉：刘××擅自将涉诉房屋即借款合同项下抵押房产转让予第三人，并与第三人发生纠纷，致使抵押房产于2008年5月28日被北京市大兴区人民法院查封，并于2009年4月28日被强制执行转移登记至第三人名下。

但基于北京市大兴区建设委员会的相关规定，申请人无法获取书面档案查询资料。为证明上述事实，根据《最高人民法院关于民事诉讼证据的若干规定》第十七条之规定，特提出调查取证申请，请予批准。

此致

北京市××区人民法院

申请人：××银行股份有限公司××支行

负责人：

申请日期：　　年　　月　　日

2. 申请法院调查令自行取证

法院调查令是最早在执行阶段实施的一项委托调查制度，是为了确保人民法院在执行程序中及时、准确地查明被执行人的财产状况和实际履行能力，提高执行效率，尽快实现当事人的合法权益，而在案件执行阶段，经申请执行人申请，由人民法院签发调查令，指定申请执行人的代理律师持调查令向有关单位或个人调查收集特定证据。如《北京市高级人民法院关于委托调查制度的若干意见（试行）》（京高法发〔2004〕258 号）、《上海市高级人民法院关于在执行程序中使用调查令的若干规定（试行）》（沪高法〔2004〕92 号）等规定。后来，逐渐运用于立案、审判程序中。如《安徽省高级人民法院关于民事诉讼调查令的实施办法（试行）》（2013 年 9 月 1 日起实施）、《浙江省高级人民法院关于民事诉讼立案审查阶段适用调查令的意见》（2014 年 1 月 2 日起实施）等规定。

一般情况下，法院调查令由人民法院向申请人的代理律师签发，由代理律师持法院调查令向调查令载明的单位调取调查令中载明的证据。申请调查令应当提供下列材料：申请书；当事人委托代理律师的授权委托书；代理律师所在律师事务所出具的指派律师函；代理律师有效的执业证书。其中，申请书应当载明申请调查证据的名称、证明目的、无法获得证据的原因、接受调查人及证据线索，并由当事人签字或者盖章。以下附申请书示范文本：

调查令申请书

致：北京市××区人民法院

××银行股份有限公司××支行诉尹××、××房地产开发有限公司金融借款合同纠纷及保证合同纠纷一案，业经贵院立案受理。

××年××月××日,尹××与××房地产开发有限公司签订《北京市商品房预售合同》,购买位于北京市××区××号的房屋(以下简称涉诉房屋)。为支付涉诉房屋购房款,尹××向申请人申请个人房屋按揭贷款,并以涉诉房屋提供抵押担保。

根据借款合同约定,涉诉房屋被其他法院查封或转让予第三方均属于申请人有权提前收回贷款本息的条件,是本案的重要证据资料。现因申请人无法自行获得涉诉房屋的查封及转让信息,特向贵院提出申请,请求法院签发调查令。

拟调查单位名称:北京市××区建设委员会

拟调查内容:北京市××区××号房屋的查封信息及历次转移登记档案。

以上调查令申请,请求贵院予以签发。

申请人:××银行股份有限公司××支行代理律师
北京市××律师事务所律师　××
××年××月××日

附:

1. 律师联系方式:××

2.《律师执业证》复印件 律师执业证号:××

(四)分类整理庭审资料

在开庭前,代理人应分类整理参加庭审时需携带的资料,一般情况下可按照下列类别进行整理:

1. 需提交人民法院及对方当事人的证据目录及补充证据。其中,对于证据目录并非必须提交对方当事人,可根据审判法官的要求决定是否提供,而对于补充证据,则需按照对方当事人人数加1的份数准备并分别提交人民法院及对方当事人。

2. 证据原件,将证据原件按照证据目录的顺序整理排序,以便在庭审过程中的举证、质证阶段,按照审判法官的具体要求,一次性或分批向法庭及对方当事人出示证据原件。

3. 庭审中自用的民事起诉状、证据目录及随附证据、庭审方案(或辩论提纲）。作为原告按揭银行的代理人，需在庭审过程中陈述诉讼请求及事实与理由、提供相应的证据，并在法庭辩论阶段发表辩论意见。因此，按照庭审顺序备齐需要使用的民事起诉状等资料，有利于更为自如地参加庭审、更为准确充分的陈述事实及意见。

4. 其他备用资料。如相关委托代理手续及未作为证据提交的相关案件资料等。

二、制定庭审方案

庭前准备是否充分，虽然不一定必然影响庭审结果，但肯定会影响庭审效果，影响当事人、审判法官对代理律师的评价。在作者看来，民事起诉状、证据目录及庭审方案，是庭审过程中不可或缺的重要资料。其中，民事起诉状用于陈述诉讼请求与事实理由，证据目录用于举证并说明证明目的，而庭审方案则用于应对被告的答辩意见、质证意见及法庭辩论。所谓庭审方案，实际就是在开庭前，就庭审过程进行推演，根据已知的案件事实情况预判被告可能的答辩意见、可能提供的证据并制定应对方案，列明辩论提纲等。

（一）确定初步方案

庭审方案既可用于代理人准备庭审，又可用于与当事人有效沟通。主要包括四部分内容：其一为正论，即原告方的主张，列明诉讼请求的依据及法庭辩论提纲；其二为反论，预判被告可能提出的答辩意见并制定应对措施；其三为案件关键事实，预判法庭调查阶段法官可能询问的事实；其四为风险提示，向当事人提示相关诉讼风险。

1. 正论

正论即围绕诉讼请求予以论证，如上所述，按揭贷款清收诉讼中的诉讼请求一般为：请求法院依法判令被告偿还全部贷款本金、利息、罚息、复利；请求法院依法确认原告有权就抵押物的拍卖、变卖、折价款优先受偿或判令保证人承担连带清偿责任；请求法院依法判令被告承担本案的案件受理费、保全费、公告费等诉讼费用。此外，还可根据实际情况（如律师费支付情况等）增加相关诉讼请求（请求法院依法判令被告承担原告支付的律师费等）。

而围绕上述诉讼请求，需分项论证原告有权收回全部贷款本息、原告就抵押物享有优先受偿权或有权要求保证人承担连带清偿责任、实现债权的

费用由被告承担的事实依据及法律依据(包括合同依据)。具体分项依据如下:

(1)原告有权收回全部贷款本息的依据

《合同法》第8条规定:依法成立的合同,对当事人具有法律约束力;当事人应当按照约定履行自己的义务,不得擅自变更或者解除合同;依法成立的合同,受法律保护。据此,原告即按揭银行有权收回全部贷款本息的依据主要在于其合同依据。需要注意的是,鉴于涉诉的按揭贷款中借款合同的签署时间有所不同,即使是同一银行,在不同时间段签署的借款合同版本可能有所不同,其约定的收回全部贷款本息的情形亦可能有所不同,因此,在具体案件时,首先要查阅借款合同中的相关约定,而不能想当然凭借过往代理经验。一般情况下,借款合同中关于提前收回全部贷款本息的情形可能约定如下:

借款人在借款合同项下任何一笔贷款本息发生逾期;借款人被宣告失踪、丧失民事行为能力、被刑事监禁、死亡后无继承人或虽有继承人但继承人拒绝履行还款义务;借款人或担保人财务状况发生重大变化或涉及诉讼、仲裁、行政处罚等其他司法程序及出现其他银行认为会影响贷款偿还的情形;借款人擅自改变贷款用途;借款人或借款合同项下的担保人将设定抵押权/质权的财产拆迁、出售、转让、赠与或重复抵押/质押的;借款人提供虚假资料或隐瞒重要事实,已经或可能造成贷款损失的;借款人拒绝或阻挠银行对贷款使用情况进行监督检查的;用于借款合同项下抵/质押的财产价值减少或无论任何原因未能办理抵/质押登记手续,而借款人未能提供银行认可的新担保;借款合同项下的担保人违反担保合同约定的任一义务或承诺,影响银行债权实现;借款人或保证人对其他债务有违约行为或因其他债务的履行,影响银行债权实现;借款人违反借款合同任何一项约定,银行认为足以危及贷款安全。

在涉及具体案件时,需比对借款合同中约定的提前收回贷款的情形与案件事实情况,明确合同约定的提前收回贷款的条件是否已成就,存在几项案件事实促成该条件成就。

(2)按照合同约定行使担保权利的依据

一般情况下,银行按揭贷款中,保证人往往承担阶段性连带保证责任担保,以抵押房屋是否已办理抵押登记为分界点。因此,关于行使担保权利的诉讼请求也就区分为了确认原告就抵押物享有优先受偿权或判令保证人承担连带清偿责任(全程担保的情形下可一并作为诉讼请求)。而围绕该诉讼请求,主要依据有:合同依据,如借款合同中关于抵押担保、保证担保、担保范围、保证期间、行使担保权利的情形等条款的具体约定;法律依据,如《物权法》、《担保法》中的相关规定;事实依据,如抵押房屋已办理完毕抵押登记,保证人已签署保证条款确认承担保证责任,促成行使担保权利的条件成就的相关案件事实等。

(3)实现债权的费用由被告承担的依据

合同依据:借款合同中往往约定因借款人违约致使银行采取诉讼方式实现债权的,借款人应承担银行为此支付的诉讼费、仲裁费、保全费、公告费、评估费、鉴定费、拍卖费、差旅费、律师费及其他实现债权的费用。法律依据:《诉讼费用交纳办法》中的相关规定。

2. 反论

在该部分内容中,主要需要预判被告可能提出的答辩意见并制定应对措施。一般情况下,按揭贷款清收诉讼中的案件事实清楚、法律关系简单、较少存在实质的争议焦点,因此,被告可以提出的可成立的答辩意见较为有限。但对于特殊案件,借款人或保证人可能基于公平原则提出银行不能提前收回全部贷款本息或免除保证责任等实质性的抗辩。实践中,根据具体案件情况不同,被告可能提出的答辩意见分别如下:

(1)在银行基于借款人未按期还款而提起诉讼的情形下,借款人可能提出的答辩意见为:认可拖欠本息的事实,但现阶段不具备还款能力;认可拖欠本息的事实,但借款人已与其配偶离婚,按揭房屋及相应债务均由其配偶所有并承债,借款人不再负有还款义务;或对拖欠本息的部分事实或具体金额不予认可。对于第 1 项及第 2 项答辩意见,实质上无法成立,不影响银行行使合同项下的权利;对于第 3 项答辩意见,可向借款人解释银行的计息方法及扣款顺序,例如,实际中可能发生的争议是,借款人声称其仅有 3 期未还款,但银行系统显示借款人已连续 10 期未还款,其原因在于借款人虽然在前 3 期未还款之后的 7 个月内均按照还款计划偿还每月应还款项,但银行的扣款顺序是扣划的款项优先偿还之前已拖欠的本息而非当月应还款项,因此,在每月扣划的金额均不足以清偿借款人已拖欠的及当月应偿还的贷款本息的情形下，系统显示借款人已连续10期未按照合同约定还款付息。

（2）若借款人按期还款但银行基于借款合同约定的其他情形决定收回全部贷款本息而提起诉讼的，借款人可能以银行提前收回贷款不符合借款合同约定，或虽符合借款合同约定但基于公平原则不应提前收回贷款等为由提出抗辩。该种情形下，需综合案件事实及借款合同中的具体约定，选择适用提前收回贷款的主要依据。例如，案件事实情况为，借款人虽按期还款但其承诺抵押的房屋在未办理抵押登记的情形下，因借款人的其他债务被其他法院查封拟拍卖。而借款合同中，与之相关的提前收回贷款的约定有3款："借款人涉及诉讼等其他司法程序及出现其他银行认为会影响贷款偿还的情形"，"借款人对其他债务有违约行为或因其他债务的履行，影响银行债权实现"，"用于借款合同项下抵/质押的财产价值减少或无论任何原因未能办理抵/质押登记手续，而借款人未能提供银行认可的新担保"。对此，鉴于借款人可能以其按期还款、不存在影响贷款偿还的情形提出抗辩，因此，可考虑将借款合同项下的抵押房屋因借款人的过错被查封、拟拍卖、致使抵押登记不能办理，作为提前收回贷款的主要依据。

（3）在保证人提供阶段性连带责任保证担保的情形下，保证人可能基于按揭银行未及时办理抵押登记、怠于行使权利为由，主张免除保证责任。对于该答辩意见，以下将结合实际案例具体说明。

3. 关键事实

在庭审过程中，面向专业的法律从业人员即审判法官，代理人的主要职能，往往不是论证法律观点，而是向法官简要、准确地陈述案件关键事实。所谓关键事实，即法官作出最终判决所需依据的案件事实，也是法庭调查阶段法官可能询问的事实。

在按揭贷款清收诉讼中，关键事实主要包括：借款合同的签署时间，贷款的发放时间，借款人首次拖欠本息的时间及拖欠本息的期数、金额，提前收回贷款所依据的合同条款编号，计算利息、罚息、复利所依据的合同条款编号，行使担保权利所依据的合同条款编号等。

4. 风险提示

所谓风险，实际就是借款人或保证人可能提出的答辩意见可能得到人民法院支持。因此,在庭审方案中,除了对被告可能提出的答辩意见进行预判并制定应对方案外,还需向当事人揭示相关诉讼风险,即人民法院可能接受被告提出的答辩意见而导致银行的诉讼请求不能全部或部分得到支持。

在借款人未按期还款的情形下,银行的诉讼请求一般均可得到人民法院的支持。但司法实践中,对于借款人按期还款但银行基于其他理由主张提前收回贷款的案件,特别是借款人对于该事由不存在过错的情况下,银行的诉讼请求可能无法得到人民法院支持。例如,借款人一直正常还本付息,但其所购房屋在未办理转移登记前因为开发商的债务被其他法院查封,致使所购房屋无法办理转移登记、亦无法办理抵押登记。尽管借款合同中明确约定了无论任何原因致使抵押登记无法办理,银行均可有权收回全部贷款本息,但人民法院考虑到借款人对此不存在任何过错,且已向查封法院提出了执行异议、要求解除查封的相关手续正在办理中,基于公平原则,向银行释明可能不会支持银行诉讼请求的法律风险。该案最终由银行撤诉处理。

(二)与当事人有效沟通

代理人在制定了初步的庭审方案后,需要在开庭前,就庭审方案,特别是关于被告答辩意见的应对、诉讼风险等事项,充分与当事人进行有效沟通,听取当事人的意见。

例如,在上述抵押房屋因借款人自己的债务被其他法院查封拟拍卖的案例中,代理人初步选定将“用于借款合同项下抵/质押的财产价值减少或无论任何原因未能办理抵/质押登记手续,而借款人未能提供银行认可的新担保”,作为提前收回贷款的主要依据。对此,就需要提前与按揭银行进行沟通,若庭审过程中,借款人提出可提供其他的房屋作为借款合同项下贷款债权的抵押担保,按揭银行能否接受该替代方案,是否同意在该种情形下暂不提前收回全部贷款,以最终与按揭银行商定相关依据,提示可能的风险。

第二节　庭审中倾听与表达

充分的庭前准备,有利于在庭审中有效的倾听及准确的表达。根据民事诉讼法的相关规定,一审案件开庭的基本程序可分为四个阶段:一是前置程序阶段;二是法庭调查阶段;三是法庭辩论阶段;四是最后陈述阶段。而庭审过程中,倾听是前提,表达是目的。所谓有效的倾听,是指听懂法官问什么、听懂被告讲什么;所谓准确的表达,是指知道自己说什么,知道自己怎么说。

一、庭审中的倾听

(一)听法官

所谓听法官,是指在审判法官的主持下参与庭审,并在听清法官问什么,且明确法官为什么这么问的基础上,回答法官询问的问题。

1. 前置程序阶段

开庭审理前,一般由书记员查明当事人和其他诉讼参与人是否到庭,宣布法庭纪律;开庭审理时,由审判长核对当事人,宣布案由,宣布审判人员、书记员名单,告知当事人有关的诉讼权利义务,询问当事人是否提出回避申请。

我国庭审实行纠问制,由审判法官控制整个庭审程序,而每个审判法官可能有自己的问话习惯,因此,在前置程序阶段中,需要听清法官在问什么,进而予以回答。例如,在核对当事人时,有的法官习惯于按照起诉状宣读当事人及其代理人信息,由代理人回答是或予以更正;而有的法官则习惯于由代理人自行介绍当事人及代理人信息。又如,审判法官告知当事人有关权利义务后,往往最终会询问两个问题,“听清楚了?”“是否申请回避?”,对此,代理人亦应分别予以回答,“听清楚了”“不申请回避”(按揭贷款清收诉讼中,一般申请回避的情形较为少见,在此不再予以介绍),而不能只回答其中一个问题。此外,还要注意庭审礼貌,即使经过多次庭审已非常清楚法官要问什么,仍需在法官结束问话之后,再予以回答,做到不抢话。

2. 法庭调查阶段

法庭调查阶段一般按照原告陈述诉讼请求与事实理由、被告陈述答辩意见、当事人双方举证质证、法庭询问的顺序进行。

审判法官一般是在双方举证质证结束后,就其关心的、对于案件审理及判决结果有影响的案件事实进行询问,或者可能会在当事人陈述过程中,就当事人陈述不清的事实,进行追问。作为原告方的代理人,需要在听清法官问什么,并明确法官为什么这么问的基础上回答。一般情况下,可从法官询问的问题中,发现法官的审案、判案逻辑。例如,法官询问按揭银行何时发放了贷款,是因为贷款是否发放是银行是否享有贷款债权的前提;法官询问借款人何时逾欠贷款本息,是为了了解借款人是否存在违约事实,银行提前收回贷款本息的条件是否已成就;法官询问逾欠利息的起算日期、贷款利率、罚息利率等,是为了明确应还贷款本息的计算发放;等等。因此,就案件资料中可反映的常规事实情况,应及时、准确地回答法官询问的问题,这就需要熟悉案件资料、作好庭前准备。而就不能确定的事实,不能臆测,可要求在庭审结束经向当事人核实后回复。

3. 法庭辩论阶段

法庭辩论阶段一般按照原告及其诉讼代理人发言、被告及其诉讼代理人答辩、第三人及其诉讼代理人发言或者答辩(如有)、互相辩论的顺序进行。审判法官在辩论阶段一般仅组织当事人发言,而不再进行询问,除非在涉及新事实、新证据时恢复法庭调查。

4. 最后陈述阶段

法庭辩论终结,由审判长按照原告、被告、第三人的先后顺序征询各方最后意见。

(二)听被告

所谓听被告,是指听清被告的答辩意见、质证意见、证明目的、辩论意见及最后陈述。其中,被告的答辩意见,是被告针对原告的诉讼请求及事实理由所提出的意见,因此,需听清被告是否同意原告的诉讼请求,是否认可拖欠本息的事实,不同意、不认可的理由等,并当场记录。被告的质证意见,是被告针对原告出示的证据及证明目的所提出的意见,因此,需听清被告对每一份证据的真实性、合法性、关联性是否予以认可,是否同意每一份证据的证明目的,明确争议的焦点。被告的证明目的,是被告对其自己提供的证据所陈述的证据内容及证明的事项,因此,需听清其每一份证据的证明目的。被告的辩论意见,则是被告在法庭辩论阶段统一发表的辩论意见,因此,需记录被告的主要观点,以便在第二轮辩论或庭后提交的代理词中作出有针对性的反驳。被告的最后陈述,一般不具备实质内容,通常表述为“坚持答辩意见”,但若被告在最后陈述阶段又发表了新的观点,需充分记录。

需要注意的是，尽管《民事诉讼法》规定了，被告应当在收到起诉状副本之日起15日内提交答辩状，但在司法实践中，被告往往在开庭之时才提交书面答辩状或进行口头答辩，并提供相应的证据。这就需要代理人对于被告提出的答辩意见作出临场反应。因此，除了听清、记录被告的相关意见外，若被告向法庭提交了书面答辩状及相关证据的，还应当庭向法庭索取答辩状副本及相关证据复印件，以便在下一步庭审程序中，针对被告的相关意见，作出适当的反驳及应对。

二、庭审中的表达

庭审中的表达，需要简洁明了、重点突出、逻辑清楚，不能繁冗拖沓。在不同阶段，表达内容也需有不同侧重。

(一)陈述诉讼请求与事实理由

法庭调查之初，就是需要原告方陈述诉讼请求及事实理由。而该部分内容所依据的主要文件，就是提起诉讼时已向法院提交的起诉状。但在具体陈述时，需根据法官的指示性用语作出不同形式的变化。如法官的指示性用语为“下面进行法庭调查，首先由原告方陈述诉讼请求及事实与理由”，该种情形下，需按照起诉状陈述诉讼请求，并简要概括事实理由，而无须完全按照起诉状宣读。如法官的指示性用语为“下面进行法庭调查，原告方的诉讼请求及事实理由与起诉状是否一致”，该种情形下，则无须再行按照起诉状陈述，而是简要说明有无变化、变化之处即可。

(二)出示证据并说明证明目的

被告发表答辩意见后，法庭调查进入举证质证阶段，由原告方首先出示证据并说明证明目的，而该部分内容所依据的主要文件，即为开庭前准备的证据目录。代理人需根据审判法官的具体安排分批出示证据由被告分别质证或一次性出示证据由被告统一质证。在出示证据、核验证据原件的同时，需简要说明每一份证据证明的具体事项及目的。

(三)发表质证意见

庭审中，被告提供证据的，原告方代理人需当场对其提供的证据发表质证意见。所谓质证，是指当事人双方采用询问、辨认、质疑、辩驳等核实方式对一方提出的证据进行质辩的过程，其目的是使法院正确认定证据的效力。

质证一般围绕证据的真实性、关联性、合法性进行。其中,对于证据的真实性,首要是核验证据原件,在无证据原件的情况下,一般不予认可证据的真实性。对于证据的关联性,需要核查被告提供的证据与案件争议焦点是否有关联,或虽有关联,但与其拟证明的事项及证明目的是否相符。对于证据的合法性,主要是对证据的来源是否合法发表意见。

(四)阐述辩论意见

在法庭辩论阶段,主要是根据庭前准备的庭审方案,并结合被告发表的答辩意见及质证意见,综合阐述辩论意见。除了正面围绕银行有权收回全部贷款本息、行使担保权利并要求被告承担实现债权的费用等进行论述外,还需特别针对被告的答辩意见论证其答辩不能成立的理由。

需要注意的是,在原被告依次发表辩论意见之后,是否针对第一轮辩论中的争议焦点展开第二轮辩论,由审判法官决定。审判法官释明不再进行第二轮辩论的,代理人若有补充辩论意见,需向审判法官示意,经法官同意后再行发表意见。

(五)最后陈述

最后陈述,是庭审过程中的最后一个环节,往往不再进行实质性的辩论,具体陈述的形式亦根据法官的指示性用语而确定。如法官的指示性用语为“下面进行最后陈述,原告方是否坚持诉讼请求”,该种情形下,代理人仅需回答“是”即可。如法官的指示性用语为“下面进行最后陈述,原告方意见”,该种情形下,可回答“坚持诉讼请求及辩论意见,代理人庭后向法院提交书面的代理词”。

第三节 一审代理词的撰写

按揭贷款清收诉讼中的代理词,一般是在庭审前准备、庭审结束后,根据庭审情况特别是被告的答辩意见及其提供的证据等内容,代理人围绕原告方的诉讼请求、案件争议焦点等事项所作出的书面意见,是对代理意见的集中阐述。

如前所述,银行的按揭贷款清收诉讼的法律关系清晰,纠纷的发生往往源自于借款人未能按照合同约定还本付息,事实清楚,较少存在实质上的争议焦点。因此,按揭贷款清收诉讼一般多可一审结案且多为胜诉判决,较少进入二审程序。但就特殊案件,仍可能基于某一特定事实,导致银行的诉讼请求具有胜诉的不确定性,这就需要综合案件事实与法律规定,在开庭审理及庭后的代理词中,充分予以论证,以取得胜诉判决。

以下结合实际案例,具体说明代理词的撰写思路,并在下一章中将其作为应用案例介绍二审程序中的注意事项。

案例:按揭银行与刘××、北京市某房地产开发有限公司(以下简称“开发商××”)金融借款合同纠纷及保证合同纠纷案

起诉的案件事实:

2006年2月6日,刘××与开发商××签订《北京市商品房预售合同》,购买位于北京市大兴区××号的房屋。2006年3月1日,刘××向按揭银行提出按揭贷款申请,并承诺将北京市大兴区××号房屋抵押给按揭银行作为贷款担保。2006年4月15日,按揭银行与刘××(借款人)、开发商××(保证人)签订了房屋按揭借款合同。合同约定开发商××自愿为借款合同项下办理完毕房屋所有权证及房屋抵押登记手续前产生的所有刘××应付款项承担连带保证责任;刘××连续3个月或累计6个月未能按合同约定还本付息的,或不论任何原因涉诉房屋不能在有关房地产管理机关办理抵押登记手续的,或刘××未得到按揭银行书面同意而擅自将抵押房屋出售、转让、交换、抵债、赠与、转借、托管或以其他方式处分的,按揭银行均有权提前收回贷款本息,并有权要求开发商××承担连带保证责任。借款合同签订后,按揭银行依约发放了全额贷款,但刘××自2009年3月20日起连续6次未按照合同约定还本付息。且在按揭银行不知情的情况下,刘××擅自将借款合同项下抵押房产转让他人,并与他人发生纠纷,致使抵押房产于2008年5月28日被北京市大兴区人民法院查封,从而导致抵押登记手续无法办理。2009年4月28日,抵押房产被过户给他人名下。纠纷发生后,按揭银行向人民法院提起诉讼,要求刘××偿还全部贷款本息,要求开发商××承担连带清偿责任。

开发商××的答辩意见及相关证据:

庭审中,开发商××主张其保证责任已予以免除,不同意承担连带清偿责任。主要理由为：按揭银行于2007年12月6日从开发商××处领取了刘××的房屋所有权证，但直至诉讼当日按揭银行均未因抵押登记存在问题而通知开发商××，反而全额退还了开发商××的保证金余额。开发商××有理由相信，抵押登记手续已经办理完毕，按揭银行退还保证金的行为即免除了开发商××的保证责任。自2007年12月6日至2008年5月28日（查封之日）期间，按揭银行始终未办理抵押登记手续，致使最终抵押登记手续无法办理，应自行承担相关责任。为证明上述事实，开发商××提供了其与按揭银行签署的项目合作协议、情况说明及保证金账户明细与转账凭证、刘××的房屋所有权证交接单等证据资料。

第一次庭审结束后，代理人经向按揭银行核实后得知：

按揭银行虽确实从开发商××处领取了刘××的房屋所有权证，但交接时间并非2007年12月6日，而是在2008年4月。按揭银行在签署刘××的房屋所有权证交接单时，遗漏了签署日期。而开发商××提供的交接单原件中载明的时间是伪造的，是开发商××自己补写的日期。为此，按揭银行提供了2009年7月27日由开发商××通过其办公电话传真的交接单传真件，该传真件显示交接清单中并未填写交接日期。按揭银行在收到刘××房屋所有权证后，因需刘××重新提供二代身份证复印件而未能在当月办理房屋所有权证。而在备齐办理抵押登记所需的资料之后，前往办理抵押登记时，发现抵押房屋已被查封而无法办理抵押登记。按揭银行向开发商××返还保证金、注销保证金账户，发生在刘××抵押房屋被法院查封之前。

一审判决结果：

经过法庭调查及法庭辩论，一审法院最终认定开发商××保证义务的免除不应以退还保证金为准，而应按照相关合同约定承担连带保证责任，支持了按揭银行的全部诉讼请求。

在上述案例中，按揭银行的诉讼请求为，要求刘××偿还全部贷款本息、要求开发商××承担连带清偿责任，并要求二被告承担本案的诉讼费用。针对按揭银行的诉讼请求，刘××认可贷款逾期的事实，但声称现阶段无还款能力，开发商××则主张应免除连带保证责任。因此，对上述案件，应围绕诉讼请求、针对开发商××的答辩意见，撰写代理词。鉴于银行的三项诉讼请求中,争议的焦点在于开发商××是否应该承担连带保证责任,因此需要就争议焦点进行重点论述、就被告的答辩意见作出有力反驳。

附代理词示范文本如下:

代理词

尊敬的审判长、审判员:

我们接受原告××银行股份有限公司××支行的委托,为其代理与被告刘××、开发商××金融借款合同纠纷及保证合同纠纷一案。现我们谨就案件中相关问题,依据法律规定及事实真相发表如下代理意见:

一、原被告签订的《房屋按揭借款合同》合法有效,被告应当按照约定履行合同。

原被告签订的《房屋按揭借款合同》(以下简称借款合同)系真实意思表示且不违反法律、法规强制性规定。合同签订后,原告按约履行了发放贷款的义务,在此情形下被告刘××应当按照约定履行还款义务,被告开发商××应当按照约定承担连带保证责任。

二、被告刘××明显违约,应承担合同约定的违约责任,原告方有权提前收回贷款本息。

如前所述,双方签订的借款合同合法有效,对双方均具有法律约束力。借款合同第九条第二款及第五款约定:被告刘××应按照借款合同约定归还贷款本息;未经原告书面同意,被告刘××不得将借款合同项下抵押房产全部或部分进行转让。

据此,被告刘××连续5个月、累计10个月未能按合同约定还本付息以及在原告不知情的情况下擅自转让抵押房产的行为均构成明显的违约行为,应当按照借款合同的相关约定承担相应的违约责任。

根据借款合同第十二条第五款的约定:被告刘××连续3个月或累计6个月未能按合同约定还本付息,或不论任何原因抵押房产不能在有关房地产管理机关办理抵押登记手续,或被告刘××未得到原告书面同意而擅自将设定抵押权的财产出售、转让的,原告均有权提前收回贷款本息,并有权要求被告开发商××承担连带保证责任。

据此,原告方有权提前收回贷款本息,要求被告刘××偿还全部剩余本金及利息，并有权按照借款合同第十二条第二款及第三款的约定收取逾期利息和复利。

三、被告开发商××应承担合同约定的连带保证责任，履行连带还款义务。

借款合同第八条约定，被告开发商××自愿且不可撤销地为借款合同项下的所有贷款本金、利息、罚息、复利、违约金、损害赔偿金、实现债权的费用及被告刘××应付的其他款项承担连带保证责任。且依据上述借款合同第十二条第五款的约定，原告方有权提前收回贷款本息，并有权要求被告开发商××承担连带保证责任。

此外，《北京市商品房预售合同》附件八第三条第二款约定，如因被告刘××未能按期归还银行贷款本息，导致原告终止借款合同的履行并要求被告开发商××承担连带保证责任的，则被告刘××应将被告开发商××代为偿还的全部款项支付给被告开发商××，并支付相应的违约金。这表明被告开发商××已认识到其对被告刘××应偿还的贷款本息承担连带保证责任，并已设立了相应的救济途径。

四、关于被告开发商××答辩状的两点意见。

1. 被告开发商××的保证责任及保证期限应以《××按揭项目合作协议》及《房屋按揭借款合同》的约定为准，保证金的退还及保证金账户的注销并不能免除保证人的保证责任，被告开发商××的第一项答辩意见不成立。

其一，依据《××按揭项目合作协议》及《房屋按揭借款合同》的相关约定，在抵押房产的抵押登记手续办理完毕前，被告开发商××为被告刘××应付款项承担不可撤销的连带保证责任。

在被告提供的证据《××按揭项目合作协议》中，第十五条明确约定：在房产抵押登记完成前，被告开发商××为原告发放的每笔个人住房贷款提供不可撤销的连带责任保证，并作为保证人签订借款合同。

而被告签署的《房屋按揭借款合同》第八条第二款也明确约定：被告世纪恒成建设开发有限公司对借款合同约定的被告刘××应偿还贷款本息开始之日至借款合同项下办理完毕房屋所有权证及房屋抵押登记手续为止产生的所有被告刘××应付款项承担连带保证责任。

据此，在抵押登记手续无法办理的情况下，被告开发商××应当为被告刘××应付款项承担连带保证责任,履行连带还款义务。

其二,连带保证的担保方式属于人保而非物保,被告开发商××作为保证人应当以其全部资产为原告的债权承担连带保证责任,而非仅以保证金承担连带保证责任,因此,保证金的返还及保证金账户的注销并不能免除被告开发商××的保证责任。

2. 在无法律规定及合同约定的情形下,不存在免除被告开发商××连带保证责任的免责事由,被告开发商××引用法律错误,其第二项答辩意见不成立。

其一,被告开发商××以原告怠于办理抵押登记为由主张免除保证责任的,应就原告是否怠于办理抵押登记、办理抵押登记的合理期限等相关问题承担举证责任。

根据2009年7月27日的传真件,被告开发商××关于被告刘××房屋所有权证交接时间的证据是伪造的。且,被告开发商××并未提供关于办理抵押登记手续合理期限的相关证据,因此,不能证明原告怠于办理抵押登记。

需要强调的是,被告开发商××以借款合同第5.3条的约定为由主张办理抵押登记手续是原告的义务和责任,这是对合同条款的歪曲。抵押权作为担保物权,是原告方的权利。而基于抵押手续的办理是抵押权的设立条件,原告有权利办理抵押登记而非有义务办理抵押登记。事实上,原告方为了保障自身抵押权利的实现,均会积极主动地办理抵押登记手续。借款合同第5.3条的约定实际上是为了督促房屋所有权证的移交,以便原告方办理抵押登记手续。

其二,本案不能适用《最高人民法院关于适用〈中华人民共和国担保法〉若干问题的解释》第三十八条的规定,被告开发商××引用法律错误,并不存在免除被告开发商××连带保证责任的免责事由。

《最高人民法院关于适用〈中华人民共和国担保法〉若干问题的解释》第三十八条规定:"同一债权既有保证又有第三人提供物的担保的,债权人可以请求保证人或者物的担保人承担担保责任。当事人对保证担保的范围或者物的担保的范围没有约定或者约定不明的,承担了担保责任的担保人,可以向债务人追偿,也可以要求其他担保人清偿其应当分担的份额。同一债权既有保证又有物的担保的，物的担保合同被确认无效或者被撤销，或者担保物因不可抗力的原因灭失而没有代位物的，保证人仍应当按合同的约定或者法律的规定承担保证责任。债权人在主合同履行期届满后怠于行使担保物权，致使担保物的价值减少或者毁损、灭失的，视为债权人放弃部分或者全部物的担保。保证人在债权人放弃权利的范围内减轻或者免除保证责任。”

可见，上述规定是在抵押权设立后、同时存在物保和人保的前提下，关于怠于行使担保物权的规定。而本案中，抵押登记无法办理，抵押权尚未设立，原告方的债权仅存在被告开发商××提供连带责任保证这一种担保方式。因此，本案并不能适用上述规定，被告开发商××以此为由主张免除保证责任，属于引用法律错误。

据此，在无法律规定及合同约定的情形下，不存在免除被告开发商××连带保证责任的免责事由，被告开发商××应依据借款合同约定承担连带保证责任，履行连带还款义务。

其三，从合同的目的看，借款合同设定了阶段性保证加房屋抵押的担保方式，就是为了使原告的债权一直处于有效的担保之下，任意免除保证人的阶段性保证责任，会导致原告方的合法债权无法得到有效保障。

在原被告三方签订的借款合同中，设定了阶段性保证加房屋抵押的担保方式，即：在房屋抵押登记完成之前，被告开发商××提供连带责任保证担保；在房屋抵押登记完成、担保物权设立之后，被告刘××以其已获得《房屋所有权证》的房屋提供抵押担保。约定该种担保方式就是为了使原告的债权一直处于有效的担保之下，这一点被告开发商××在签订借款合同时已知悉。而原告方也是基于自身债权能得到有效保障才发放贷款。在无法律规定及合同约定的情形下，任意免除保证人的阶段性保证责任，会导致原告方的合法债权无法得到有效保障，致使合同目的无法实现。

在此需特别说明的是，预售商品房抵押加房屋抵押的担保方式和阶段性保证加房屋抵押的担保方式是两种不同的担保方式，在借款合同已约定了阶段性保证加房屋抵押的担保方式下，是否办理预售商品房抵押登记与本案无关。

综上所述，被告方的违约行为严重侵害了原告方的合法权益。如不能对此种违背诚实信用、损害他人利益的行为加以制裁,势必导致社会经济秩序的混乱,不利于构建社会主义和谐社会。在此,我们恳请法院公正裁决,维护法律的尊严和当事人的合法权益。

代理律师:

2009 年 10 月 26 日

第四节　一审中的调解

根据民事诉讼法的相关规定,法庭辩论终结,应当依法作出判决。判决前能够调解的,还可以进行调解,调解不成的,应当及时判决。按揭贷款清收诉讼中,可以调解结案,但一般不会减免任何的利息、罚息、复利,更不会减免本金,而只是同意不再提前收回全部贷款,由借款人仍然按照借款合同的约定按月还本付息。拟达成调解的,需要注意下列事项:

一、达成调解的前提

一般情况下,一旦提起诉讼,按揭银行并不会主动提出调解。只有在借款人特别向法院提出,在法官的主持下,经按揭银行同意后,才可达成调解。但达成调解,一般需满足的前提为:借款人已按照还款计划偿还全部拖欠的贷款本息(有的银行会要求借款人预存一定期限的还款金额),借款人同意承担案件的受理费及律师费等费用,根据借款人的实际情况评估借款人具有继续按照借款合同约定按月还本付息的还款能力等。

二、达成调解的程序

尽管在按揭贷款清收诉讼中,代理人的授权一般为特别授权,即有权代为承认、放弃、变更诉讼请求,进行和解,提起反诉或者上诉。但实践中,按揭银行对于案件的条件可能有不同的内部审批程序,可能需要支行上报分行批准决定。因此,代理人需要在借款人已还清拖欠本息、支付相关费用、银行完成内部审批之后,再行与借款人签署调解协议。

三、关于调解书

(一)调解书的内容

调解结案的形式,一般发生在银行已办理第一顺位的抵押登记、且抵押物无其他法院查封的案件中。按揭银行之所以能够同意调解,首先是因为,借款人可以还清拖欠的本息,减少不良贷款,而同时,银行的贷款债权不存在实质上的风险,抵押物可以完全覆盖应还款项。其次是因为,调解结案后,若借款人未能按照调解书履行,银行有权凭调解书申请执行,而无须再进入审判程序。因此,调解书的内容需满足银行的基本需求,一般为:

被告(指借款人)应按照编号为××的《××借款合同》约定按月还本付息;若有任何一期未能按照合同约定履行,原告有权就借款合同项下的全部贷款本息申请强制执行,并有权就××号房屋的拍卖、变卖、折价款优先受偿;案件受理费、保全费由被告承担。

如上所述,只有在借款人已还清拖欠本息、支付律师费等相关费用后,银行才同意调解,因此,在签署调解协议时该内容已履行完毕,而无须在调解协议中予以体现。

(二)调解书的生效

一般情况下,按揭贷款清收诉讼不属于能够即时履行而可以不制作调解书的案件,因此,调解书需经当事人签收后才发生法律效力的,应当以最后收到调解书的当事人签收的日期为调解书生效日期。调解书生效的,一审终审,不得上诉。

№06 第六章　二审——巩固胜利成果

第一节　司法实践中二审程序的特点

一、二审程序的法律规定

（一）二审程序的启动

当事人不服人民法院第一审判决的，有权在判决书送达之日起15日内向上一级人民法院提起上诉。当事人不服人民法院第一审裁定的，有权在裁定书送达之日起10日内向上一级人民法院提起上诉。

当事人在规定期限内提起上诉，并在规定期限内缴纳完毕二审的案件受理费后，二审程序启动。具体规定为：

1. 上诉应提交的资料

当事人不服一审裁判提起上诉的，应提交由本人签名或盖章的上诉状正本一份，并按照对方当事人人数提出副本，上诉状的内容应当包括一审全部当事人的二审诉讼地位及基本情况，原审人民法院名称、案件的编号和案由，上诉的请求和理由。

除上诉状外，上诉人应提交身份证明材料，授权委托代理人代为上诉的，还应提交经过上诉人特别授权的授权委托手续。

2. 二审案件受理费

原告、被告、第三人分别上诉的，按照上诉请求分别预交二审案件受理费。同一方多人共同上诉的，只预交一份二审案件受理费；分别上诉的，按照上诉请求分别预交二审案件受理费。对财产案件提起上诉的，应当按照不服一审判决部分的上诉请求数额收取案件受理费。上诉人申请缓交、减交、免交上诉费用的，应提交书面申请及符合规定的证明材料。二审案件受理费一般在缴费通知书出具之日起7日内预交，上诉人既未按照规定的期限缴纳二审案件受理费，又未申请缓交、减交、免交上诉费用的，一般按照自动撤回上诉处理。

3. 上诉的具体程序

上诉状应当通过原审人民法院提出，并按照对方当事人或者代表人的人数提出副本，当事人直接向第二审人民法院上诉的，第二审人民法院应当在5日内将上诉状移交原审人民法院；原审人民法院收到上诉状，应当在5日内将上诉状副本送达对方当事人，对方当事人在收到之日起15日内提出答辩状，人民法院应当在收到答辩状之日起5日内将副本送达上诉人，对方当事人不提出答辩状的，不影响人民法院审理；原审人民法院收到上诉状、答辩状，应当在5日内连同全部案卷和证据，报送第二审人民法院。

（二）二审案件的审理

1. 审理内容

第二审人民法院应当对上诉请求的有关事实和适用法律进行审查，并围绕当事人的上诉请求进行审理。当事人没有提出请求的，不予审理，但一审判决违反法律禁止性规定，或者损害国家利益、社会公共利益、他人合法权益的除外。

2. 审理形式

第二审人民法院对上诉案件，应当组成合议庭，开庭审理。经过阅卷、调查和询问当事人，对没有提出新的事实、证据或者理由，合议庭认为不需要开庭审理的，可以不开庭审理。一般情况下，第二审人民法院对下列上诉案件，可以不开庭审理：不服不予受理、管辖权异议和驳回起诉裁定的；当事人提出的上诉请求明显不能成立的；原判决、裁定认定事实清楚，但适用法律错误的；原判决严重违反法定程序，需要发回重审的。

3. 审理结果

第二审人民法院对上诉案件，经过审理，按照下列情形，分别处理：原判决、裁定认定事实清楚，适用法律正确的，以判决、裁定方式驳回上诉，维持原判决、裁定；原判决、裁定认定事实错误或者适用法律错误的，以判决、裁定方式依法改判、撤销或者变更；原判决认定基本事实不清的，裁定撤销原判决，发回原审人民法院重审，或者查清事实后改判；原判决遗漏当事人或者违法缺席判决等严重违反法定程序的，裁定撤销原判决，发回原审人民法院重审，但原审人民法院对发回重审的案件作出判决后，当事人提起上诉的，第二审人民法院不得再次发回重审。此外，原判决、裁定认定事实或者适用法律虽有瑕疵，但裁判结果正确的，第二审人民法院可以在判决、裁定中纠正瑕疵后，予以维持。

第二审人民法院的判决、裁定，是终审的判决、裁定。

4. 二审中的调解

第二审人民法院审理上诉案件，可以进行调解。调解达成协议，应当制作调解书，由审判人员、书记员署名，加盖人民法院印章。调解书送达后，原审人民法院的判决即视为撤销。

5. 审理期限

人民法院审理对判决的上诉案件，应当在第二审立案之日起3个月内审结。人民法院审理对裁定的上诉案件，应当在第二审立案之日起30日内作出终审裁定。有特殊情况需要延长的，由院长批准。

二、司法实践中的谈话程序①

根据上述《民事诉讼法》及其司法解释中关于二审程序的法律规定，二审案件以开庭审理为原则，以径行裁判为例外。但在司法实践中，因案件数量激增、审判人员数量相对不足、法庭等硬件配备不能满足需求等因素制约，中级人民法院难以实现二审案件的全部公开开庭，而是广泛采取谈话程序作为二审审理方式。

（一）谈话程序的特点

1. 主持法官

无论二审案件是否开庭审理，第二审人民法院对上诉案件，均应当组成合议庭。而谈话程序，往往由合议庭的组成人员之一即1名审判法官主持，并由1名书记员记录。

---

① 本部分内容参考了：齐丽华、李洹："对中级人民法院民事二审案件谈话程序公开的调研"，载《北京政法职业学院学报》2012年第3期。

2. 适用限制

公告送达的案件,必须开庭审理,不能适用谈话程序。

3. 程序定位

谈话程序一般是由法官主持,多方当事人参加,因此谈话程序不同于书面审理,而具有庭审的基本特征,但又不同于公开开庭审理,主要的区别为合议庭全体成员是否全部到庭参加庭审、庭审程序是否严格按照《民事诉讼法》关于二审程序的规定进行、是否允许公众旁听等等。当然,谈话程序与公开开庭审理并非二选一的排斥关系。经谈话,审判法官认为有必要开庭的,开庭审理;而经谈话,认为不需要开庭的,由合议庭径行判决。司法实践中,对于一次谈话程序结束而不再公开开庭审理的,一般说明案件事实情况未发生重大变化,除非一审判决中存在法律或程序错误,一般二审判决结果多为维持原判、驳回上诉。因此,对于被上诉人,往往可以通过二审谈话中法官的态度、是否有后续开庭审理等因素,预判二审庭审结果。

(二)谈话程序的流程

谈话程序虽并非公开开庭,但基本流程均遵循了开庭审理的程序。基本流程为:谈话审理前,书记员查明被谈话人(一般为二审案件当事人)是否到场,宣布法庭纪律;谈话审理时,由谈话人(即审判法官)核对被谈话人的身份、宣布案由、宣布合议庭成员(包括主持谈话程序的审判人员)、书记员名单,告知被谈话人有关的诉讼权利义务,询问被谈话人对合议庭其他成员或对主持谈话程序的审判人员等是否申请回避;其后,一般依次按照上诉人陈述上诉请求与事实理由、被上诉人陈述答辩意见、法庭调查、法庭辩论、组织调解、最后陈述等程序进行。

需要注意的是,鉴于二审程序中只能提交新的证据,即一审庭审结束后新发现的证据,或当事人在一审举证期限届满前申请人民法院调查取证未获准许而二审法院经审查认为应当准许并依当事人申请调取的证据,因此,在二审谈话程序的法庭调查阶段中,重点不再是举证质证,一般是由谈话法官询问各方当事人对一审判决书中“经审理查明”“本院认为”两部分内容的意见,是否有查明、认定的事实错误或遗漏案件事实等情形,并就谈话过程中认为需要进一步了解的事实情况进行询问。

第二节 二审与一审在诉讼策略上的区别

如前所述,对于因借款人未能按照合同约定还本付息所引发的按揭贷款清收诉讼,按揭银行在一审中一般均可获得胜诉判决,而不会主动提起二审程序。但在借款人或保证人提起上诉的情况下,二审程序启动,按揭银行的诉讼地位由一审案件中的原告,成为二审案件中的被上诉人。而与一审程序不同,二审案件审理过程中,双方当事人争论的焦点不再是一审中原告方的诉讼请求是否成立,而是一审判决认识事实是否清楚、适用法律是否正确。因此,作为按揭银行的代理人,在二审程序中的诉讼策略转变为反驳上诉人的上诉请求、维护一审判决。

一、细读上诉状、起草答辩状

(一)分析上诉人的上诉理由

根据民事诉讼法的相关规定,一审人民法院收到上诉状,应当在5日内将上诉状副本送达被上诉人。因此,代理人在收到上诉状后,应仔细阅读,明确上诉人的上诉请求,并分析其上诉理由。特别是应与其在一审中作为被告发表的答辩意见或辩论意见进行比对,有无新的上诉理由或相关事实依据与法律依据。

如上诉状中提及了新的事实依据,则需特别注意上诉人在提交上诉状的同时有无一并提交新的证据,或预判其就该事实依据有无可能在二审庭审过程中提交相应证据,并结合案件实际情况分析该新的证据是否符合《最高人民法院关于民事诉讼证据的若干规定》中关于二审新证据的标准。如上诉状中提及了新的法律依据,则需对此进行论证分析,制定应对方案。

(二)制定答辩意见

尽管《民事诉讼法》规定了,被上诉人应在收到上诉状之日起15日内提出答辩状,但为了避免上诉人提前知晓被上诉人的答辩意见从而给予其充分的准备时间,一般情况下,代理人还是会选择在二审庭审中当庭提交书面答辩状或进行口头答辩。

但即使决定不提交书面答辩状而进行口头答辩,代理人亦应在二审庭审前起草答辩状（或制定答辩意见、二审庭审方案等），以作为内部文件、作好充分的二审庭审准备。起草答辩状，其实主要还是围绕上诉人的上诉理由予以反驳、论述。

以下还是结合上一章中引用的应用案例（按揭银行与刘××、开发商××金融借款合同纠纷及保证合同纠纷案），具体说明如何分析上诉理由、起草答辩状：

该案一审判决送达后，刘××未提出上诉，但开发商××提出上诉，上诉请求为：请求人民法院依法撤销北京市××区人民法院××号民事判决书第二项；改判驳回按揭银行要求开发商××为刘××应付借款本金及利息承担连带保证责任的诉讼请求，并由按揭银行、刘××负担本案的一审、二审诉讼费用。上诉理由基本同其在一审中作为被告发表的答辩意见及辩论意见，还是为：按揭银行领取了刘××的房屋所有权证，全额退还开发商××保证金余额，注销了保证金账户，证明开发商××的保证责任已免除；按揭银行怠于办理刘××的房屋抵押登记手续的行为，证明其放弃了全部物的担保，开发商××在其放弃权利的范围内免除保证责任。

针对开发商××提出的两点上诉理由，需逐一进行反驳。其中，对于其第一项上诉理由，应说明：开发商××的保证责任的承担、免除应以其与按揭银行签署的按揭项目合作协议及房屋按揭借款合同中的保证条款为准，合同约定的保证责任免除条件仅为抵押房屋办理完毕抵押登记，而保证金账户仅是保证人依据其签署的按揭项目合作协议承担保证责任的方式之一，保证人以其全部财产承担连带保证，而非以保证金账户内的资金承担保证责任，因此，保证金的返还及保证金账户的注销并不能证明开发商××的保证责任已免除。对于其第二项上诉理由，应说明：放弃物的担保的前提是物的担保已有效设立，借款合同项下的担保方式为阶段性保证担保加抵押担保，即在抵押登记办理前为保证担保，在抵押登记办理后为抵押担保，自始至终，银行的贷款债权项下仅存在一种担保方式，而非存在两种担保方式，开发商××混淆概念，错误适用法律规定，其上诉理由不能成立。此外，还需说明的是，在无明确的合同依据、法律依据免除保证人保证责任的情形下，若保证人基于公平原则，以按揭银行怠于办理抵押登记应自行承担不利后果为由主张免除保证责任，需提供有力的证据证明按揭银行存在怠于办理抵押登记的行为，而实际上，按揭银行之所以不能办理抵押登记，是基于其他法院查封在先而无法办理，而非怠于办理抵押登记，开发商××应自行承担举证不能的后果。

附答辩状示范文本如下：

民事答辩状

答辩人（被上诉人）：××银行股份有限公司××支行，负责人××，住所地北京市××，联系电话×××。

被答辩人（上诉人）：开发商××，法定代表人××，住所地北京市××，联系电话×××。

一审原告：刘××，男，汉族，××××年××月××日出生，身份证号为×××××，住×××××，联系方式××××××。

答辩人因被答辩人开发商××不服北京市××区人民法院（2009）××民初字第××号民事判决书提起的上诉一案，发表如下答辩意见：

一、一审法院认定事实清楚，适用法律正确，被答辩人开发商××应当承担合同约定的连带保证责任，履行连带还款义务。

被答辩人与答辩人签订的《××按揭项目合作协议》（以下简称《合作协议》）及《房屋按揭借款合同》（以下简称借款合同）系真实意思表示且不违反法律、法规强制性规定。协议及合同签订后，答辩人按约履行了发放贷款的义务，在此情形下被答辩人开发商××应当按照约定承担连带保证责任。

《合作协议》第十五条约定，在房产抵押登记完成前，被答辩人开发商××为答辩人××银行股份有限公司××支行发放的每笔个人住房贷款提供不可撤销的连带责任保证，并作为保证人签订借款合同。

借款合同第八条约定，被答辩人开发商××自愿且不可撤销地为借款合同项下的所有贷款本金、利息、罚息、复利、违约金、损害赔偿金、实现债权的费用及刘××应付的其他款项承担连带保证责任。

借款合同第十二条第五款约定，刘××连续3个月或累计6个月未能按合同约定还本付息，或不论任何原因抵押房产不能在有关房地产管理机关办理抵押登记手续的，答辩人××银行股份有限公司××支行均有权提前收回贷款本息，并有权要求被答辩人开发商××承担连带保证责任。

据此,在刘××连续5个月、累计10个月未能按合同约定还本付息的情形下,被答辩人开发商××应当承担合同约定的连带保证责任,履行连带还款义务。

二、被答辩人开发商××的保证责任及保证期限应以《××按揭项目合作协议》及《房屋按揭借款合同》的约定为准,保证金的退还及保证金账户的注销并不能免除保证人的保证责任,被答辩人开发商××的第一项上诉理由不成立。

1. 依据《合作协议》及借款合同的相关约定,在抵押房产的抵押登记手续办理完毕前,被答辩人开发商××为刘××应付款项承担不可撤销的连带保证责任。

《合作协议》第十五条及《房屋按揭借款合同》第八条第二款已明确约定:被答辩人开发商××对借款合同约定的被告刘××应偿还贷款本息开始之日至借款合同项下办理完毕房屋所有权证及房屋抵押登记手续为止产生的所有刘××应付款项承担连带保证责任。

据此,只有在抵押登记已办理的情形下,开发商××才免除保证责任,而在抵押登记手续未能办理的情况下,被答辩人开发商××应当为刘××应付款项承担连带保证责任,履行连带还款义务。

2. 连带保证的担保方式属于人保而非物保,被答辩人开发商××作为保证人应当以其全部资产为答辩人××银行股份有限公司××支行的债权承担连带保证责任,而非仅以保证金承担连带保证责任,因此,保证金的返还及保证金账户的注销并不能免除被答辩人开发商××的保证责任。

三、在无法律规定及合同约定的情形下,不存在免除被答辩人开发商××连带保证责任的免责事由,被答辩人开发商××引用法律错误,其第二项上诉理由不成立。

1. 本案不能适用《最高人民法院关于适用〈中华人民共和国担保法〉若干问题的解释》第三十八条的规定,被答辩人开发商××引用法律错误,并不存在免除被答辩人开发商××连带保证责任的免责事由。

《最高人民法院关于适用〈中华人民共和国担保法〉若干问题的解释》第三十八条规定:"同一债权既有保证又有第三人提供物的担保的,债权人可以请求保证人或者物的担保人承担担保责任。当事人对保证担保的范围或者物的担保的范围没有约定或者约定不明的,承担了担保责任的担保人,可以向债务人追偿,也可以要求其他担保人清偿其应当分担的份额。同一债权既有保证又有物的担保的,物的担保合同被确认无效或者被撤销,或者担保物因不可抗力的原因灭失而没有代位物的,保证人仍应当按合同的约定或者法律的规定承担保证责任。债权人在主合同履行期届满后怠于行使担保物权,致使担保物的价值减少或者毁损、灭失的,视为债权人放弃部分或者全部物的担保。保证人在债权人放弃权利的范围内减轻或者免除保证责任。”

可见,上述规定是在抵押权设立后、同时存在物保和人保的前提下,关于怠于行使担保物权的规定。而本案中,抵押登记无法办理,抵押权尚未设立,答辩人××银行股份有限公司××支行的债权仅存在被答辩人开发商××提供连带责任保证这一种担保方式。因此,本案并不能适用上述规定,被答辩人开发商××以此为由主张免除保证责任,属于引用法律错误。

据此,在无法律规定及合同约定的情形下,不存在免除被答辩人开发商××连带保证责任的免责事由,被答辩人开发商××应依据借款合同约定承担连带保证责任,履行连带还款义务。

2. 从合同的目的看,借款合同设定了阶段性保证加房屋抵押的担保方式,就是为了使答辩人××银行股份有限公司××支行的债权一直处于有效的担保之下,任意免除保证人的阶段性保证责任,会导致答辩人的合法债权无法得到有效保障。

在被答辩人与答辩人三方签订的借款合同中,设定了阶段性保证加房屋抵押的担保方式,即:在房屋抵押登记完成之前,被答辩人开发商××提供连带责任保证担保;在房屋抵押登记完成、担保物权设立之后,刘××以其已获得《房屋所有权证》的房屋提供抵押担保。约定该种担保方式就是为了使答辩人××银行股份有限公司××支行的债权一直处于有效的担保之下,这一点被答辩人开发商××在签订借款合同时已知悉。而答辩人××银行股份有限公司××支行也是基于自身债权能得到有效保障才发放贷款。在无法律规定及合同约定的情形下,任意免除保证人的阶段性保证责任,会导致答辩人的合法债权无法得到有效保障,致使合同目的无法实现。

3. 被答辩人开发商××以答辩人××银行股份有限公司××支行怠于

办理抵押登记为由主张免除保证责任的，应就答辩人××银行股份有限公司××支行是否怠于办理抵押登记、办理抵押登记的合理期限等相关问题承担举证责任，现有证据并不能证明答辩人××银行股份有限公司××支行怠于办理抵押登记。

根据2009年7月27日的传真件，被答辩人开发商××关于刘××房屋所有权证交接时间的证据是伪造的。且，被答辩人开发商××并未提供关于办理抵押登记手续合理期限的相关证据，因此，不能证明答辩人××银行股份有限公司××支行怠于办理抵押登记。

综上所述，一审判决认定事实清楚，适用法律正确，被答辩人提出的上诉理由与事实不符，于法无据。恳请二审法院依法驳回上诉，维持原判。

答辩人：××银行股份有限公司××支行

负责人：

年　　月　　日

上述案件中，二审法院最终支持了按揭银行的观点，驳回上诉、维持原判，确认了开发商××应当承担连带保证责任。但在案件办理过程中，对于影响银行胜诉的不确定因素，如房屋所有权证交接时间、银行是否怠于办理抵押登记等，对银行的贷后管理工作提出了更严格的要求，具有一定的警示意义。

实践中，有的银行考虑到开发商的保证金账户便于扣划，而办理抵押登记、解除开发商的保证责任后，则只能向借款人催收、不能直接扣划保证金用于偿还拖欠本息，因此可能存在未及时办理抵押登记的情况。但一方面，目前司法实践中确实已存有基于按揭银行怠于办理抵押登记而免除开发商保证责任的案例；另一方面，未办理抵押登记的，抵押权不能有效设立，虽然银行持有抵押人的房屋所有权证原件，但如上述案件中刘××通过司法程序将房屋过户至第三人名下的情形时有发生。

因此，银行应积极办理抵押登记，且建议在当地登记机关允许办理抵押权预告登记的情形下先行办理抵押权预告登记，以避免抵押人转让抵押财产，或在司法机关查封的情况下以抵押权预告登记申请优先受偿（虽然预告登记不具备设立抵押权的效力，但司法实践中存在执行法官同意银行优先受偿的实例），做好贷后管理工作，以维护自身的合法权益。

作为按揭贷款清收诉讼中的代理律师，应就清收案件诉讼、执行中的新问题、新情况，及时与当事人进行沟通、反馈，向银行提出有效建议，提供多方位的法律服务。

二、二审庭审中的应对

（一）准备庭审资料

除了准备答辩意见之外，代理人代为参加二审程序的，还需提前准备并向二审法院提交被上诉人的主体资格证明文件及二审授权委托手续，包括：营业执照复印件、组织机构代码证复印件、金融许可证复印件、负责人身份证复印件及负责人身份证明书原件（复印件应加盖公章），以及二审授权委托书原件、代理人律师执业证原件及复印件、律师事务所函等。

此外，根据二审法官的要求，一般还需准备一套一审中的证据目录及证据复印件提交二审法院。对于一审中已经举证质证并核验原件的证据，无需再携带该证据原件。但对于二审中拟提交的新证据，还需按照对方当事人人数加1的份数准备新证据复印件并携带新证据的原件。

（二）庭审中的注意事项

如果说作为应对一审庭审的必备文件是起诉状、证据目录及庭审方案，则作为应对二审庭审的必备文件就是上诉人提交的上诉状、自行准备的答辩状（答辩意见）以及一审判决书。其中，上诉状主要用于分析上诉人的上诉理由，以便提前做好应对。拟提交法院或自己备用的答辩状，主要用于在二审庭审中陈述被上诉人的答辩意见。

需要注意的是，在陈述答辩意见时，并不适合洋洋洒洒的宣读答辩状，而是应该在表明基本观点“不同意上诉人的上诉请求”后，概要阐述答辩意见。而一审判决书，则主要用于法庭调查阶段，如前所述，二审中的法庭调查重点一般不再是举证质证，而是由审判法官询问各方当事人对一审判决书中“经审理查明”、“本院认为”两部分内容的意见。因此，需要在听清上诉人的主要意见的前提上，对其进行反驳，或就其提出的事实向法官予以说明。并在法庭辩论阶段，综合阐述辩论意见。最后表明“一审判决认定事实清楚、适用法律正确，请求人民法院驳回上诉人的上诉请求”。

（三）二审代理词

二审庭审结束后，代理人还应围绕上诉人的上诉理由并结合庭审过程中的争议焦点，按照规定期限向人民法院提交二审代理词。

N°07 第七章　再审——几乎不启动的程序

按揭贷款清收诉讼中，一般进入二审程序的案件较为少见，进入再审程序的案件则更为罕见。本章中主要介绍再审程序中的相关规定，而不再就具体案件予以展开、亦不再附相关文书。关于再审案件中的文书格式可参见《民事申请再审案件诉讼文书样式》（法办发〔2012〕17 号）、《最高人民法院立案二庭关于规范民事申请再审案件诉讼文书的规定（试行）》等。

第一节　再审程序中的立案

一、再审程序的启动主体

（一）当事人申请再审

当事人对已经发生法律效力的判决、裁定，认为有错误的，可以向上一级人民法院申请再审；当事人一方人数众多或者当事人双方为公民的案件，也可以向原审人民法院申请再审，当事人分别向原审人民法院和上一级人民法院申请再审且不能协商一致的，由原审人民法院受理。当事人认为发生法律效力的不予受理、驳回起诉的裁定错误的，可以申请再审。但对于适用特别程序、督促程序、公示催告程序、破产程序等非讼程序审理的案件，当事人不得申请再审。对已经发生法律效力的解除婚姻关系的判决、调解书，亦不得申请再审。

但需注意的是，当事人申请再审的，并不必然启动再审程序，还需经人民法院审查后，裁定是否再审。且当事人申请再审的，不停止判决、裁定的执行。

(二)法院系统内部启动再审

各级人民法院院长对本院已经发生法律效力的判决、裁定、调解书,发现确有错误,认为需要再审的,应当提交审判委员会讨论决定。最高人民法院对地方各级人民法院已经发生法律效力的判决、裁定、调解书,上级人民法院对下级人民法院已经发生法律效力的判决、裁定、调解书,发现确有错误的,有权提审或者指令下级人民法院再审。

(三)人民检察院抗诉启动再审

1. 依职权提出抗诉或检查建议

最高人民检察院对各级人民法院已经发生法律效力的判决、裁定,上级人民检察院对下级人民法院已经发生法律效力的判决、裁定,发现有法定再审情形之一的,或者发现调解书损害国家利益、社会公共利益的,应当提出抗诉。地方各级人民检察院对同级人民法院已经发生法律效力的判决、裁定,发现有法定再审情形之一的,或者发现调解书损害国家利益、社会公共利益的,可以向同级人民法院提出检察建议,并报上级人民检察院备案;也可以提请上级人民检察院向同级人民法院提出抗诉。

2. 依申请提出抗诉或检查建议

有下列情形之一的,当事人可以向人民检察院申请检察建议或者抗诉:人民法院驳回再审申请的;人民法院逾期未对再审申请作出裁定的;再审判决、裁定有明显错误的。人民检察院对当事人的申请应当在3个月内进行审查,作出提出或者不予提出检察建议或者抗诉的决定。当事人不得再次向人民检察院申请检察建议或者抗诉。

人民检察院决定对人民法院的判决、裁定、调解书提出抗诉的,应当制作抗诉书。人民检察院提出抗诉的案件,接受抗诉的人民法院应当自收到抗诉书之日起30日内作出再审的裁定。再审时,应当通知人民检察院派员出席法庭。

二、申请再审的受理与审查

(一)再审的申请

1. 申请的时限

当事人申请再审,应当在判决、裁定、调解书发生法律效力后6个月内提出。但因有新的证据足以推翻原判决裁定，或原判决裁定认定事实的主要证据系伪造，或据以作出原判决裁定的法律文书被撤销、变更，或审判人员审理该案件时有贪污受贿、徇私舞弊、枉法裁判行为而申请再审的，自知道或者应当知道之日起6个月内提出。

2. 申请的材料

当事人申请再审的，应当提交再审申请书等材料。其中再审申请书应当记明下列事项：再审申请人与被申请人及原审其他当事人的基本信息；原审人民法院的名称，原审裁判文书案号；具体的再审请求；申请再审的法定情形及具体事实、理由。再审申请书应当明确申请再审的人民法院，并由再审申请人签名、捺印或者盖章，并按照被申请人和原审其他当事人的人数提交副本。

除了再审申请书以外，申请再审应当提交下列材料：申请人的主体资格证明文件（再审申请人是自然人的，应当提交身份证明；再审申请人是法人或者其他组织的，应当提交营业执照、组织机构代码证书、法定代表人或者主要负责人身份证明书）；委托他人代为申请的，应当提交授权委托书和代理人身份证明；原审判决书、裁定书、调解书；反映案件基本事实的主要证据及其他材料。

（二）再审申请的受理

一般情况下，申请再审人提出的再审申请符合以下条件的，人民法院应当在5日内受理：申请再审人是生效裁判文书列明的当事人，或者符合法律和司法解释规定的案外人；受理再审申请的法院是作出生效裁判法院的上一级法院；申请再审的裁判属于法律和司法解释允许申请再审的生效裁判；申请再审的事由属于民事诉讼法规定的情形。再审申请不符合上述条件的，人民法院应当及时告知申请再审人。

人民法院应当自收到符合条件的再审申请书等材料之日起5日内向再审申请人发送受理通知书，并向被申请人及原审其他当事人发送应诉通知书、再审申请书副本等材料。对方当事人应当自收到再审申请书副本之日起15日内提交书面意见；不提交书面意见的，不影响人民法院审查。

当事人申请再审，有下列情形之一的，人民法院不予受理：再审申请被驳回后再次提出申请的；对再审判决、裁定提出申请的；在人民检察院对当事人的申请作出不予提出再审检察建议或者抗诉决定后又提出申请的；人民法院准许撤回再审申请或者按撤回再审申请处理后，再审申请人再次申请再审的，不予受理（但属于自知道或者应当知道之日起6个月内提出再审申请情形的除外）。

（三）再审申请的审查

1. 应当再审的情形

（1）对判决、裁定申请的再审

当事人的申请符合下列情形之一的，人民法院应当再审：有新的证据，足以推翻原判决、裁定的；原判决、裁定认定的基本事实缺乏证据证明的；原判决、裁定认定事实的主要证据是伪造的；原判决、裁定认定事实的主要证据未经质证的；对审理案件需要的主要证据，当事人因客观原因不能自行收集，书面申请人民法院调查收集，人民法院未调查收集的；原判决、裁定适用法律确有错误的；审判组织的组成不合法或者依法应当回避的审判人员没有回避的；无诉讼行为能力人未经法定代理人代为诉讼或者应当参加诉讼的当事人，因不能归责于本人或者其诉讼代理人的事由，未参加诉讼的；违反法律规定，剥夺当事人辩论权利的；未经传票传唤，缺席判决的；原判决、裁定遗漏或者超出诉讼请求（包括一审诉讼请求、二审上诉请求，但当事人未对一审判决、裁定遗漏或者超出诉讼请求提起上诉的除外）的；据以作出原判决、裁定的法律文书（包括发生法律效力的判决书、裁定书、调解书、仲裁裁决书、具有强制执行效力的公证债权文书）被撤销或者变更的；审判人员审理该案件时有贪污受贿，徇私舞弊，枉法裁判行为（指已经由生效刑事法律文书或者纪律处分决定所确认的行为）的。

（2）对调解书申请的再审

当事人对已经发生法律效力的调解书，提出证据证明调解违反自愿原则或者调解协议的内容违反法律的，可以申请再审。经人民法院审查属实的，应当再审。

2. 审查形式及相关规定

人民法院受理申请再审案件后，应当依据上述法定的再审情形，对当事人主张的再审事由进行审查。人民法院可以要求申请人和对方当事人补充有关材料，并根据审查案件的需要决定是否询问当事人有关事项。但新的证据可能推翻原判决、裁定的,人民法院应当询问当事人。此外,根据《最高人民法院关于受理审查民事申请再审案件的若干意见》(法发〔2009〕26 号)的规定,人民法院还可以采取组织当事人听证的方式进行审查。

具体审查规定如下:

(1)再审申请人提供的新的证据,能够证明原判决、裁定认定基本事实或者裁判结果错误的,应当认定为属于有新的证据足以推翻原判决、裁定的情形。但对于再审申请人提供的上述证据,人民法院应当责令再审申请人说明其逾期提供该证据的理由;拒不说明理由或者理由不成立的,人民法院根据不同情形可以不予采纳该证据,或者采纳该证据但予以训诫、罚款。其中,再审申请人证明其提交的新的证据符合下列情形之一的,可以认定逾期提供证据的理由成立:在原审庭审结束前已经存在,因客观原因于庭审结束后才发现的;在原审庭审结束前已经发现,但因客观原因无法取得或者在规定的期限内不能提供的;在原审庭审结束后形成,无法据此另行提起诉讼的。再审申请人提交的证据在原审中已经提供,原审人民法院未组织质证且未作为裁判根据的,视为逾期提供证据的理由成立,但原审人民法院依照法律规定不予采纳的除外。

(2)当事人对原判决、裁定认定事实的主要证据在原审中拒绝发表质证意见或者质证中未对证据发表质证意见的,不属于原判决、裁定认定事实的主要证据未经质证而再审的情形。

(3)有下列情形之一,导致判决、裁定结果错误的,应当认定为原判决、裁定适用法律确有错误应再审的情形:适用的法律与案件性质明显不符的;确定民事责任明显违背当事人约定或者法律规定的;适用已经失效或者尚未施行的法律的;违反法律溯及力规定的;违反法律适用规则的;明显违背立法原意的。

(4)原审开庭过程中有下列情形之一的,应当认定为剥夺当事人辩论权利应再审的情形:不允许当事人发表辩论意见的;应当开庭审理而未开庭审理的;违反法律规定送达起诉状副本或者上诉状副本,致使当事人无法行使辩论权利的等。

(5)审查再审申请期间,被申请人及原审其他当事人依法提出再审申请的,人民法院应当将其列为再审申请人,对其再审事由一并审查,审查期限重新计算。经审查,其中一方再审申请人主张的再审事由成立的,应当裁定再审。各方再审申请人主张的再审事由均不成立的,一并裁定驳回再审申请。

(6)审查再审申请期间,再审申请人申请人民法院委托鉴定、勘验的,人民法院不予准许。再审申请人撤回再审申请的,是否准许,由人民法院裁定。再审申请人经传票传唤,无正当理由拒不接受询问的,可以按撤回再审申请处理。

(7)再审申请审查期间,有下列情形之一的,裁定终结审查:再审申请人死亡或者终止,无权利义务承继者或者权利义务承继者声明放弃再审申请的;在给付之诉中,负有给付义务的被申请人死亡或者终止,无可供执行的财产,也没有应当承担义务的人的;当事人达成和解协议且已履行完毕的,但当事人在和解协议中声明不放弃申请再审权利的除外;他人未经授权以当事人名义申请再审的;原审或者上一级人民法院已经裁定再审的;受理后发现属于应当不予受理情形的。

3. 审查结果

当事人主张的再审事由成立,且符合法律规定的申请再审条件的,人民法院应当裁定再审。当事人主张的再审事由不成立,或者当事人申请再审超过法定申请再审期限、超出法定再审事由范围等不符合法律规定的申请再审条件的,人民法院应当裁定驳回再审申请。

人民法院对已经发生法律效力的判决、裁定、调解书依法决定再审,由法院裁定中止原判决、裁定、调解书的执行(但追索赡养费、扶养费、抚育费、抚恤金、医疗费用、劳动报酬等案件,可以不中止执行)。需要中止执行的,应当在再审裁定中同时写明中止原判决、裁定、调解书的执行;情况紧急的,可以将中止执行裁定口头通知负责执行的人民法院,并在通知后 10 日内发出裁定书。

(四)审查期限

人民法院应当自收到再审申请书之日起 3 个月内审查,作出是否再审的裁定。有特殊情况需要延长的,由院长批准。

(五)再审立案阶段的案件编号

根据《最高人民法院关于统一再审立案阶段和再审审理阶段民事案件

编号的通知》(法〔2008〕127号),再审立案阶段民事案件编号规定为:当事人不服生效一审或者二审判决、裁定、调解书,向上一级人民法院申请再审,且符合申请再审受理条件的案件,编立“民申字”案号;人民法院依职权进行审查的案件,编立“民监字”案号;人民检察院依法提出抗诉的案件,编立“民抗字”案号。

第二节 再审程序中的审理

一、再审的审理法院及适用程序

(一)审理法院

1.裁定再审的法院审理

根据《最高人民法院关于民事审判监督程序严格依法适用指令再审和发回重审若干问题的规定》(法释〔2015〕7号)的规定:

因当事人申请裁定再审的案件一般应当由裁定再审的人民法院审理。人民检察院提出抗诉的案件,由接受抗诉的人民法院审理。最高人民法院对地方各级人民法院已经发生法律效力的判决、裁定、调解书,上级人民法院对下级人民法院已经发生法律效力的判决、裁定、调解书,发现确有错误的,裁定再审的,应当提审。

2.指令原审法院再审

(1)适用情形

当事人申请裁定再审的案件,有下列情形之一的,最高人民法院、高级人民法院可以指令原审人民法院再审:①因原判决、裁定认定事实的主要证据未经质证的;或因对审理案件需要的主要证据,当事人因客观原因不能自行收集,书面申请人民法院调查收集,人民法院未调查收集的;或因违反法律规定,剥夺当事人辩论权利的事由裁定再审的。②发生法律效力的判决、裁定、调解书是由第一审法院作出的。③当事人一方人数众多或者当事人双方为公民的。④经审判委员会讨论决定的其他情形。

人民检察院提出抗诉的案件,具有下列情形之一的,可以指令原审人民法院再审:有新的证据,足以推翻原判决、裁定的;原判决、裁定认定的基本事实缺乏证据证明的；原判决、裁定认定事实的主要证据是伪造的；原判决、裁定认定事实的主要证据未经质证的；对审理案件需要的主要证据，当事人因客观原因不能自行收集，书面申请人民法院调查收集，人民法院未调查收集的。

(2)适用例外

对于上述虽然符合可以指令再审的条件，但有下列情形之一的，应当提审：原判决、裁定系经原审人民法院再审审理后作出的；原判决、裁定系经原审人民法院审判委员会讨论作出的；原审审判人员在审理该案件时有贪污受贿，徇私舞弊，枉法裁判行为的；原审人民法院对该案无再审管辖权的；需要统一法律适用或裁量权行使标准的；其他不宜指令原审人民法院再审的情形。

(二)适用程序

人民法院按照审判监督程序再审的案件，发生法律效力的判决、裁定是由第一审法院作出的，按照第一审程序审理，所作的判决、裁定，当事人可以上诉；发生法律效力的判决、裁定是由第二审法院作出的，按照第二审程序审理，所作的判决、裁定，是发生法律效力的判决、裁定；上级人民法院按照审判监督程序提审的，按照第二审程序审理，所作的判决、裁定是发生法律效力的判决、裁定。人民法院审理再审案件，应当另行组成合议庭。

二、再审案件审理中的具体规定

(一)审理形式

人民法院审理再审案件应当组成合议庭开庭审理，但按照第二审程序审理，有特殊情况或者双方当事人已经通过其他方式充分表达意见，且书面同意不开庭审理的除外。符合缺席判决条件的，可以缺席判决。

(二)审理程序

人民法院开庭审理再审案件，应当按照下列情形分别进行：因当事人申请再审的，先由再审申请人陈述再审请求及理由，后由被申请人答辩、其他原审当事人发表意见；因抗诉再审的，先由抗诉机关宣读抗诉书，再由申请抗诉的当事人陈述，后由被申请人答辩、其他原审当事人发表意见；人民法院依职权再审，有申诉人的，先由申诉人陈述再审请求及理由，后由被申诉人答辩、其他原审当事人发表意见;人民法院依职权再审,没有申诉人的,先由原审原告或者原审上诉人陈述,后由原审其他当事人发表意见。

再审审理期间,有下列情形之一的,可以裁定终结再审程序:再审申请人在再审期间撤回再审请求,人民法院准许的;再审申请人经传票传唤,无正当理由拒不到庭的,或者未经法庭许可中途退庭,按撤回再审请求处理的;人民检察院撤回抗诉的;再审申请人死亡或者终止,无权利义务承继者或者权利义务承继者声明放弃再审申请的;在给付之诉中,负有给付义务的被申请人死亡或者终止,无可供执行的财产,也没有应当承担义务的人的;当事人达成和解协议且已履行完毕的,但当事人在和解协议中声明不放弃申请再审权利的除外;他人未经授权以当事人名义申请再审的。因人民检察院提出抗诉裁定再审的案件,申请抗诉的当事人有上述规定的情形,且不损害国家利益、社会公共利益或者他人合法权益的,人民法院应当裁定终结再审程序。再审程序终结后,人民法院裁定中止执行的原生效判决自动恢复执行。

(三)审理内容

人民法院审理再审案件应当围绕再审请求进行。当事人的再审请求超出原审诉讼请求的,不予审理;符合另案诉讼条件的,告知当事人可以另行起诉。被申请人及原审其他当事人在庭审辩论结束前提出的再审请求,符合申请再审的时限规定的,人民法院应当一并审理。人民法院经再审,发现已经发生法律效力的判决、裁定损害国家利益、社会公共利益、他人合法权益的,应当一并审理。

(四)审理结果

人民法院经再审审理认为,原判决、裁定认定事实清楚、适用法律正确的,应予维持;原判决、裁定认定事实、适用法律虽有瑕疵,但裁判结果正确的,应当在再审判决、裁定中纠正瑕疵后予以维持。原判决、裁定认定事实、适用法律错误,导致裁判结果错误的,应当依法改判、撤销或者变更。

人民法院按照第二审程序审理再审案件,发现原判决认定基本事实不清的,一般应当通过庭审认定事实后依法作出判决。但原审人民法院未对基本事实进行过审理的,可以裁定撤销原判决,发回重审。原判决认定事实错误的,上级人民法院不得以基本事实不清为由裁定发回重审。人民法院按照第二审程序审理再审案件,发现第一审人民法院有下列严重违反法定程序情形之一的,可以裁定撤销原判决,发回第一审人民法院重审:原判决遗漏必须参加诉讼的当事人的;无诉讼行为能力人未经法定代理人代为诉讼,或者应当参加诉讼的当事人,因不能归责于本人或者其诉讼代理人的事由,未参加诉讼的;未经合法传唤缺席判决,或者违反法律规定剥夺当事人辩论权利的;审判组织的组成不合法或者依法应当回避的审判人员没有回避的;原判决、裁定遗漏诉讼请求的。

按照第二审程序再审的案件,人民法院经审理认为不符合《民事诉讼法》规定的起诉条件或者符合不予受理情形的,应当裁定撤销一、二审判决,驳回起诉。

人民法院对调解书裁定再审后,按照下列情形分别处理:当事人提出的调解违反自愿原则的事由不成立,且调解书的内容不违反法律强制性规定的,裁定驳回再审申请;人民检察院抗诉或者再审检察建议所主张的损害国家利益、社会公共利益的理由不成立的,裁定终结再审程序。前述情形下,人民法院已裁定中止执行的调解书需要继续执行的,自动恢复执行。

一审原告在再审审理程序中申请撤回起诉,经其他当事人同意,且不损害国家利益、社会公共利益、他人合法权益的,人民法院可以准许。裁定准许撤诉的,应当一并撤销原判决。

部分当事人到庭并达成调解协议,其他当事人未作出书面表示的,人民法院应当在判决中对该事实作出表述;调解协议内容不违反法律规定,且不损害其他当事人合法权益的,可以在判决主文中予以确认。

(五)再审立案阶段的案件编号

根据《最高人民法院关于统一再审立案阶段和再审审理阶段民事案件编号的通知》(法〔2008〕127 号),再审审理阶段民事案件编号为:

上级人民法院提审的再审案件,编立“民提字”案号。下列案件,编立“民再字”案号:各级人民法院依据规定对于本院生效判决、裁定决定再审的案件;最高人民法院对地方各级人民法院生效判决、裁定,上级人民法院对下级人民法院生效判决、裁定,依据规定指令再审的案件;最高人民法院、高级人民法院依据相关规定指令原审人民法院再审的案件或指令其他人民法院再审的案件;上级人民法院对于人民检察院提出抗诉的案件,依据相关规定指令下一级人民法院再审的案件。

下编　执行阶段的具体流程和办案技巧

根据《最高人民法院关于执行案件立案、结案若干问题的意见》(法发〔2014〕26号)的规定,执行案件包括执行实施类案件和执行审查类案件。其中,执行实施类案件是指人民法院因申请执行人申请、审判机构移送、受托、提级、指定和依职权,对已发生法律效力且具有可强制执行内容的法律文书所确定的事项予以执行的案件。执行审查类案件是指在执行过程中,人民法院审查和处理执行异议、复议、申诉、请示、协调以及决定执行管辖权的移转等事项的案件。本编中,将在第八章介绍按揭银行作为申请执行人启动的执行实施类案件相关程序,将在第九章介绍按揭银行作为参与分配人参与其他执行实施类案件的相关程序,并在第十章介绍执行审查类案件中执行异议案件的相关程序。关于执行程序中的具体文书样式,参见《最高人民法院关于印发〈执行文书样式(试行)〉的通知》(法发〔2009〕11号),本书在以下章节中仅选择重要的文书或已更新的文书样式予以说明。

N°08 第八章　执行中的一般程序

如前所述，无论贷款清收选择何种诉讼程序，如实现担保物权特别程序、一审普通程序（或简易程序）等，其在获得生效的法律文书之后，若债务人（借款人或保证人等）并未自动履行，则最终均需通过执行程序实现贷款清收。所不同的是，实现担保物权裁定的执行，只能针对确认可以优先受偿的担保财产，而对于通过一审、二审程序获得的具有金钱给付义务的法律文书（判决书、调解书等），则可综合采取执行程序中的各项执行措施，因此，本章以介绍具有金钱给付义务的法律文书的执行为主，仅在第三节中的房产处置中，兼介实现担保物权裁定的执行。

需要说明的是，与审判阶段的诉讼程序不同，律师作为按揭银行即申请执行人的代理人，在执行阶段中并无较大的主动性，主要还是依赖于执行法官的执行。但是代理律师需要清楚的知道执行法官在每一执行阶段能够怎样做、应当怎样做，才能明确地知道在何时向执行法官了解何种信息，如何在具体执行案件中根据案件实际情况配合、督促执行法官采取适当的执行措施，在执行法官未实施某项可行的执行措施时怎样说服法官实施，从而与执行法官建立有效沟通，促进银行贷款债权尽快清收。这就需要代理律师熟悉执行程序，特别是了解各种执行措施，知晓各类事项时限等具体规定。

鉴于国家及地方层面关于执行程序的法律规定、司法解释、司法文件等数量较多、内容繁杂且散见于各类文件之中，因此，本章旨在依据《民事诉讼法》与其司法解释以及最高人民法院关于执行程序的相关文件，对执行程序中的各项具体规定予以梳理，而就最高人民法院未规定的具体执行细节，主要参考了《北京市法院执行工作规范》（2013 年修订）、《北京市法院执行案件办理流程与执行公开指南》（京高法发〔2014〕183 号）等地方司法文件，但各地法院可能有所不同,还需在办理具体案件时予以注意。

第一节　执行程序的立案

一、执行法院的管辖

(一)有管辖权的法院

执行法院的管辖,根据其执行依据的不同而不同。根据民事诉讼法的相关规定,发生法律效力的民事判决、裁定、调解书,以及刑事判决、裁定中的财产部分,由第一审人民法院或者与第一审人民法院同级的被执行的财产所在地人民法院执行。法律规定由人民法院执行的其他法律文书,如依法设立的仲裁机构的裁决、公证机关依法赋予强制执行效力的债权文书等,由被执行人住所地或者被执行的财产所在地人民法院执行。但人民法院自收到申请执行书之日起超过6个月未执行的,申请执行人可以向上一级人民法院申请执行。上一级人民法院经审查,可以责令原人民法院在一定期限内执行,也可以决定由本院执行或者指令其他人民法院执行。

按揭贷款清收诉讼中,执行依据一般为实现担保物权特别程序中的民事裁定书,或一审、二审程序中的民事判决书/民事调解书,因此,由作出实现担保物权裁定的人民法院/第一审人民法院或者与其同级的被执行的财产所在地人民法院执行。

其中,关于“被执行的财产所在地”的确定规则,一般为:被执行的财产为不动产的,不动产已登记的,以不动产登记簿记载的所在地为被执行的财产所在地;不动产未登记的,以不动产实际所在地为被执行的财产所在地;被执行的财产为股权或股份的,该股权或股份的发行公司住所地为被执行的财产所在地;被执行的财产为商标权、专利权、著作权等知识产权的,该知识产权人的住所地为被执行的财产所在地;被执行的财产为动产,其所在地不明确或有争议的,被执行人的住所地为被执行的财产所在地。

(二)选择管辖

根据民事诉讼法的相关规定,两个以上人民法院都有管辖权的,当事人可以向其中一个人民法院申请执行;当事人向两个以上人民法院申请执行的,由最先立案的人民法院管辖。

对于实现担保物权的裁定书,鉴于实现担保物权案件由担保财产所在地或者担保物权登记地人民法院管辖,因此作出裁定的人民法院与财产所在地法院往往为同一法院,所以一般不涉及管辖法院的选择问题。而对于经一审、二审程序作出的判决书、调解书,往往诉讼阶段的管辖法院为借款合同约定的按揭银行住所地法院,因此可能存在第一审人民法院与财产所在地法院不一致的情形,这就涉及执行管辖法院的选择。实践中,按揭银行可能一般都惯性选择一审法院申请执行,但对于具体案件应具体分析,例如,在借款人可供执行的主要财产即抵押房屋已被财产所在地法院因其他案件查封的情形下,考虑到首封法院的优先处置权及法院内部协调的便利性等因素,应选择财产所在地法院申请执行。

二、申请强制执行

(一)申请执行时限

按揭贷款清收诉讼中,债务人(借款人/抵押人或保证人等)未按照生效的法律文书(民事判决书、裁定书、调解书等)规定的期限,全面履行该法律文书规定的义务的,按揭银行有权在经过法律文书载明的自动履行期限后向人民法院申请强制执行。

根据民事诉讼法的相关规定,申请执行的期间为两年,申请执行人应在两年申请执行期间届满前申请执行。申请执行时效的中止、中断,适用法律有关诉讼时效中止、中断的规定。前述期间,从法律文书规定履行期间的最后一日起计算;法律文书规定分期履行的,从规定的每次履行期间的最后一日起计算;法律文书未规定履行期间的,从法律文书生效之日起计算。

(二)申请执行资料

1. 起草申请执行书

申请执行书,是申请强制执行的必备文件。参照北京市高级人民法院《关于执行实施案件立案要求的规定(试行)》(2010 年 7 月 21 日起实施)的规定,申请执行书应当载明下列事项:双方当事人的基本情况,即申请执行人、被执行人的姓名、性别、年龄、民族、职业、工作单位、住所及有效联系电话、邮寄地址,当事人系法人或者其他组织的,应载明名称、住所和法定代表人或者主要负责人的姓名、职务及有效联系电话、邮寄地址;原审法院名称及申请执行所依据的生效法律文书名称及案号;申请执行的理由、事项及执行标的;受理执行申请的法院名称;申请执行人应当在执行申请书上签名或者盖章,并记明提交法院的日期,申请执行人为法人或者其他组织的,应当在执行申请书上加盖单位公章并由法定代表人或者负责人签字。

需要注意的是,在起草申请执行书时,其载明的申请执行事项,应严格按照判决书等已生效的法律文书中确定的被执行人应尽的义务写就,避免遗漏案件受理费、迟延履行利息等事项。

附申请执行书示范文本:

申请执行书

申请执行人:××银行股份有限公司××支行,负责人×××,住所地为××××,联系方式××××××。

委托代理人:刘××,女,北京市××律师事务所律师,联系电话××。

被执行人:余××,男,汉族,××××年××月××日出生,身份证号为×××××,住×××××,联系方式××××××。

被执行人:××房地产开发有限公司,法定代表人×××,住所地为××××,联系方式××××××。

申请执行人与被执行人金融借款合同及保证合同纠纷一案,业经北京市××区人民法院(××)××民初字第××号判决书判决,现该判决书已发生法律效力,但被申请人未履行判决书中规定其应尽的义务,根据《中华人民共和国民事诉讼法》有关规定,特向贵院申请予以强制执行。

申请执行事项:

1. 被执行人余××向申请人偿还全部剩余贷款本金人民币××元及至实际清偿之日止的利息、罚息、复利(暂计至××年××月××日为人民币××元)。

2. 被执行人××房地产开发有限公司对被执行人余××的上述给付义务承担连带清偿责任。

3. 被执行人余××、××房地产开发有限公司向申请人加倍支付迟延履行期间的债务利息。

4. 被执行人余××、××房地产开发有限公司偿还申请人垫付的案件受理费人民币××元、保全费人民币××元。

此致

北京市××区人民法院

申请执行人：××银行股份有限公司××支行

负责人：

年　　月　　日

2. 申请执行应提交的资料

按揭银行申请强制执行的，应当提交申请执行书、申请执行人主体资格证明以及据以执行的生效法律文书等材料。

其中，按揭银行作为申请执行人申请执行应当提供的主体资格证明包括：营业执照复印件、组织机构代码证复印件、金融许可证复印件、负责人身份证复印件及负责人身份证明书原件（复印件应加盖公章），以及执行授权委托书原件（授权委托书应当载明具体委托事项，加盖单位公章并由负责人签字）、代理人律师执业证原件及复印件、律师事务所函等。

此外，申请执行人还应当提交申请执行的生效法律文书的原件和复印件。经人民法院核对，法律文书复印件和原件内容无误的，由法院收取复印件，将原件退还申请执行人。其中，生效裁判文书系二审、再审裁判的，应同时提交一审、二审裁判文书原件和复印件；生效裁判文书系实行一审终审的裁判文书的，如实现担保物权裁定书、民事调解书等，仅提交该裁判文书即可；但生效裁判文书为一审民事判决书的，一般情况下，需要在申请执行前向一审法官申请开具生效证明，并在申请执行时一并向执行法院提交。

申请执行人向被执行的财产所在地人民法院申请执行的，还应当提供该人民法院辖区有可供执行财产的证明材料。

一般情况下，提交申请执行的资料需准备一式两份，具体依据当地人民法院的规定。

3. 申请执行费用

根据《诉讼费用交纳办法》的规定，执行申请费不由申请执行人在申请执行时预交，而在执行后交纳，由被执行人负担，实践中一般是在执行回款中扣除。

向人民法院申请执行人民法院发生法律效力的判决、裁定、调解书，仲裁机构依法作出的裁决和调解书，公证机关依法赋予强制执行效力的债权文书，申请承认和执行外国法院判决、裁定以及国外仲裁机构裁决的，执行申请费按照下列标准交纳：没有执行金额或者价额的，每件交纳50元至500元；执行金额或者价额不超过1万元的每件交纳50元，超过1万元至50万元的部分按照1.5%交纳，超过50万元至500万元的部分按照1%交纳，超过500万元至1000万元的部分按照0.5%交纳，超过1000万元的部分按照0.1%交纳。

三、申请执行的受理

（一）受理条件

一般情况下，当事人申请执行应当符合下列条件：申请执行的法律文书具有给付内容且给付内容具体、明确；申请执行的法律文书已经生效且该文书确定的义务履行所附条件已成就或所附期限已届满；申请执行的法律文书具有强制执行效力；申请执行人是生效法律文书确定的权利人或其继承人、权利承受人；被执行人明确且适格；生效法律文书确定的义务未履行或未全部履行；属于受申请执行的人民法院管辖。

需要注意的是，根据2015年新民事诉讼法司法解释第483条的规定，申请执行人超过申请执行时效期间向人民法院申请强制执行的，人民法院应予受理。但被执行人在执行程序中对申请执行时效期间提出异议，人民法院经审查异议成立的，裁定不予执行。

（二）受理程序

《最高人民法院关于人民法院推行立案登记制改革的意见》（2015年5月1日起实施）规定，生效法律文书有给付内容且执行标的和被执行人明确，权利人或其继承人、权利承受人在法定期限内提出申请，属于受申请人民法院管辖的，应当登记立案。对符合法律规定的申请，一律接收申请书，当场登记立案。对当场不能判定是否符合法律规定的，应当在法律规定的期限（7日）内决定是否立案。申请材料不符合形式要件的，应当及时释明，以书面形式一次性全面告知应当补正的材料和期限。在指定期限内经补正符合法律规定条件的，人民法院应当登记立案。对不符合法律规定的申请，应当依法裁决不予受理或者不予立案,并载明理由。

第二节　法院的强制执行措施

近年来,国家出台了一系列的规定,如构建联动机制、限制高消费、公布失信人名单等,使法院的执行措施越来越多元化,加大了执行力度,致力于解决执行难的问题。广义的强制执行措施,包括财产调查中的执行措施、财产控制中的执行措施、财产处置中的执行措施及非执行财产类的强制措施。本节以介绍执行措施的相关规定为主,穿插介绍作者在执行案件中的代理经验,实践中,如责令申报财产等执行措施可能并未得以有效落实,但熟悉各执行措施的相关规定,有利于代理人知晓在各执行阶段如何与承办法官沟通、主动向承办法官询问了解执行情况、根据具体案件情况向承办法官作出执行建议等。

一、采取执行措施的前置程序

执行措施由具体的执行法官实施,因此,执行案件经法院立案受理并确定承办法官后,方可采取执行措施。根据2015年新民事诉讼法司法解释的规定,人民法院应当在收到申请执行书(或者移交执行书)后10日内发出执行通知。且根据相关规定,在发出执行通知后,可以立即采取强制执行措施。执行通知应责令被执行人履行执行依据确定的义务及法律规定的义务,并告知其不履行义务的法律后果。

鉴于2013年7月1日最高人民法院发布的《关于公布失信被执行人名单信息的若干规定》(法释〔2013〕17号)中规定,人民法院应当向被执行人作出有可能被纳入失信被执行人名单的风险提示,最高人民法院在2013年8月2日公布了新版执行通知书的样式,具体如下:

××××人民法院

执行通知书

(××××)××执字第××号

××××(写明被执行人姓名或名称):

你(或你单位)与……(写明当事人姓名或名称和案由)一案,本院(或×

××生效法律文书的制作机关)于××××年××月××日作出的(××××)××字第××号××判决(或写明生效法律文书的制作机关、日期、字号和名称),已发生法律效力。申请执行人×××(或委托、或移送或报请执行的单位或部门名称)于××××年××月××日向本院申请(委托、移送或报请)强制执行,本院于××××年××月××日依法立案执行。依照《中华人民共和国民事诉讼法》第二百四十条、第二百五十三条、《最高人民法院关于人民法院执行工作若干问题的规定(试行)》第24条的规定,责令你(或你单位)自本通知书送达之日起×日内履行下列义务:

(1)向×××支付……款××元。

(2)向×××支付迟延履行期间加倍债务利息(或者迟延履行金)××元。

(3)负担案件受理费××元,其他诉讼费用××元,申请执行费××元。

开户银行:……户名:……账号:……

特此通知

××××年××月××日

(院印)

风险提示:

根据《最高人民法院关于公布失信被执行人名单信息的若干规定》第一条的规定,被执行人有履行能力而不履行生效法律文书确定的义务并具有下列情形之一的,人民法院将其纳入失信被执行人名单,依法对其进行信用惩戒:

(一)以伪造证据、暴力、威胁等方法妨碍、抗拒执行的;

(二)以虚假诉讼、虚假仲裁或者以隐匿、转移财产等方法规避执行的;

(三)违反财产报告制度的;

(四)违反限制高消费令的;

(五)被执行人无正当理由拒不履行执行和解协议的;

(六)其他有履行能力而拒不履行生效法律文书确定义务的。

二、财产调查中的执行措施

（一）传唤被执行人

承办法官可根据案件执行的实际需要及时传唤被执行人或者其法定代表人、负责人、直接责任人员等到指定场所接受询问，查明被执行人的财产状况和履行义务的能力。实践中，承办法官在传唤被执行人的同时，亦可通知申请执行人到场。因此，执行案件的代理律师在首次与承办法官面谈时，需根据案件具体情况就案件执行方案与法官进行沟通，并通过承办法官了解被执行人的还款意愿。

（二）责令被执行人申报财产

被执行人未按执行通知履行法律文书确定的义务，应当报告当前以及收到执行通知之日前一年的财产情况。承办法官有权向被执行人送达报告财产令。被执行人应当书面报告下列财产情况：收入、银行存款、现金、有价证券；土地使用权、房屋等不动产；交通运输工具、机器设备、产品、原材料等动产；债权、股权、投资权益、基金、知识产权等财产性权利等。被执行人自收到执行通知之日前一年至当前财产发生变动的，应当对该变动情况进行报告。执行人在报告财产期间履行全部债务的，执行法院应当终结报告程序。被执行人报告财产后，其财产情况发生变动，影响申请执行人债权实现的，应当自财产变动之日起十日内向执行法院补充报告。

对被执行人报告的财产情况，执行法院可以依申请执行人的申请或者依职权调查核实。被执行人拒绝报告或者虚假报告的，人民法院可以根据情节轻重对被执行人或者其法定代理人、有关单位的主要负责人或者直接责任人员予以罚款、拘留，亦可根据相关规定将其纳入失信被执行人名单。

因此，在执行案件初期，代理人可以向承办法官询问、了解被执行人申报财产的情况，有无获得新的财产线索。

（三）司法查询、调查

1. 统一途径调查

以北京市为例，根据相关规定，对被执行人的财产状况及身份信息，北京市的各区县人民法院，一般应当在立案后 5 个工作日内通过北京市高级人民法院执行指挥中心进行统一查询。对被执行人的财产的调查，执行法院一般应当在立案后一个月内完成。

实践中,关于被执行人的统一查询工作一般在分配承办法官之前就有专人负责上报北京市高级人民法院的查询平台,通过被执行人的身份证号查询北京范围内的银行账户、房产、车辆、工商等信息。完成查询后,查询结果反馈到承办法官。因此,代理人可及时与承办法官沟通,了解高院统一查询结果,有无获得新的财产线索。

2. 根据已知线索特定方向查询

根据高院的统一查询结果(如银行账户、开户行等)或申请执行人提供的财产线索,承办法官可持相关证件与文书,到相关部门查询财产线索的具体信息(如银行存款余额、房产有无其他法院查封或抵押信息等),以确定能否成为可供执行的财产。具体查询途径包括:

向金融机构查询被执行人的存款情况,或者在人民银行、信用卡发卡中心、银联公司、企业信用发布查询中心等单位查询被执行人的开户等情况;向被执行人的工作单位或者社会保险机构查询被执行人的收入或者离休金、退休金情况;向国土资源、房屋管理等部门查询被执行人的土地使用权、房屋所有权等情况;向工商、税务等部门查询被执行人的开办单位(股东)、注册资金、纳税、对外投资及经营等情况;向交通运输及机动车船等管理部门查询被执行人所有的交通工具情况;向证券登记结算机构、证券公司、基金公司、期货交易所、期货经纪公司等单位查询被执行人的证券、基金、期货持有及交易情况;向注册商标、专利、著作权等登记管理机构查询被执行人所有的知识产权情况;向保险机构查询被执行人的投保情况;向可能掌握被执行人财产线索的其他单位或个人了解被执行人财产状况。

3. 委托律师调查

如前所述,为提供执行效率,执行阶段可适用委托调查制度,即依申请执行人的申请,执行法院可以向其代理律师发出调查令,就被执行人可供执行的财产进行调查。律师持调查令进行的调查,视同人民法院执行人员的调查。申请执行人的委托调查申请应当以书面形式提出。申请书必须载明申领人和持令人的身份情况、申请调查的具体事项、目的及理由等。申请执行人的代理律师代为申领调查令的,必须有申请执行人的特别授权。对调查令的申请,执行法院经审查认为符合条件的,签发调查令。调查令应当载明持令人的姓名、调查的具体事项、调查令有效期限等内容。持令人应当按照人民法院的要求正确使用调查令，并确保调查收集的证据和资料真实、完整。对持令调查中获知的有关信息，申领人、持令人应当保密。调查结束后，持令人应当在7日内将调查结果提交人民法院。持令人因故未使用调查令的，应当于调查令有效期限届满之日起7日内，将调查令正本及回执缴还人民法院。

实践中，调查令较为广泛地用于查询房产、车辆等登记信息，但对于银行存款、证券账户等查询，一般还是需要承办法官自行查询或通过最高人民法院、高级人民法院与金融机构建立的网络执行查控平台进行网络查询。

（四）搜查

被执行人不履行法律文书确定的义务并隐匿财产，或被执行人拒绝按人民法院的要求提供其有关财产状况的证据材料的，人民法院有权发出搜查令，对被执行人及其住所或者财产隐匿地进行搜查。采取搜查措施的，由院长签发搜查令。搜查时，搜查人员应当按规定着装并出示搜查令和身份证件。搜查对象是公民的，应通知被执行人或者他的成年家属到场以及通知基层组织派员到场；搜查对象是法人或者其他组织的，应通知法定代表人或者主要负责人到场，有上级主管部门的，也应通知主管部门有关人员到场。拒不到场的，不影响搜查。禁止无关人员进入搜查现场。搜查中发现的财产，依法予以查封、扣押，并制作查封、扣押财产清单，由在场人签字。搜查女性身体的，应由女性执行人员或法警进行。人民法院依法搜查时，对可能存放隐匿财物及有关证据材料的封闭场所、箱柜等，可以责令被执行人开启，拒不开启的，可以强制开启。对存放在金融机构保险箱中的财物、财产凭证及有关证明材料，义务人拒不履行开箱手续的，可通知有关金融机构协助强制开启，有关金融机构应当配合。搜查应制作搜查笔录，由搜查人员、被搜查人及其他在场人签名或盖章。拒绝签名或者盖章的，应在搜查笔录中载明。对搜查过程，应当根据实际需要进行录像或拍照。录像及照相资料应当入档备查。

按揭贷款清收诉讼实践中，搜查的执行措施并不多见。

（五）其他措施

1. 审计调查

被执行人不履行义务，申请执行人认为被执行人（为公司等单位的）有隐匿、转移财产、抽逃资金以及其他逃废债务行为的,可以向执行法院申请对被执行人的资产、负债、所有者权益等进行审计调查,是否审计由执行法院根据案件的实际情况决定。对审计机构的确定应当采用随机方式。

2. 公告悬赏

被执行人或其法定代表人(主要负责人)下落不明,或者被执行人隐匿、转移财产的,申请执行人可以申请人民法院采取公告悬赏的方式进行查找。公告悬赏申请必须以书面形式提出,并载明公告形式、公告范围、具体请求、赏金数额或其确定方法等内容。人民法院应当及时对申请执行人的公告悬赏申请进行审查。符合相关条件的,决定发布悬赏公告。悬赏公告应当载明被执行人的姓名或名称、住所地、尚未履行的债务、赏金数额等情况。发布悬赏公告的费用由申请执行人承担并预交。赏金的数额或比例由申请执行人确定并承担。悬赏公告发布后,对提供线索的人员,人民法院应当按照提供线索的先后顺序进行登记。对提供线索的人员的身份及其提供线索的有关情况,人民法院应当保密。对提供真实有效线索,使案件得以全部执行或部分执行的人员,人民法院应当按照悬赏公告的承诺向其颁发赏金。

三、财产控制中的执行措施

(一)财产控制措施

1. 控制措施

对查明的被执行人的财产,执行法院应当及时采取查封、扣押、冻结等执行措施。对被执行人占有的动产、登记在被执行人名下的不动产、特定动产及其他财产权,人民法院可以采取查封、扣押、冻结措施。未登记的建筑物和土地使用权,依据土地使用权的审批文件和其他相关证据确定权属。对于第三人占有的动产或者登记在第三人名下的不动产、特定动产及其他财产权,第三人书面确认该财产属于被执行人的,人民法院可以查封、扣押、冻结。

2. 不得采取控制措施的财产范围

人民法院对被执行人的下列财产不得查封、扣押、冻结:被执行人及其所扶养家属生活所必需的衣服、家具、炊具、餐具等物品;被执行人及其所扶养家属所必需的生活费用;被执行人或其所扶养家属完成义务教育所必需的物品;未公开的发明或者未发表的著作;被执行人或其所扶养家属用于身体缺陷所必需的辅助工具、医疗物品；被执行人所得的勋章及其他荣誉表彰的物品；根据《缔结条约程序法》，以中华人民共和国、中华人民共和国政府或者中华人民共和国政府部门名义同外国、国际组织缔结的条约、协定和其他具有条约、协定性质的文件中规定免于查封、扣押、冻结的财产；金融机构的营业场所及其交存在人民银行的存款准备金和备付金；社会保险机构开设的社会保险基金账户内的社会保险基金；证券公司为被执行人时，证券公司开设的客户交易结算资金专用存款账户中的资金；客户为被执行人时，证券公司在存管银行开设的客户交易结算资金专用存款账户中属于所有客户共有的资金；对被执行人持有的证券交易成交后进入清算交收期间的证券或者资金，以及被执行人为履行清算交收义务交付给登记结算公司但尚未清算的证券或者资金；证券登记结算机构设立的证券集中交收账户、专用清偿账户、专用处置账户内的证券；证券公司按照业务规则在证券登记结算机构开设的客户证券交收账户、自营证券交收账户和证券处置账户内的证券；证券登记结算机构设立的资金集中交收账户、专用清偿账户内的资金；证券登记结算机构依法收取的证券结算风险基金和结算互保金；证券登记结算机构在银行开设的结算备付金专用存款账户和新股发行验资专户内的资金，以及证券登记结算机构为新股发行网下申购配售对象开立的网下申购资金账户内的资金；证券公司在证券登记结算机构开设的客户资金交收账户内的资金；证券公司在证券登记结算机构开设的自营资金交收账户内最低限额自营结算备付金及根据成交结果确定的应付资金；在交收完成之前，证券登记结算机构依法按照业务规则要求证券公司等结算参与人、投资者或者发行人提供的回购质押券、价差担保物、行权担保物、履约担保物；依照《证券投资基金法》的规定，不得强制执行的基金销售机构、基金销售支付机构、基金份额登记机构账户内的基金销售结算资金、基金份额；期货交易所向会员收取的保证金；国有企业下岗职工基本生活保障资金；依照《信托法》的规定，不得强制执行的信托财产；法律及司法解释规定的其他不得查封、扣押、冻结的财产。

（二）实施控制措施的具体规定

1. 查封、扣押、冻结的程序

人民法院查封、扣押、冻结被执行人的财产，应当作出裁定并送达被执行人和申请执行人。人民法院采取查封、扣押、冻结措施后,应当将查封、扣押、冻结财产的情况告知被执行人,并应当告知申请执行人相关事项。采取查封、扣押、冻结措施需要有关单位或者个人协助的,人民法院应当制作协助执行通知书,连同裁定书副本一并送达协助执行人。有关单位或个人收到协助执行通知书后,未按协助执行通知书的内容履行协助义务,致使查封、扣押、冻结的财产转移、被其他法院查封、扣押、冻结或流失的,人民法院有权责令其限期追回;逾期未追回的,应当裁定其在转移或查封、扣押、冻结的数额内向申请执行人承担责任。

查封、扣押财产时,还应当遵循下列程序:查封、扣押财产时,被执行人是公民的,应当通知被执行人或者他的成年家属到场;被执行人是法人或者其他组织的,应当通知其法定代表人或者主要负责人到场。拒不到场的,不影响执行;被执行人是公民的,其工作单位或者财产所在地的基层组织应当派人参加。对被查封、扣押的财产,案件承办人必须清点并造具清单,由在场人签名或者盖章后,交被执行人一份。被执行人是公民的,也可以交他的成年家属一份。在场人拒绝签名或盖章的,记明情况。并制作笔录,并由执行人员、保管人及到场人员签名。笔录应当载明下列内容:执行措施开始及完成的时间,财产的所在地、种类、数量,财产的保管人,其他应当记明的事项。相关人员拒绝在笔录上签名的,记入笔录。

2. 查封、扣押、冻结的方法

查封、扣押一般动产的,人民法院可以直接控制该财产。将查封、扣押的动产交付其他人控制的,应当在该动产上加贴封条或者采取其他足以公示查封、扣押的适当方式。查封不动产的,人民法院应当张贴封条或者公告,并可以提取保存有关财产权证照。查封、扣押、冻结已登记的不动产、特定动产或其他财产权,应当通知有关登记机关办理登记手续。查封尚未进行权属登记的建筑物时,人民法院应当通知其管理人或者该建筑物的实际占有人,并在显著位置张贴公告。符合办理预查封登记条件的,应当同时在有关登记部门办理预查封登记。

查封、扣押的财产不宜由人民法院保管的,人民法院可以指定被执行人负责保管,因被执行人的过错造成的损失,由被执行人承担;不宜由被执行人保管的,可以委托第三人或者申请执行人保管。由人民法院指定被执行人保管的财产，如果继续使用对该财产的价值无重大影响，可以允许被执行人继续使用；由人民法院保管或者委托第三人、申请执行人保管的，保管人不得使用。

3. 查封、扣押、冻结的限制

查封、扣押、冻结被执行人的财产，以其价额足以清偿执行依据确定的债权额及执行费用为限，不得明显超标的额查封、扣押、冻结。人民法院发现明显超标的额查封、扣押、冻结的，应当根据被执行人的申请或者依职权，及时解除对超标的额部分财产的查封、扣押、冻结，但该财产为不可分物且被执行人无其他可供执行的财产或者其他财产不足以清偿债务的除外。

4. 查封、扣押、冻结的效力

被执行人或第三人就已经查封、扣押、冻结的财产所作的移转、设定权利负担或者其他有碍执行的行为，不得对抗申请执行人。未经人民法院准许，第三人占有查封、扣押、冻结的财产或者实施其他有碍执行的行为的，人民法院可以依据申请执行人的申请或者依职权解除其占有或者排除其妨害。人民法院的查封、扣押、冻结没有公示的，其效力不得对抗善意第三人。

对有登记的不动产、特定动产或其他财产权，未办理查封、扣押、冻结登记手续的查封、扣押、冻结，不得对抗已经办理了查封、扣押、冻结登记手续的查封、扣押、冻结；不动产、特定动产或其他财产权有两个以上登记机关的，后办理查封、扣押、冻结登记手续的查封、扣押、冻结，不得对抗先办理查封、扣押、冻结登记手续的查封、扣押、冻结。对没有登记的财产，未在现场张贴封条或公告的查封、扣押、冻结，不得对抗在现场张贴封条或公告的查封、扣押、冻结。

查封、扣押、冻结的效力及于查封、扣押、冻结标的物的从物和天然孳息。查封财产的法定孳息的，人民法院应当明确载明。查封地上建筑物的效力及于该地上建筑物使用范围内的土地使用权，查封土地使用权的效力及于地上建筑物，但土地使用权与地上建筑物的所有权分属被执行人和第三人的除外。地上建筑物和土地使用权的登记机关不是同一机关的，应当分别办理查封登记。查封、扣押、冻结的财产灭失或者毁损的，查封、扣押、冻结的效力及于该财产的替代物、赔偿款。人民法院应当及时作出查封、扣押、冻结该替代物、赔偿款的裁定。

5. 对特殊财产的查封、扣押、冻结

(1)担保财产

人民法院对被执行人所有的其他人享有抵押权、质押权或留置权的财产,可以采取查封、扣押、冻结措施。财产拍卖、变卖后所得价款,应当在抵押权人、质押权人或留置权人优先受偿后,剩余部分用于清偿申请执行人的债权。查封、扣押、冻结担保物权人占有的担保财产,一般应当指定该担保物权人作为保管人;该财产由人民法院或指定第三人保管的,质权、留置权不因转移占有而消灭。人民法院查封、扣押、冻结被执行人设定最高额抵押权的抵押财产的,应当通知抵押权人。抵押权人受抵押担保的债权数额自收到人民法院通知时起不再增加。人民法院虽然没有通知抵押权人,但有证据证明抵押权人知道查封、扣押、冻结事实的,受抵押担保的债权数额从其知道该事实时起不再增加。

(2)共有财产

对被执行人与其他人共有的财产,人民法院可以查封、扣押、冻结,并及时通知共有人。共有人协议分割共有财产,并经债权人认可的,人民法院可以根据协议予以执行。查封、扣押、冻结的效力及于协议分割后被执行人享有份额内的财产;对其他共有人享有份额内的财产的查封、扣押、冻结,人民法院应当裁定予以解除。共有人提起析产诉讼或者申请执行人代位提起析产诉讼的,人民法院应当准许。诉讼期间中止对该财产采取处分性执行措施。

(3)第三人占有的被执行人的财产

对第三人为被执行人的利益占有的被执行人的财产,人民法院可以查封、扣押、冻结;该财产被指定由第三人继续保管的,第三人不得将其交付给被执行人。对第三人为自己的利益依法占有的被执行人的财产,人民法院可以查封、扣押、冻结,第三人可以继续占有和使用该财产,但不得将其交付给被执行人。第三人无偿借用被执行人的财产的,不受前述规定的限制。

(4)买卖交易中的财产

被执行人将其财产出卖给第三人,第三人已经支付部分价款并实际占有该财产,但根据合同约定被执行人保留所有权的,人民法院可以查封、扣押、冻结；第三人要求继续履行合同的，应当由第三人在合理期限内向人民法院交付全部余款后，裁定解除查封、扣押、冻结。

被执行人将其所有的需要办理过户登记的财产出卖给第三人，第三人已经支付部分或者全部价款并实际占有该财产，但尚未办理产权过户登记手续的，人民法院可以查封、扣押、冻结；第三人已经支付全部价款并实际占有，但未办理过户登记手续的，如果第三人对此没有过错，人民法院应当解除查封、扣押、冻结。

被执行人购买第三人的财产，已经支付部分价款并实际占有该财产，但第三人依合同约定保留所有权，申请执行人已向第三人支付剩余价款或者第三人书面同意剩余价款从该财产变价款中优先支付的，人民法院可以查封、扣押、冻结。第三人依法解除合同的，人民法院应当准许，已经采取的查封、扣押、冻结措施应当解除，但人民法院可以依据申请执行人的申请，执行被执行人因支付价款而形成的对该第三人的债权。

被执行人购买需要办理过户登记的第三人的财产，已经支付部分或者全部价款并实际占有该财产，虽未办理产权过户登记手续，但申请执行人已向第三人支付剩余价款或者第三人同意剩余价款从该财产变价款中优先支付的，人民法院应当查封、扣押、冻结。

6. 查封、扣押、冻结的期限

根据 2015 年新民事诉讼法司法解释第 487 条的规定，人民法院冻结被执行人的银行存款的期限不得超过 1 年，查封、扣押动产的期限不得超过 2 年，查封不动产、冻结其他财产权的期限不得超过 3 年。

7. 轮候查封、扣押、冻结

对已被人民法院查封、扣押、冻结的财产，其他人民法院可以进行轮候查封、扣押、冻结。查封、扣押、冻结解除的，登记在先的轮候查封、扣押、冻结即自动生效。其他人民法院对已登记的财产进行轮候查封、扣押、冻结的，应当通知有关登记机关协助进行轮候登记，实施查封、扣押、冻结的人民法院应当允许其他人民法院查阅有关文书和记录。其他人民法院对没有登记的财产进行轮候查封、扣押、冻结的，应当制作笔录，并经实施查封、扣押、冻结的人民法院执行人员及被执行人签名，或者书面通知实施查封、扣押、冻结的人民法院。被执行人拒绝签名的，记入笔录。人民法院对已查封、扣押、冻结的全部财产进行处分后,该财产上的轮候查封、扣押、冻结自始不产生查封、扣押、冻结的效力。

(三)控制措施的变更或解除

1.续行查封、扣押、冻结

财产控制措施完成后,承办法官应当书面告知当事人以下事项:查封、扣押、冻结的起止日期;申请执行人要求续行查封、扣押、冻结的,至少于查封、扣押、冻结到期之日15日前提出书面申请;申请执行人未按照上一项的要求提出采取续行查封、扣押、冻结措施申请的,已采取的查封、扣押、冻结措施将自动解除。

申请执行人申请延长期限的,人民法院应当在查封、扣押、冻结期限届满前办理续行查封、扣押、冻结手续,续行期限不得超过上述规定的查封、扣押、冻结期限。人民法院也可以依职权办理续行查封、扣押、冻结手续。

2.查封、扣押、冻结效力的消灭

查封、扣押、冻结期限届满,人民法院未办理延期手续的,查封、扣押、冻结的效力消灭。查封、扣押、冻结的财产已经被拍卖、变卖或者抵债的,查封、扣押、冻结的效力消灭。

3.解除查封、扣押、冻结

有下列情形之一的,人民法院应当及时作出解除查封、扣押、冻结裁定,并送达申请执行人、被执行人:申请执行人撤回执行申请或者放弃债权的;债务已经全部清偿的;被执行人提供担保且申请执行人同意解除查封、扣押、冻结的;人民法院认为应当解除查封、扣押、冻结的其他情形。解除以登记方式实施的查封、扣押、冻结的,应当向登记机关发出协助执行通知书并附裁定书。

四、财产处置中的执行措施

财产处置中的执行措施,主要包括划拨/扣划(存款等),扣留、提取(被执行人的收入)以及变价措施,其中,变价措施又包括评估、拍卖、变卖等。对于可供执行财产的处置,将在下一节中专项予以介绍。

五、非执行财产类的强制措施

执行程序中,非针对拟执行财产实施的强制措施,主要包括两大类,一是民事诉讼中通用的拘传、罚款、拘留等强制措施；二是执行程序中实施的新型强制措施，如限制出境，限制高消费，在征信系统记录、通过媒体公布不履行义务信息，强制迁出等。

（一）民事诉讼中通用的强制措施

1. 拘传

根据2015年新民事诉讼法司法解释的规定，对必须接受调查询问的被执行人、被执行人的法定代表人、负责人或者实际控制人，经依法传唤无正当理由拒不到场的，人民法院可以拘传其到场。人民法院应当及时对被拘传人进行调查询问，调查询问的时间不得超过8小时；情况复杂，依法可能采取拘留措施的，调查询问的时间不得超过24小时。人民法院在本辖区以外采取拘传措施时，可以将被拘传人拘传到当地人民法院，当地人民法院应予协助。

2. 罚款、拘留

（1）适用情形

被执行人或其他人有下列拒不履行生效法律文书或者妨害执行行为之一的，人民法院根据情节轻重予以罚款、拘留：隐藏、转移、变卖、毁损向人民法院提供执行担保的财产的；被执行人与案外人恶意串通转移被执行人财产的；故意撕毁人民法院执行公告、封条的；伪造、隐藏、毁灭有关被执行人履行能力的重要证据，妨碍人民法院查明被执行人财产状况的；指使、贿买、胁迫他人对被执行人的财产状况和履行义务的能力问题作伪证的；妨碍人民法院依法搜查的；以暴力、威胁或其他方法妨碍或抗拒执行的；哄闹、冲击执行现场的；对人民法院执行人员或协助执行人员进行侮辱、诽谤、诬陷、围攻、威胁、殴打或者打击报复的；毁损、抢夺执行案件材料、执行公务车辆、其他执行器械、执行人员服装和执行公务证件的；恶意串通，通过诉讼、仲裁、调解等方式逃避履行法律文书确定的义务的；违反限制高消费令的；法律、司法解释规定的其他妨害执行的行为。人民法院对有上述行为之一的单位，可以对其主要负责人或者直接责任人员予以罚款、拘留。

有义务协助调查、执行的单位有下列行为之一的，人民法院除责令其履行协助义务外，并可以予以罚款：有关单位拒绝或者妨碍人民法院调查取证的；有关单位接到人民法院协助执行通知书后，拒不协助查询、查封、扣押、冻结、划拨、变价财产的;有关单位接到人民法院协助执行通知书后,拒不协助扣留被执行人的收入、办理有关财产权证照转移手续、转交有关票证、证照或者其他财产的;有关单位在收到人民法院关于限制被执行人高消费的协助执行通知书后,仍接受被执行人高消费的;其他拒不协助执行的行为。人民法院对有上述行为之一的单位,可以对其主要负责人或者直接责任人员予以罚款;对仍不履行协助义务的,可以予以拘留。还可以对该主要负责人或者直接责任人员向监察机关或者有关机关提出予以纪律处分的司法建议。

对上述情形予以罚款、拘留,可以单独适用,也可以合并适用。对同一拒不履行生效法律文书、妨害执行或者拒不履行协助义务的行为,罚款、拘留不得重复适用。但发生了新的上述行为的,人民法院可以另行予以罚款、拘留。对人民法院作出的罚款、拘留决定不服的,可在接到决定书之次日起3日内,向作出决定的人民法院提出书面申请,要求上一级人民法院复议,或直接向上一级人民法院申请复议。提出书面申请有困难的,可以口头申请。当事人的口头申请,应当记入笔录,由当事人签名或者盖章。复议期间,罚款、拘留决定不停止执行。上级人民法院应在收到复议申请后5日内作出决定,并将复议结果通知下级法院和当事人。上级人民法院复议时认为强制措施不当,应当制作决定书,撤销或变更下级法院的拘留、罚款决定。情况紧急的,可以在口头通知后3日内发出决定书。

(2)罚款的特别规定

对个人的罚款金额,为人民币10万元以下。对单位的罚款金额,为人民币5万元以上100万元以下。罚款必须经执行法院院长批准,并应当用决定书。

(3)拘留的特别规定

拘留的期限,为15日以下,自拘留决定书送达被拘留人之日起计算。拘留当日计算为一日。人民法院在适用拘留措施时,应当收集、保存相应证据。因情况紧急,无法收集、保存相应证据的,应当制作详尽的现场笔录,在场的法院工作人员应当签字;有其他人员在场的,亦可由其签字见证。适用拘留措施,一般应由合议庭进行合议,情况特别紧急的除外。采取拘留措施,应当报请执行法院院长批准。因哄闹、冲击法庭,用暴力、威胁等方法抗拒执行公务等紧急情况，必须立即采取拘留措施的，可立即拘留。在拘留后，应当立即报告院长补办批准手续。院长认为拘留不当的，应当立即解除拘留。采取司法拘留措施应当制作决定书。决定书援引法律条文应当具体到款项，援引的款项应当与被拘留人的违法行为相对应。拘留决定书应当送达被拘留人。被拘留人拒不签收的，不影响决定书的效力，送达人应当在送达回证上记明情况。人民法院决定采取拘留措施，由司法警察将被拘留人送公安机关看管。人民法院对被拘留人采取司法拘留措施后，应当在24小时内通知被拘留人的亲属，告知其拘留原因、关押处所等相关情况。因被拘留人拒不提供其亲属联系方式等原因致使人民法院难以通知其亲属，或者因其他原因确实无法通知其亲属的，应当记入笔录。承办法官一般应在拘留决定书送达被拘留人之次日起3日内，与被拘留人进行谈话。被拘留人有悔改表示，提出会见案件承办人申请的，案件承办人应及时与被拘留人进行谈话。谈话情况应记入笔录。被拘留人不在本行政辖区的，作出拘留决定的人民法院应派员到被拘留人所在地的人民法院，请该院协助执行，将被拘留人送当地公安机关看管。被拘留人申请复议的，经被执行人所在地的人民法院转达后，由作出拘留决定的人民法院的上一级人民法院审查决定；被拘留人在司法拘留期间承认并改正错误需要提前解除司法拘留措施，被拘留人所在地的人民法院向作出拘留决定的人民法院转达或者提出建议的，由作出拘留决定的人民法院审查决定。对县级以上人民代表大会的代表，需要依法采取拘留措施的，应当先行报经该级人民代表大会主席团或常务委员会许可。对乡、民族乡、镇人民代表大会代表采取拘留措施的，应在拘留后立即报告乡、民族乡、镇人民代表大会主席团。对各级中国人民政治协商会议委员会委员，确需依法采取司法拘留措施的，应当向该级中国人民政治协商会议委员会通报。对军人确需采取司法拘留措施的，应当及时通知其所在部队团以上单位的政治机关。对采取拘留措施的全过程，应当如实、完整地予以记载，相关材料应当入卷归档。人民法院采取司法拘留措施的，应当单独登记造册。

被拘留人在司法拘留期间认错悔改的，可以责令其具结悔过；具结悔过后，提前解除司法拘留。具结悔过应采用书面形式，采用书面形式有困难的，可以口头形式。当事人的口头表述，应当记入笔录，由被拘留人签名或者盖章。提前解除司法拘留,应当报请执行法院院长批准,并作出提前解除拘留决定书,交负责看管的公安机关执行。

(二)执行程序中的新型强制措施

1. 限制出境

限制出境是《民事诉讼法》在2007年修改时新增的执行措施。

被执行人不履行法律文书确定的义务的,人民法院可以对其采取或者通知有关单位协助采取限制出境措施。被执行人为单位的,可以对其法定代表人、主要负责人或者影响债务履行的直接责任人员限制出境。被执行人为无民事行为能力人或者限制民事行为能力人的,可以对其法定代理人限制出境。人民法院依照规定采取限制出境措施的,应当由申请执行人向执行法院提出书面申请;必要时,执行法院可以依职权决定。在限制出境期间,被执行人履行法律文书确定的全部债务的,执行法院应当及时解除限制出境措施;被执行人提供充分、有效的担保或者申请执行人同意的,可以解除限制出境措施。限制出境的具体程序,需要根据公安机关对法定不批准出境人员通报备案的有关规定办理。

2. 限制高消费

限制高消费是2010年10月1日起实施的《最高人民法院关于限制被执行人高消费的若干规定》(法释〔2010〕8号)中规定的新型执行措施。具体规定如下:

被执行人未履行执行依据确定的给付义务的,人民法院可以限制其高消费。人民法院决定采取限制高消费措施时,应当考虑被执行人是否有消极履行、规避执行或者抗拒执行的行为以及被执行人的履行能力等因素。限制高消费一般由申请执行人提出书面申请,经人民法院审查决定;必要时人民法院可以依职权决定。人民法院决定限制高消费的,应当向被执行人发出限制高消费令。限制高消费令由人民法院院长签发。限制高消费令应当载明限制高消费的期间、项目、法律后果等内容。

被执行人为自然人的,被限制高消费后,不得有以下以其财产支付费用的行为:乘坐交通工具时,选择飞机、列车软卧、轮船二等以上舱位;在星级以上宾馆、酒店、夜总会、高尔夫球场等场所进行高消费;购买不动产或者新建、扩建、高档装修房屋;租赁高档写字楼、宾馆、公寓等场所办公;购买非经营必需车辆;旅游、度假;子女就读高收费私立学校;支付高额保费购买保险理财产品;其他非生活和工作必需的高消费行为。被执行人为单位的,被限制高消费后,禁止被执行人及其法定代表人、主要负责人、影响债务履行的直接责任人员以单位财产实施上述高消费行为。

人民法院根据案件需要和被执行人的情况可以向有义务协助调查、执行的单位送达协助执行通知书,也可以在相关媒体上进行公告。限制高消费令的公告费用由被执行人负担;申请执行人申请在媒体公告的,应当垫付公告费用。同时,人民法院应当设置举报电话或者邮箱,接受申请执行人和社会公众对被限制高消费的被执行人违反限制高消费令的举报,并进行审查认定。

被限制高消费的被执行人因生活或者经营必需而进行禁止的消费活动的,应当向人民法院提出申请,经批准后方可进行。在限制高消费期间,被执行人提供确实有效的担保或者经申请执行人同意的,人民法院可以解除限制高消费令;被执行人履行完毕生效法律文书确定的义务的,人民法院应当在通知或者公告的范围内及时以通知或者公告解除限制高消费令,相关费用由被执行人承担。

司法实践中,限制高消费这一新型执行措施发挥了一定的积极作用,确实存在被执行人(如需要经常乘坐飞机等人员)基于限制高消费令而主动履行、清偿贷款债权的情形。但在操作上,也具有一定的局限性,例如,协助执行部门一般要求人民法院出具的协助执行通知书和限制高消费令载明限制对象的姓名、性别、身份证号码等证件号码。若执行机关在通知书中仅列明了被执行人的身份证号码,则在被执行人使用护照等其他证件用于购买机票或实施其他高消费行为的,可能就无法受到限制。因此,代理人在申请人民法院实施限制高消费这一措施时,需提示承办法官在通知书等文书中列明全部已知的被执行人证件号码。还需注意的是,实践中各地法院具体操作不一,有的法院可能会依职权主动实施该措施,而大部分法院还是需要申请执行人提出书面申请,这就需要代理人及时办理申请事宜。

3. 发布失信被执行人名单信息

《民事诉讼法》在 2007 年修订时增加了在征信系统记录、通过媒体公布不履行义务信息的执行措施。2013 年 10 月 1 日起实施的《最高人民法院关于公布失信被执行人名单信息的若干规定》(法释〔2013〕17号)就公布失信被执行人名单信息作出了具体规定,一定意义上属于上述执行措施的实际操作规定。根据相关规定:

被执行人具有履行能力而不履行生效法律文书确定的义务,具有下列情形之一的,人民法院应当将其纳入失信被执行人名单,依法对其进行信用惩戒:以伪造证据、暴力、威胁等方法妨碍、抗拒执行的;以虚假诉讼、虚假仲裁或者以隐匿、转移财产等方法规避执行的;违反财产报告令的;违反限制高消费令的;被执行人无正当理由拒不履行执行和解协议的;其他有履行能力而拒不履行生效法律文书确定义务的。申请执行人认为被执行人存在上述失信行为之一的,可以申请人民法院将该被执行人纳入失信被执行人名单,人民法院经审查后作出决定。必要时,人民法院也可以依职权作出决定。人民法院决定将被执行人纳入失信被执行人名单的,应当制作决定书,决定书自作出之日起生效。决定书应当送达当事人。

记载和公布失信被执行人的信息范围应当包括:作为被执行人的法人或者其他组织的名称、组织机构代码、法定代表人或者负责人姓名或作为被执行人的自然人的姓名、性别、年龄、身份证号码;生效法律文书确定的义务和被执行人的履行情况;被执行人失信行为的具体情形;执行依据的制作单位和文号、执行案号、立案时间、执行法院;人民法院认为应当记载和公布的不涉及国家秘密、商业秘密、个人隐私的其他事项。

执行法院应当将失信被执行人名单信息录入最高人民法院失信被执行人名单库,并通过该名单库统一向社会公布。各级人民法院可以根据各地实际情况,将失信被执行人名单通过报纸、广播、电视、网络、法院公告栏等其他方式予以公布,并可以采取新闻发布会或者其他方式对本院及辖区法院实施失信被执行人名单制度的情况定期向社会公布。媒体公布的有关费用,由被执行人负担;申请执行人申请在媒体公布的,应当垫付有关费用。人民法院应当将失信被执行人名单信息,向政府相关部门、金融监管机构、金融机构、承担行政职能的事业单位及行业协会等通报,供相关单位依照法律、法规和有关规定,在政府采购、招标投标、行政审批、政府扶持、融资信贷、市场准入、资质认定等方面,对失信被执行人予以信用惩戒。并应当将失信被执行人名单向征信机构通报,并由征信机构在其征信系统中记录。

失信被执行人是国家工作人员的,人民法院应当将其失信情况通报其所在单位。失信被执行人是国家机关、国有企业的,人民法院应当将其失信情况通报其上级单位或者主管部门。

失信被执行人符合下列情形之一的,人民法院应当将其有关信息从失信被执行人名单库中删除:全部履行了生效法律文书确定义务的;与申请执行人达成执行和解协议并经申请执行人确认履行完毕的;裁定终结执行的。

实践中,失信被执行人名单制度发挥应有的功能和效果、迫使被执行人主动履行债务,还需依赖于具体措施的落实。例如,只有在受通报的单位确实在政府采购、招标投标、行政审批、政府扶持、融资信贷、市场准入、资质认定等方面对失信被执行人施以信用惩戒、进行限制的情况下,才可能迫使被执行人因无法开展经营活动、社会生存空间被挤压而主动履行债务。

4. 强制迁出房屋或者强制退出土地

强制被执行人迁出房屋或者退出土地是《民事诉讼法》制定之初就已规定的执行阶段的强制措施。具体规定如下:

强制迁出房屋或者强制退出土地,由执行法院院长签发公告,责令被执行人在指定期间履行。被执行人逾期不履行的,由执行员强制执行。强制执行时,被执行人是公民的,应当通知被执行人或者他的成年家属到场;被执行人是法人或者其他组织的,应当通知其法定代表人或者主要负责人到场。拒不到场的,不影响执行。被执行人是公民的,其工作单位或者房屋、土地所在地的基层组织应当派人参加。执行员应当将强制执行情况记入笔录,由在场人签名或者盖章。强制迁出房屋被搬出的财物,由人民法院派人运至指定处所,交给被执行人。被执行人是公民的,也可以交给他的成年家属。因拒绝接收而造成的损失,由被执行人承担。

强制被执行人迁出房屋或者退出土地一般是在法院处置房地产后采取的强制措施,但实践中,有的法院为了避免纠纷,可能会要求申请执行人在拟拍卖的房地产评估前,为被执行人提供临时周转场所,以便在移交评估机构评估前就强制被执行人迁出房屋或者退出土地。

第三节 可供执行财产的处置

在按揭贷款清收的执行程序中,特别是在抵押房屋已办理抵押登记并被执行法院查封的情况下，借款人为了避免其所购房屋被法院拍卖，一般会筹措资金偿还按揭银行的全部贷款本息。但若经过相关执行措施，被执行人（借款人、保证人等）仍未履行还款义务的，这就涉及可供执行财产的处置。以下仅就按揭贷款清收执行程序中，较多适用的存款/证券及其结算资金划拨/扣划、被执行人债权执行或收入扣留提取、股权处置、车辆处置、房产处置中的具体程序规定予以说明。

一、存款、证券及其结算资金划拨/扣划

（一）银行存款划拨/扣划

若执行过程中，承办法官可以查询到被执行人的相关银行账户信息、并冻结其账户内资金的，则通过划拨/扣划程序，即可回收部分或全部款项，这是执行回款速度最快的一种处置措施。

扣划被执行人在金融机构存款的，执行法官需要出示其本人工作证和执行公务证，并出具裁定书和协助扣划存款通知书，还应当附生效法律文书副本。存款应当扣划至人民法院的案款专用账户，不得直接扣划至申请执行人或第三人账户。对被执行人存在银行的凭证式国库券，人民法院有权进行冻结和划拨；对协助执行手续完备的，有关银行应当立即协助执行。

（二）证券及其结算资金划拨/扣划

这里所指的证券及其结算资金，主要是指借款人开立的股票账户及其资金账户。在证券公司托管的证券的冻结、扣划，既可以在托管的证券公司办理，也可以在证券登记结算机构办理。不同的执法机关同一交易日分别在证券公司、证券登记结算机构对同一笔证券办理冻结扣划手续的，证券公司协助办理的为在先冻结、扣划。人民法院按照法定权限冻结、扣划相关证券、资金时，应当明确冻结、扣划证券、资金所在的账户名称、账户号码、冻结期限，以及所冻结、扣划证券的名称、数量或者资金的数额。扣划时，还应当明确拟划入的账户名称、账号。冻结证券和交易结算资金时，应当明确冻结的范围是否及于孳息。证券登记结算机构依法按照业务规则要求证券公司等结算参与人、投资者或者发行人提供的回购质押券、价差担保物、行权担保物、履约担保物，在交收完成之前，不得冻结、扣划。证券登记结算机构受理冻结、扣划要求后，应当在受理日对应的交收日交收程序完成后根据交收

结果协助冻结、扣划。证券公司受理冻结、扣划要求后,应当立即停止证券交易,冻结时已经下单但尚未搓合成功的应当采取撤单措施。冻结后,根据成交结果确定的用于交收的应付证券和应付资金可以进行正常交收。在交收程序完成后,对于剩余部分可以扣划。同时,证券公司应当根据成交结果计算出等额的应收资金或者应收证券交由执法机关冻结或者扣划。

二、被执行人债权或收入扣留提取

(一)被执行人债权的执行

被执行人不能清偿债务,但对第三人享有到期债权的,人民法院可以依申请执行人或被执行人的申请,向第三人发出履行到期债务的通知。履行通知必须直接送达第三人。并应当包含下列内容:第三人直接向申请执行人履行其对被执行人所负的债务,不得向被执行人清偿;第三人应当在收到履行通知后的15日内向申请执行人履行债务;第三人对履行到期债务有异议的,应当在收到履行通知后的15日内向人民法院提出;第三人违背上述义务及故意隐瞒事实真相的法律后果。

第三人对履行通知的异议一般应当以书面形式提出,口头提出的,执行人员应记入笔录,并由第三人签字或盖章。第三人在履行通知指定的期间内提出异议的,人民法院不得对第三人强制执行,对提出的异议不进行实质审查。第三人提出自己无履行能力或其与申请执行人无直接法律关系,不属于本规范所指的异议。第三人对债务部分承认、部分有异议的,可以对其承认的部分强制执行。

第三人在履行通知指定的期限内没有提出异议,又不履行的,人民法院有权裁定对其强制执行。此裁定应当送达第三人和当事人。被执行人收到人民法院履行通知后,放弃其对第三人的债权或延缓第三人履行期限的行为不得对抗申请执行人,人民法院仍可在第三人无异议又不履行的情况下予以强制执行。第三人收到人民法院要求其履行到期债务的通知后,擅自向被执行人履行,造成已向被执行人履行的财产不能追回的,除在已履行的财产范围内与被执行人承担连带清偿责任外,可以追究其妨害执行的法律责任。在对第三人作出强制执行裁定后,第三人确无财产可供执行的,不得就第三人对他人享有的到期债权强制执行。第三人按照人民法院履行通知向申请执行人履行了债务或已被强制执行后，人民法院应当向其出具有关证明。

被执行人对第三人的债权已经取得执行依据但未申请强制执行的，人民法院可以直接强制执行该到期债权。第三人对该债务是否存在或债务数额提出异议的，不予受理，亦不影响继续强制执行。但第三人以其已全部或部分履行该债务为由提出异议的，应当予以受理并依法审查。被执行人对案外第三人的债权已经申请强制执行的，人民法院可以请求执行该债权的法院协助扣留相应的执行款项。

对被执行人的未到期债权，人民法院可以向其债务人发出协助执行通知书予以冻结，责令其债务人不得向被执行人清偿。该债权到期后，执行法院按照执行到期债权的程序办理。被执行人的债务人向执行法院提出异议否认债务存在的，执行法院对该异议不予审查，直接解除对未到期债权的冻结，并告知其如有充分证据证明其所提异议隐瞒事实真相的，将依照相关规定处理。

（二）被执行人收入的扣留、提取

被执行人未履行执行依据确定的义务，人民法院有权扣留、提取被执行人应当履行义务部分的收入，但应当保留被执行人及其所扶养家属的生活必需费用。人民法院扣留、提取收入时，应当作出裁定，并发出协助执行通知书，被执行人所在单位、银行、信用合作社和其他有储蓄业务的单位必须办理。作为被执行人的公民，其收入转为储蓄存款的，应当责令其交出存单。拒不交出的，人民法院应当作出提取其存款的裁定，向金融机构发出协助执行通知书，并附执行依据副本，由金融机构提取被执行人的存款交人民法院或存入人民法院指定的账户。被执行人在有关单位的收入尚未支取的，人民法院应当作出裁定，向该单位发出协助执行通知书，由其协助扣留或提取。有关单位收到人民法院协助执行被执行人收入的通知后，擅自向被执行人或其他人支付的，人民法院有权责令其限期追回；逾期未追回的，应当裁定其在支付的数额内向申请执行人承担责任。

三、股权、车辆、房产等资产处置

（一）资产处置方式

根据相关规定，人民法院对查封、扣押、冻结的财产进行变价时，应当首先采取拍卖的方式,不适于拍卖或者本案双方当事人及其他执行债权人同意不进行拍卖的,人民法院可以委托有关单位变卖或者自行变卖。双方当事人及其他执行债权人同意不经拍卖、变卖而直接以查封的财产抵偿债务的,人民法院可以裁定准许,但抵债的价格不得低于评估价或者公开市场价格或依照通常方法确定的价格。[①] 此外,国家禁止自由买卖的物品,交有关单位按照国家规定的价格收购。由此,执行程序中的资产处置方式包括拍卖、变卖、抵债、收购等方式,而作为拍卖、变卖、抵债的定价依据,则还需要评估程序,且在拍卖、变卖成交或抵债后,还需要后续的裁定、移交等程序,对此在本部分内容中一并予以介绍。

1. 评估

(1)评估的适用范围

一般情况下,对于下列财产,人民法院应当委托具有相应资质的评估机构进行价格评估:拟强制拍卖、变卖的财产;拟由法院裁定以物抵债的财产;其他应当评估价格的财产。

对于财产价值较低或者价格依照通常方法容易确定的下列财产,可以不进行评估:价值2000元以下的财产;有公开市场价格或者价格依照通常方法能够确定的财产;当事人双方及其他执行债权人同意不进行评估的。

(2)评估中的具体程序

对评估机构的确定应当采用随机方式,一般摇号确定。人民法院选择评估机构,应当提前通知各方当事人到场;当事人不到场的,人民法院应将选择机构的情况以书面形式送达当事人。评估机构确定后,执行法院应当在3个工作日内向评估机构出具委托书。委托书一般包括下列内容:评估标的的名称、权属等情况;评估目的;评估期限;评估费用的计算标准和支付方式等。除出具评估委托书以外,还应当根据委托评估的具体要求,向评估机

---

① 2015年新《民事诉讼法》规定,“经申请执行人和被执行人同意,且不损害其他债权人合法权益和社会公共利益的,人民法院可以不经拍卖、变卖,直接将被执行人的财产作价交申请执行人抵偿债务。对剩余债务,被执行人应当继续清偿”,“被执行人的财产无法拍卖或者变卖的,经申请执行人同意,且不损害其他债权人合法权益和社会公共利益的,人民法院可以将该项财产作价后交付申请执行人抵偿债务,或者交付申请执行人管理;申请执行人拒绝接收或者管理的,退回被执行人”。对此,是否导致具体执行程序中执行法官掌握尺度的变化,如变卖、抵债是否无需其他执行债权人同意等,有赖于后续执行实践情况的验证。

构提供评估标的物的财产清单、权属资料,以及对标的物采取执行措施的法律文书等必要资料。执行法院在委托评估之前应当对评估标的的权属状况、占有使用情况等进行必要的调查,制作财产现状的调查笔录,调查笔录在委托评估时交予评估机构。评估所需的相关资料应当由当事人或相关第三人提供的,人民法院可以通知当事人或第三人提交,当事人或第三人不予提交的,强制提取。

评估机构在工作中需要对现场进行勘验的,执行法院应当提前通知当事人到场。当事人不到场的,不影响勘验的进行,但应当有见证人见证。评估机构勘验现场,应当制作现场勘验笔录。勘验现场人员、当事人或见证人应当在勘验笔录上签名或盖章。当事人、见证人拒绝签名或盖章的,记入笔录。需对评估标的物进行测绘或鉴定的,评估机构应当报请执行法院另行委托具有相应资质的机构进行测绘或鉴定。评估期限一般不得超过2个月。评估机构接受委托后,应当在委托书指定的期限内完成评估报告,并提交执行法院。因评估事项复杂不能在指定期限内完成评估报告,需要延长评估期限的,应当在期限届满前5日内书面报请执行法院批准。评估机构无正当理由在指定期限内不能完成评估工作并提交评估报告的,人民法院可以解除委托,重新选择评估机构。

评估机构提交的评估报告,应包括下列内容:委托单位和受托单位名称;对委托评估的标的物概况,如权属、位置、数量、瑕疵等情况的描述;评估目的、评估基准日;关于评估依据、原则、方法以及评估过程的说明;评估结果、评估报告有效期的起止时间;评估标的物的权属资料复印件、现状照片、评估委托书复印件、评估机构和评估师的签章及其资质证书的复印件等。执行法院收到评估报告后,应审查下列内容:评估报告的内容是否齐备;评估报告是否按委托要求作出;评估报告对评估标的物的描述是否准确、真实;评估机构及评估人员的资质证书是否与登记相符等。执行法院经审查发现评估报告有明显错误的,应当要求评估机构作出修正。评估机构拒绝修正的,人民法院可以撤销评估结果,另行委托评估机构。

执行法院收到评估机构作出的评估报告后,应当在5个工作日内将评估报告副本发送双方当事人及利害关系人。当事人或利害关系人对评估报告有异议的,应当在收到评估报告后10日内以书面形式向承办法官提出。承办法官收到异议后,根据甄别结果分别移交执行审查部门审查处理或移交评估机构进行复核。对当事人或利害关系人提出评估机构、评估人员不具备相应的评估资质或者提出评估程序违法的异议,由执行审查机构进行审查并作出裁定。裁定异议成立的,由执行法院决定重新评估。重新评估应当另行确定评估机构。对评估价格或评估方法等评估报告内容有异议的,承办法官应当在收到异议书后 3 个工作日内转交评估机构进行复核,评估机构应在 10 日内对完成复核。评估机构经复核发现评估报告存在错误的,应当及时作出修正,修正后的评估报告通过执行法院发送双方当事人;评估机构认为评估报告无错误的,应当作出书面说明,并通过执行法院发送双方当事人。执行法院发现评估机构或评估人员不具备相应的评估资质、评估程序严重违法的,应当决定重新评估。重新评估应当另行确定评估机构。评估报告的有效期按照评估报告载明的期限确定。标的物已委托拍卖的,评估报告有效期届满不影响拍卖程序的继续进行,但拍卖时间过长或市场行情发生重大变化的,应当重新评估,按重新评估的价格进行拍卖。

2. 拍卖

(1)拍卖机构的确定

对拍卖机构的确定应当采用随机方式,一般摇号确定。人民法院选择拍卖机构,应当提前通知各方当事人到场;当事人不到场的,人民法院应将选择机构的情况以书面形式送达当事人。

(2)拍卖的前置程序

拍卖的财产经过评估的,执行法院应当将评估资料移交负责拍卖的机构或部门。财产未经评估而委托拍卖的,执行法院应当对拍卖财产的权属状况、占有使用情况等进行必要的调查,制作拍卖财产现状的调查笔录,调查笔录在委托拍卖时交予负责拍卖的机构或部门。

(3)拍卖中的具体程序

在动产拍卖日 7 日前、不动产或其他财产权拍卖日 15 日前,应当分别在媒体的明显位置以正常字体发布拍卖公告。当事人自愿承担相应费用申请增加公告媒体的,执行法院应予允许。拍卖财产具有专业属性的,应当同时在专业性报纸上进行公告。拍卖公告至少应包括以下内容:执行法院的名称及联系方式;拍卖物的种类、数量及其他情况;拍卖会的时间及场所;展示拍卖物的时间、地点；拍卖物的评估价；保证金金额及缴纳方式；拍卖价款的交付期限；委托拍卖的，拍卖公司的名称及联系方式等。拍卖公告应当由执行法院审查核准后予以发布。司法实践中，拍卖公告一般均可在全国统一平台查询（人民法院诉讼资产网）或地方法院公开平台查询（如北京法院网等），此外，目前江浙地区的人民法院亦多在淘宝网的司法拍卖平台公布拍卖公告。

拍卖前应当展示拍卖标的物，提供查看标的物的条件和相关资料。展示时间不得少于2日。拍卖标的物存在物理上或权利上瑕疵的，执行法院应当在拍卖会之前以书面形式如实予以说明，或监督拍卖机构以书面形式如实予以说明。执行法院对瑕疵的说明以其已知的为限。执行法院应当在拍卖日5日前以书面或者其他能够确认收悉的适当方式，通知当事人和已知的担保物权人、优先购买权人或者其他优先权人于拍卖日到场。优先购买权人到场主张优先购买权的，应当预先办理竞买登记。优先购买权人经通知未到场或虽到场但未预先办理竞买登记的，视为放弃优先购买权。法律、行政法规对买受人的资格或者条件有特殊规定的，竞买人应当具备规定的资格或者条件。申请执行人、被执行人可以参加竞买。拍卖不动产、其他财产权或者价值较高的动产，竞买人应当于拍卖之前预交保证金。应当预交保证金而未交纳的，不得参加竞买。申请执行人参加竞买的，可以不预交保证金；但申请执行人的债权数额低于保证金数额的，应交纳债权数额和保证金数额的差额部分。保证金的数额由人民法院确定，但不得低于评估价或市价的5%。标的物评估价低于100万元的，人民法院可委托和监督拍卖公司代为收取和退还保证金。拍卖机构应向人民法院提交代为收取保证金的清单，并不得挪用、侵占或扣留保证金。拍卖成交后，买受人预交的保证金充抵价款，其他竞买人预交的保证金应在3个工作日内退还；拍卖未成交的，保证金应于3个工作日内退还。拍卖日前已登记的竞买人清单应提交执行法院，执行法院应当对竞买人登记的程序、竞买人的资格等进行审查。登记的竞买人少于2人的，视为流拍。

拍卖财产经过评估的，以评估价作为第一次拍卖的保留价；未作评估的，第一次拍卖保留价由执行法院参照市价并征询当事人的意见确定。流拍后再行拍卖的，可以酌情适当降低保留价，但每次降低的数额不得超过前次保留价的20%。保留价确定后,依据本次拍卖保留价计算,拍卖所得价款在清偿优先债权和强制执行费用后无剩余的,应当将有关情况通知申请执行人。申请执行人于收到通知后5日内申请继续拍卖的,人民法院应当准许,但应当重新确定保留价;重新确定的保留价应当大于该优先债权及强制执行费用的总额。依照前述程序决定进行拍卖但流拍的,拍卖中支出的合理费用由申请执行人负担。拍卖过程中,有最高应价时,优先购买权人可以表示以该最高价买受,如无更高应价,则拍归优先购买权人;如有更高应价,而优先购买权人不作买受的表示的,则拍归该应价最高的竞买人。顺序相同的多个优先购买权人同时表示买受的,以抽签方式决定买受人。拍卖多项财产时,其中部分财产卖得的价款足以清偿债务和支付被执行人应当负担的费用的,对剩余的财产应当停止拍卖,但被执行人同意继续拍卖的除外。拍卖的多项财产在使用上不可分,或者分别拍卖可能严重减损其价值的,应当合并拍卖。拍卖标的评估价为50万元以上的,执行法院应当派员到拍卖会现场,监督竞买人身份的核对、竞拍的过程、成交确认书的签署等。监督拍卖必须制作笔录。拍卖会现场应当全程录像,录像资料应入档备查。

拍卖成交后,买受人应当按照人民法院确定的期限将拍卖价款直接交付人民法院或汇入人民法院指定的账户。执行法院委托拍卖机构代收拍卖保证金的,拍卖机构应于拍卖成交后3日内,将买受人的拍卖保证金转入人民法院指定账户冲抵拍卖价款,同时退还其他竞买人的拍卖保证金。

拍卖日之前有下列情形之一的,应当撤回拍卖委托:执行依据被依法撤销的;申请执行人撤回执行申请的;被执行人履行了生效法律文书确定的全部债务的;当事人达成了执行和解协议,不需要拍卖财产的;案外人就拍卖财产提出的异议经审查认定理由成立,且申请执行人在裁定送达之日起15日内不提起诉讼的,或者申请执行人提起诉讼被判决驳回诉讼请求的;拍卖公司与竞买人恶意串通或有其他严重违反法定拍卖程序行为等。人民法院委托拍卖后,遇有依法应当暂缓执行或者中止执行的情形的,经合议庭合议,应当决定暂缓执行或者裁定中止执行,并及时通知拍卖机构和当事人。拍卖机构收到通知后,应当立即停止拍卖,并通知竞买人。暂缓执行期限届满或者中止执行的事由消失后,需要继续拍卖的,人民法院应当在15日内通知拍卖机构恢复拍卖。当事人、其他执行债权人、买受人、竞买人或其他利害关系人在法院确认拍卖成交的裁定送达之前，提出证据证明拍卖活动具有下列情形之一的，人民法院应当依法组成合议庭进行审查，情况属实的，裁定撤销拍卖结果：不发布拍卖公告，或者拍卖公告不符合规定，可能严重影响拍卖结果公正性的；不如实披露拍卖标的瑕疵，可能严重影响拍卖结果公正性的；采取不正当手段限制参加竞买，或对参加竞买实行不同等条件的；拍卖机构或其工作人员参与自己组织的拍卖活动的竞买或委托他人代为竞买的；竞买人之间、拍卖机构与竞买人之间恶意串通的。拍卖成交或者以物抵债的，买受人逾期未支付价款或者承受人逾期未补交差价而使拍卖、抵债的目的难以实现的，应当重新拍卖，但动产经二次拍卖、不动产经三次拍卖仍流拍而以物抵债，承受人未补交差价的除外。重新拍卖时，原买受人不得参加竞买。重新拍卖的成交价低于原拍卖价款的，该差价与原拍卖佣金及实际产生的费用，一并由原买受人承担，从原买受人预交的保证金中扣除。扣除保证金有剩余的，应当退还原买受人；保证金数额不足的，可以责令原买受人补交；拒不补交的，强制执行。

拍卖成交的，拍卖机构可以成交价为基数，按照下列比例向买受人收取佣金：拍卖成交价200万元以下的，收取佣金的比例不得超过5%；超过200万元至1000万元的部分，不得超过3%；超过1000万元至5000万元的部分，不得超过2%；超过5000万元至1亿元的部分，不得超过1%；超过1亿元的部分，不得超过0.5%。收取佣金最高不得超过400万元。拍卖机构实际支出的合理费用的支付，按照下列方式和标准执行：当事人申请人民法院撤回拍卖委托的，由提出申请的当事人支付拍卖机构实际支出的合理费用；拍卖流拍后变卖成交，由被执行人支付拍卖机构实际支出的合理费用；动产经两次拍卖、不动产或其他财产权经三次拍卖均未成交或者非因拍卖机构的原因撤回拍卖委托的，拍卖机构为拍卖已经支出的合理费用，由被执行人负担。因拍卖机构违法或违反本规范的相关规定，人民法院撤回拍卖委托或撤销拍卖结果的，拍卖机构不得收取实际支出费用，已收取的应予退回；拒不退回的，依法予以强制执行。拍卖中实际支出的合理费用，是指拍卖机构为该次拍卖所实际支出的公告费、展示费和场地费等合理费用。实际支出的合理费用总额一般不得超过拍卖佣金的10%。拍卖机构主张实际支出的合理费用，应当向人民法院提交书面申请、正式票据及相关依据，由人民法院审核后作出决定。

3. 流拍与抵债、变卖

动产经第一次拍卖未成交的,申请执行人和其他执行债权人可以申请以该保留价接受抵债。无人愿意接受抵债的,应当在60日内再行拍卖。动产经第二次拍卖仍未成交的,人民法院应征询申请执行人或其他执行债权人是否愿意以第二次拍卖的保留价接受抵债。表示接受的,裁定以物抵债;拒绝接受抵债或者依法不能交付抵债的,人民法院应当解除查封、扣押,并将该动产退还被执行人,但可以采取其他执行措施(如进行变卖,或者在市场行情发生重大变化时重新启动拍卖程序等)的除外。

不动产或其他财产权经第一次拍卖未成交的,申请执行人和其他执行债权人可以申请以该保留价接受抵债。无人愿意接受抵债的,应当在60日内进行第二次拍卖。不动产或其他财产权经第二次拍卖未成交的,人民法院应征询申请执行人或其他执行债权人是否愿意以第二次拍卖的保留价接受抵债。表示接受的,裁定以物抵债;拒绝接受或者依法不能交付抵债的,应当在60日内进行第三次拍卖。不动产或其他财产权经第三次拍卖未成交的,人民法院应征询申请执行人和其他执行债权人是否接受抵债,接受抵债的,裁定以物抵债;拒绝接受或者依法不能交付抵债的,予以变卖。

有两个以上执行债权人申请以流拍财产抵债的,由法定受偿顺位在先的债权人优先承受;受偿顺位相同的,以抽签方式决定承受人。承受人应受清偿的债权额低于抵债财产的价额的,人民法院应当责令其在指定的期间内补交差额。

不动产或其他财产权经三次拍卖流拍且申请执行人或者其他执行债权人拒绝接受或者依法不能接受抵债的,人民法院应当对该财产进行变卖。对该财产进行变卖的,应当于第三次拍卖终结之日起7日内发出变卖公告。自公告之日起60日内没有买受人愿意以第三次拍卖的保留价或更高价格买受该财产,且申请执行人、其他执行债权人仍不表示接受该财产抵债的,应当解除查封、冻结,将该财产退还被执行人,但对该财产可以采取其他执行措施(如再次进行变卖,或者市场行情发生重大变化时重新启动拍卖程序等)的除外。自公告之日起60日内有买受人愿意以第三次拍卖的保留价买受该财产,可以决定变卖成交。流拍财产的变卖价格不得低于第三次拍卖的保留价。

4. 自愿变卖、径行变卖与抵债

当事人双方一致申请变卖财产的,人民法院在征得其他权利人同意后,可以不经拍卖径行变卖该财产。

对下列物品,人民法院可以依职权决定不经拍卖径行变卖:金银及其制品;当地市场有公开交易价格的动产;鲜活、易腐烂变质的物品;季节性商品;保管困难或者保管费用过高的物品。依前述情形进行变卖的,当事人双方及其他权利人对变卖财产的价格有约定的,按照其约定价格变卖;无约定价格但有市价的,变卖价格不得低于市价;无市价但价值较大、价格不易确定的,应当委托评估机构进行评估,并按照评估价格确定变卖价格。按照评估价格变卖不成的,可以降低价格变卖,但最低的变卖价不得低于评估价的二分之一。依据前述情形进行变卖而无人应买的,人民法院应将该财产交申请执行人或者其他执行债权人抵债;申请执行人或者其他执行债权人拒绝接受或者依法不能交付其抵债的,人民法院应当解除查封、扣押,并将该财产退还被执行人,但可以采取其他执行措施(如再次进行变卖,或者市场行情发生重大变化时启动或重新启动拍卖程序等)的除外。

多个买受人以不同价格主张对变卖标的物予以买受的,由出价最高者买受。多个买受人以同样价格主张对变卖标的物予以买受的,由对该标的物享有优先购买权的买受人承受;多个买受人均享有优先购买权的,依法律规定的相关优先权的顺位确定。买受人均对标的物不享有优先购买权的,按照登记先后顺序确定;同时登记的,由人民法院主持抽签决定。

5. 成交及后续程序

拍卖、变卖成交或者以未成交的财产抵债,执行法院经审查认定有效的,应当作出裁定确认拍卖、变卖成交或抵债有效及权利转移,并在价款全额或差价交付之日起10日内向买受人或承受人送达。执行法院应当于裁定送达后15日内将财产移交买受人或者承受人,依法不能移交的情形除外。被执行人或者第三人占有拍卖财产应当移交而拒不移交的,强制执行。需要办理财产权证照转移手续的财产,符合变更登记条件的,执行法院应当向有关登记机关送达协助执行通知书,并附前述裁定书。

拍卖、变卖成交或者抵债后，标的物所有权自拍卖、变卖成交裁定或者以物抵债裁定送达买受人或者承受人时起转移。人民法院对已查封、扣押、冻结的财产进行拍卖、变卖或抵债后，需要办理财产权证照转移手续的，无需先行解除该财产上的查封、扣押、冻结措施，可要求相关协助执行部门直接予以办理。

财产上原有的担保物权及其他优先受偿权，因拍卖、变卖、以物抵债而消灭，所得价款应当优先清偿担保物权人及其他优先受偿权人的债权，但当事人另有约定的除外。财产上原有的租赁权及其他用益物权，不因拍卖、变卖或以物抵债而消灭，但该权利继续存在于财产上，对在先的担保物权或者其他优先受偿权的实现有影响的，人民法院应当依法将其除去后进行拍卖、变卖或以物抵债。

（二）具体资产的处置

1. 股权处置

这里的股权，是指有限责任公司（或非上市股份有限公司）的股权，一般是保证人（如房地产开发企业等）持有的子公司的股权。

对被执行人在有限责任公司、其他法人企业中的投资权益或股权，人民法院可以采取冻结措施。冻结投资权益或股权的，应当通知有关企业不得办理被冻结投资权益或股权的转移手续，不得向被执行人支付股息或红利，并向工商登记管理机关发出不得办理被冻结投资权益或股权变更登记的协助执行通知书。

对被执行人的股权进行评估时，人民法院可以责令有关企业提供会计报表等资料，有关企业拒不提供的，可以强制提取。人民法院对冻结的被执行人在有限责任公司中的投资权益或股权进行拍卖时，应当提前通知该公司的其他股东。其他股东可以参加竞买，并在同等条件下享有优先购买权，不参加竞买的视为放弃优先购买权。被执行人在其独资开办的法人企业中拥有的投资权益被冻结后，人民法院可以直接予以拍卖，以拍卖所得清偿其对申请执行人的债务。此外，对于投资权益或股权，人民法院可以允许并监督被执行人自行转让，转让所得用于清偿其对申请执行人的债务；但转让价格不足清偿全部债务的，应征得申请执行人的同意。对冻结的被执行人在中外合资、合作经营企业中的投资权益或股权，在征得合资或合作他方的同意和对外经济贸易主管机关的批准后，可予以转让。被执行人除在中外合资、合作企业中的投资权益或股权以外别无其他财产可供执行，合资或合作他方又不同意转让的，可以直接强制转让，但应当保护合资或合作他方的优先购买权。

对被执行人从有关企业中应得的已到期的股息或红利等收益，人民法院可以裁定禁止被执行人提取和有关企业向被执行人支付，也可以直接从有关企业中提取并出具收据。对被执行人预期从有关企业中应得的股息或红利等收益，人民法院可以采取冻结措施，禁止到期后被执行人提取和有关企业向被执行人支付；到期后人民法院可从有关企业中提取，并出具收据。有关企业收到人民法院发出的协助冻结通知书后，擅自向被执行人支付股息或红利，或擅自为被执行人办理已冻结股权的转移手续，造成已转移的财产无法追回的，应当在所支付的股息或红利或转移的股权价值范围内向申请执行人承担赔偿责任。

2. 车辆处置

司法实践中，尽管执行法院可以通过车辆管理部门档案科查询机动车档案材料、查封机动车档案，暂停办理该机动车过户、转出、变更、抵押、停驶、注销登记等各项登记业务，但在执行法院未能实际控制执行车辆的情形下，难以启动评估、拍卖程序，也就无法以其变价款得以受偿。根据相关规定，人民法院需要对车辆进行扣押的，应当在协助执行通知书中特别注明，车辆管理部门可以在车辆注册登记或车辆年检时依据法院协助执行通知书的要求立即通知相关法院。接到车辆管理部门通知后，人民法院执行人员应当立即赶到现场办理有关扣押手续；情况紧急需要验车场所所在辖区法院协助扣押的，相关法院应当做好协助配合工作。扣押尚未进行权属登记的机动车辆的，人民法院应当在扣押清单上记载该机动车辆的发动机编号；车辆扣押期间，权利人要求办理权属登记手续的，人民法院应当准许，并及时向车辆管理部门办理相应的查封登记手续。

执行法官扣押被执行人的车辆后，被执行人仍未履行还款义务的，可以按照上述程序进行评估、拍卖。车辆拍卖的，可能还要遵循当地法院的具体规定及相关行政机关的车辆管理规定。以北京为例，鉴于北京市实施机动车辆号牌控制，根据《〈北京市小客车数量调控暂行规定〉实施细则》（2013

年修订)的相关规定,因北京市法院司法拍卖北京市号牌小客车发生所有权转移的,竞买人须符合小客车配置指标申请条件,竞拍成功后买受人持市高级人民法院和指标管理机构共同出具的相关证明文件,到公安机关交通管理部门办理转移登记手续。原车辆所有人不能因此获得更新指标。此外,具体办理车辆过户程序中,需人民法院执行人员出示工作证,出具协助执行通知书并附相关裁定书;属北京市内过户的,应提交现车辆所有人的身份证明;属北京市车辆转往外省市的,车辆管理部门要留有协助执行通知书及所附裁定书;属外省、市、自治区车辆转入北京市的,人民法院还需提交车辆档案资料、机动车登记证书和北京市车辆所有人的身份证明,转入的车辆须符合公安部机动车注册登记的有关规定和北京市环保局对车辆尾气排放的有关规定。手续齐全的,车辆管理部门才会协助办理车辆过户手续。

3. 房产处置

(1)基于不同执行依据的房产处置情形

按揭贷款清收执行程序中,可能基于两种情形处置房产:一种是该房产为按揭银行借款合同项下的抵押房屋,且已办理完毕了抵押登记手续,银行基于实现担保物权裁定,需要以拍卖、变卖等方式实现抵押权的;另一种是对借款合同项下的抵押房屋(无论是否办理完毕抵押登记手续均可)或被执行人所有的其他房产,基于执行具有金钱给付义务的法律文书,而处置被执行人的资产。

①基于执行实现担保物权的裁定处置房产

实现担保物权的案件,执行中仍应向被执行人发出执行通知书。被执行人接到执行通知书后,为避免其房屋拍卖自愿一次性足额支付现金的,按揭银行回收全额贷款债权后即可执行结案。被执行人接到执行通知书后,未提出以一次性足额支付现金的方式履行担保责任的,执行法院应立即启动对担保财产的处置程序,对担保财产采取拍卖、变卖、以物抵债等变价措施,执行程序中采取该等变价措施的,执行法院仍应作出相应的裁定。实现担保物权裁定的执行案件,执行中不应对被执行人采取强制申报财产、限制出境、限制高消费、在征信系统记录或通过媒体公布其不履行义务的信息等执行措施;不得执行担保财产以外的财产。但被执行人有故意隐藏、转移、变卖、毁损担保财产或其他妨碍处置担保财产行为的,执行法院可以根据情节轻重予以罚款、拘留。

②基于执行具有金钱给付义务的法律文书处置房产

按揭贷款清收执行程序中,按揭银行首先掌握的财产线索即为借款合同项下的抵押房屋,但鉴于房产处置的评估、拍卖等程序时间较长,且可能存在流拍等不确定因素,因此,实践中一般优先执行被执行人的其他流动性较强的财产,如存款、股票等,或者通过其他执行措施迫使被执行人主动履行还款义务。但确无其他财产可供执行,且被执行人拒绝主动履行的,则只能启动房产处置的评估、拍卖程序。

(2)房产处置方式的说明

按揭贷款清收执行程序中,无论是哪种情形的房产处置,基本均采取拍卖的处置方式,除了基于上述执行规定之外,还基于《商业银行法》的相关规定,即商业银行一般禁止投资非自用不动产,商业银行因行使抵押权、质权而取得的不动产,应当自取得之日起 2 年内予以处分。因此,银行一般不愿采用抵债的方式。而且,实践中,特别是在北京市的司法拍卖市场上,虽然有房产流拍的情形,但鉴于每次流拍后起拍底价可下浮不超过 20%,具有价格优势,因此,一般在第三次拍卖前可以拍卖成交。

(3)特殊房产的处置

①对唯一住房的执行

尽管按揭贷款的申请资料中往往要求借款人就其贷款所购房屋作出非唯一住房的承诺,但在进入执行程序后,被执行人还是会据此提出不予拍卖的抗辩。对此,最高人民法院虽有出台规定允许执行被执行人的唯一住房,但实践中,还是存在有的执行法官为避免纠纷不予执行唯一住房的情形。而且,即使执行法官同意采取评估、拍卖措施,在拟拍卖房屋仍由被执行人或其近亲属居住,且不予配合的情形下,执行法官往往要求申请执行人提供一定期限的周转用房屋于被执行人临时居住、腾退拟拍卖的房屋。申请执行人提供的房屋为承租第三人的房屋的,执行法官还会要求第三人到执行法院谈话,告知其租赁房屋的用途及其中可能发生的风险。因此,有时会发生因按揭银行无法提供周转用房而导致执行程序拖延、贷款债权无法回收的情形。所以,在具体案件的执行过程中,除了要说服执行法官同意处置唯一住房外,还要解决实际操作中存在的障碍。一般情况下,在提供周转用房时，若按揭银行无自有资源予以解决或难以承租个人租赁的房屋，可以考虑找寻市场上由中介公司直接作为出租方提供的租赁房屋。

关于执行唯一住房的依据，具体如下：

《最高人民法院关于人民法院民事执行中查封、扣押、冻结财产的规定》（法释〔2004〕15号）第7条规定：对于超过被执行人及其所扶养家属生活所必需的房屋和生活用品，人民法院根据申请执行人的申请，在保障被执行人及其所扶养家属最低生活标准所必需的居住房屋和普通生活必需品后，可予以执行。所谓“被执行人及其所扶养家属生活所必需的居住房屋”，原则上不超过当地公布的人均最低住房面积标准。因此，对于超过上述标准的唯一住房，可以要求执行。

对于银行已办理抵押登记的房屋，可以适用《最高人民法院关于人民法院执行设定抵押的房屋的规定》（法释〔2005〕14号）中的相关规定。即，人民法院对已经依法设定抵押的被执行人及其所扶养家属居住的房屋，在裁定拍卖、变卖或者抵债后，应当给予被执行人6个月的宽限期。在此期限内，被执行人应当主动腾空房屋，人民法院不得强制被执行人及其所扶养家属迁出该房屋。宽限期届满后，被执行人仍未迁出的，人民法院可以作出强制迁出裁定。强制迁出时，被执行人无法自行解决居住问题的，经人民法院审查属实，可以由申请执行人为被执行人及其所扶养家属提供临时住房。申请执行人提供的临时住房，其房屋品质、地段可以不同于被执行人原住房，面积参照建设部、财政部、民政部、国土资源部和国家税务总局联合发布的《城镇最低收入家庭廉租住房管理办法》所规定的人均廉租住房面积标准确定。申请执行人提供的临时住房，应当计收租金。租金标准由申请执行人和被执行人双方协商确定；协商不成的，由人民法院参照当地同类房屋租金标准确定，当地无同类房屋租金标准可以参照的，参照当地房屋租赁市场平均租金标准确定。已经产生的租金，可以从房屋拍卖或者变卖价款中优先扣除。但被执行人属于低保对象且无法自行解决居住问题的，人民法院不应强制迁出。

②尚未办理初始登记的房屋执行

执行程序中处置未办理初始登记的房屋时，具备初始登记条件的，执行法院处置后可以依法向房屋登记机构发出协助执行通知书；暂时不具备初始登记条件的，执行法院处置后可以向房屋登记机构发出协助执行通知书，并载明待房屋买受人或承受人完善相关手续具备初始登记条件后，由房屋登记机构按照协助执行通知书予以登记；不具备初始登记条件的，原则上进行“现状处置”，即处置前披露房屋不具备初始登记条件的现状，买受人或承受人按照房屋的权利现状取得房屋，后续的产权登记事项由买受人或承受人自行负责。执行法院向房屋登记机构发出协助执行通知书，房屋登记机构认为不具备初始登记条件并作出书面说明的，执行法院应在30日内依照法律和有关规定，参照行政规章，对其说明理由进行审查。理由成立的，撤销或变更协助执行通知书并书面通知房屋登记机构；理由不成立的，书面通知房屋登记机构限期按协助执行通知书办理。

③离婚时约定归借款人配偶的房产

对于已经办理抵押登记的房产，按揭银行享有优先受偿权，无论借款人与其配偶是在按揭贷款清收诉讼之前还是之后离婚并将借款人名下的房产约定为其前夫/妻所有，银行均有权申请执行法院对该房产予以处置，若借款人的前夫/妻提出执行异议，一般难以成立。但是，对于未办理抵押登记的房产，银行不享有优先受偿权，即使借款结合约定了该房产的抵押条款也无法作为有力的依据对抗借款人的前夫/妻作为案外人提出的执行异议（但其前夫/妻在贷款申请时作为共同借款人或签署特别承诺的除外），只能由执行法院按照相关程序对被执行人是否有转移财产的情形、其前夫/妻提出的异议能否成立等事项进行审查后，再行确定能否处置。

第四节　迟延履行利息的计算

根据民事诉讼法的相关规定，被执行人未按判决、裁定和其他法律文书指定的期间履行给付金钱义务的，应当加倍支付迟延履行期间的债务利息。因此，就判决书、调解书确定的应付款项，按揭银行有权自生效法律文书确定的自动履行期限届满之日起至实际清偿之日止，按照有关规定，计算迟延履行利息。相关计算依据及方法如下：

一、分段适用的计算方法

就迟延履行利息的计算，最高人民法院先后出台了两个规定，分别为

《最高人民法院关于在执行工作中如何计算迟延履行期间的债务利息等问题的批复》(法释〔2009〕6号,以下简称"迟延履行利息旧规定")及《最高人民法院关于执行程序中计算迟延履行期间的债务利息适用法律若干问题的解释》(法释〔2014〕8号,以下简称"迟延履行利息新规定")。其中,迟延履行利息新规定中载明,"本解释施行时尚未执行完毕部分的金钱债务,本解释施行前的迟延履行期间债务利息按照之前的规定计算;施行后的迟延履行期间债务利息按照本解释计算",因此,就2014年8月1日(实施之日)前,自动履行期限已届满的执行案件,需分段适用迟延履行利息计算依据。

(一)2014年8月1日前的计算依据

根据迟延履行利息旧规定,人民法院计算迟延履行期间的债务利息时,应当按照中国人民银行规定的同期贷款基准利率计算;执行款不足以偿付全部债务的,应当根据并还原则按比例清偿法律文书确定的金钱债务与迟延履行期间的债务利息,但当事人在执行和解中对清偿顺序另有约定的除外。具体计算方法为:

执行款=清偿的法律文书确定的金钱债务+清偿的迟延履行期间的债务利息。清偿的迟延履行期间的债务利息=清偿的法律文书确定的金钱债务×同期贷款基准利率×2×迟延履行期间。迟延履行期间,贷款基准利率进行调整的,需要分段按照不同的贷款基准利率计算。

根据上述计算方法,理论上"清偿的法律文书确定的金钱债务"在生效法律文书确定的自动履行期限届满之日即已固定。即使法律文书中载明"自××年××月××日至实际清偿之日止的利息、罚息、复利按照借款合同的约定计算",但在按照上述方式计算迟延履行利息时,需假设自动履行期限届满之日为债务人实际清偿之日。

而实际上,银行系统在未收回全部贷款本息的情况下,均会按照系统设定的计算方法(借款合同约定的方法)计算利息、罚息、复利。基于同期贷款基准利率与借款合同项下的贷款利率、罚息利率的不同,可能导致按照上述规定计算的执行款,与银行系统计算金额及其他执行款项之和不符。实践中,鉴于银行一般均要求保障其银行系统内的应付款项得以全额回收,而对于迟延履行利息并无硬性要求。因此,在迟延履行利息新规定实施前,一般的操作方法是,法律文书确定的金钱债务中,贷款本息的计算金额以银行系统查询清单为准。除了法律文书确定的金钱债务之外,迟延履行利息则按照同期贷款基准利率的1倍计算,但可以根据执行法官的要求及被执行人的意见经银行同意后予以调整。

(二)2014年8月1日后的计算依据

根据迟延履行利息新规定,加倍计算之后的迟延履行期间的债务利息,包括迟延履行期间的一般债务利息和加倍部分债务利息。迟延履行期间的一般债务利息,根据生效法律文书确定的方法计算;生效法律文书未确定给付该利息的,不予计算。加倍部分债务利息的计算方法为:加倍部分债务利息=债务人尚未清偿的生效法律文书确定的除一般债务利息之外的金钱债务×日万分之一点七五×迟延履行期间。加倍部分债务利息自生效法律文书确定的履行期间届满之日起计算;生效法律文书确定分期履行的,自每次履行期间届满之日起计算;生效法律文书未确定履行期间的,自法律文书生效之日起计算。

上述新规定实施后,解决了执行款项与银行系统计息方式相匹配的问题。例如,判决书中第一项载明"被告××于本判决生效后十日内偿还原告××借款本金人民币459,234.83元及至实际清偿之日止的利息(其中暂计至2010年8月12日的利息为人民币48,590.94元,自2010年8月13日起至实际清偿之日止的利息按借款合同约定计算)"。

则依据上述计算方法,全部贷款本息以银行系统清单为准,加倍部分债务利息按照上述公式计算,但需注意的是,"债务人尚未清偿的生效法律文书确定的除一般债务利息之外的金钱债务",既包括上述借款本金人民币459,234.83元,也包括暂计至2010年8月12日的利息人民币48,590.94元。

迟延履行利息新规定还列明:生效法律文书确定给付外币的,执行时以该种外币按日万分之一点七五计算加倍部分债务利息,但申请执行人主张以人民币计算的,人民法院应予准许。以人民币计算加倍部分债务利息的,应当先将生效法律文书确定的外币折算或者套算为人民币后再进行计算。外币折算或者套算为人民币的,按照加倍部分债务利息起算之日的中国外汇交易中心或者中国人民银行授权机构公布的人民币对该外币的中间价折合成人民币计算;中国外汇交易中心或者中国人民银行授权机构未公布汇率中间价的外币，按照该日境内银行人民币对该外币的中间价折算成人民币，或者该外币在境内银行、国际外汇市场对美元汇率，与人民币对美元汇率中间价进行套算。

二、影响迟延履行利息计算的因素

（一）分批履行与清偿顺序

根据相关规定，被执行人的财产不足以清偿全部债务的，应当先清偿生效法律文书确定的金钱债务，再清偿加倍部分债务利息，但当事人对清偿顺序另有约定的除外。在被执行人不能一次性清偿全部贷款本息及案件受理费、保全费等其他款项的情形下，未受清偿的部分继续计息，而已偿还金额的清偿顺序影响迟延履行利息的计算基数，也就最终影响利息金额。例如，被执行人首次偿债资金人民币 20 万元不能覆盖全部应还款项、亦不能覆盖借款本金的，若按照本金、利息、案件受理费、保全费的顺序清偿，则迟延履行期间一般债务利息的计算基数即本金（假设仅以本金计息）可扣除 20 万元后、以扣除后的基数继续计息，但若按案件受理费、保全费、利息、本金的顺序清偿，则计算基数可扣除的金额为（20 万元 - 案件受理费 - 保全费 - 利息）后的余额，不足以清偿案件受理费、保全费、利息的，计息基数本金不予以扣减，仍需继续计息。

（二）计息截止日及暂停计息

加倍部分债务利息计算至被执行人履行完毕之日；被执行人分次履行的，相应部分的加倍部分债务利息计算至每次履行完毕之日。

人民法院划拨、提取被执行人的存款、收入、股息、红利等财产的，相应部分的加倍部分债务利息计算至划拨、提取之日；人民法院对被执行人财产拍卖、变卖或者以物抵债的，计算至成交裁定或者抵债裁定生效之日；人民法院对被执行人财产通过其他方式变价的，计算至财产变价完成之日。

非因被执行人的申请，对生效法律文书审查而中止或者暂缓执行的期间及再审中止执行的期间，不计算加倍部分债务利息。因申请执行人表示可以延期执行而中止执行的，中止执行期间不计算迟延履行利息或迟延履行金。

第五节　执行中的其他具体程序

一、案款发放

可供执行的财产处置后，执行回款，即案款，一般先行划付至人民法院账户，待承办法官办理内部流转程序后，向申请执行人发还案款。根据相关规定，案款到达人民法院账户后，应当在一个月内办理案款发还审批手续，并通知申请执行人领款，但有下列情形之一的，暂不发还：需要进行案款分配或参与分配的；本案申请执行人因在另案有未清偿债务或涉嫌犯罪等原因导致案款被保全或冻结的；案件被依法中止执行或暂缓执行的等。但上述情形消失后，应当立即发还。

发还案款时，人民法院有权先行扣除执行申请费、评估费、鉴定费、公告费、保管费等因执行所支出的费用。

二、暂缓执行与执行担保

（一）暂缓执行

在执行中，被执行人向人民法院提供担保，并经申请执行人同意的，人民法院可以决定暂缓执行及暂缓执行的期限，亦可根据实际情况解除或变更强制执行措施。被执行人逾期仍不履行的，人民法院有权执行被执行人的担保财产或者担保人的财产。人民法院决定暂缓执行的，如果担保是有期限的，暂缓执行的期限应当与担保期限一致，但最长不得超过1年。被执行人或者担保人对担保的财产在暂缓执行期间有转移、隐藏、变卖、毁损等行为的，人民法院可以恢复强制执行。被执行人在担保的期限届满后仍不履行义务的，人民法院可以直接执行担保财产，或者裁定执行保证人的财产，但执行的财产以其应当履行义务部分的金额为限。

（二）提供执行担保的方式

执行担保可以由被执行人或第三人向人民法院提供财产作担保，也可以由第三人提供保证。

以财产作担保的，应当向人民法院提交担保书；由第三人保证的，应当向人民法院提交保证书，提供保证的第三人应当具有代为履行或代为承担赔偿责任的能力。人民法院应当对担保人的主体资格、担保书或保证书等进行审查。其中，担保书或保证书应当载明以下内容：被担保的债权及数额；被执行人履行义务的期限；担保的方式；作出关于被执行人未在规定期限内履行义务则自愿接受人民法院对担保财产或保证人的财产予以强制执行的意思表示；作出关于担保成立时自愿接受人民法院对担保财产采取查封、扣押、冻结等控制性措施的意思表示等。

实践中，被执行人或其担保人以财产向人民法院提供执行担保的，人民法院应当根据担保书或保证书的承诺，对担保财产采取查封、扣押、冻结等控制性措施。但2015年新民事诉讼法司法解释第470条第2款规定，被执行人或者他人提供财产担保的，应当参照《物权法》、《担保法》的有关规定办理相应手续。对此，实践中是否有所调整还需看后续执行情况。

三、执行和解

在执行中，当事人可以自愿达成和解协议，变更生效法律文书确定的履行义务主体、标的物及其数额、履行期限和履行方式等。但在按揭贷款清收执行程序中，即使按揭银行考虑到借款人的还款能力等因素同意达成执行和解，但一般是在借款人已清偿按照还款计划拖欠的本息并支付相关费用（如律师费、案件受理费、保全费等）后，同意借款人继续按照借款合同的约定继续还本付息，且需在执行和解协议中特别注明，执行和解协议履行期间继续查封房屋等相关财产。一般情况下，按揭银行均不会同意减少利息、罚息、复利的金额，更不会同意减少本金。

（一）执行和解的一般规定

和解协议一般应当采取书面形式。执行人员应将和解协议附卷。无书面协议的，执行人员应将和解协议的内容记入笔录，并由双方当事人签名或盖章。执行法院不得裁定或以其他法律文书确认和解协议约定的内容，但和解协议约定的以被法院查封、扣押、冻结的财产抵债的内容除外。双方当事人经协商一致，可变更和解协议的内容。当事人变更和解协议内容的，应当向执行法院提交变更后的和解协议，或由执行人员将变更内容记入笔录，双方当事人签名或盖章确认。

当事人或第三人可以约定为和解协议的履行向执行法院提供担保。执行法院可以敦促但不得强制当事人为和解协议的履行提供担保。为和解协议的履行所提供的担保,同上述暂缓执行中的相关规定。

被执行人依和解协议的约定全面、适当履行自己义务,申请执行人拒绝受领的,被执行人可以依法向公证机关提存或向执行法院提交 。已经提存或提交的,视为其义务已履行完毕。

执行中当事人达成和解协议的,执行申请费的负担由双方当事人协商解决;协商不成的,由被执行人负担,以和解协议约定的给付数额为基数进行计算。

(二)恢复执行

当事人不履行或不完全履行和解协议,对方当事人申请恢复执行原生效法律文书,执行法院经审查认为情况属实的,应当恢复执行原生效法律文书,并告知各方当事人。申请恢复执行原生效法律文书,适用申请执行期间的规定。申请执行期间因达成执行中的和解协议而中断,其期间自和解协议约定履行期限的最后一日起重新计算。申请恢复执行的,应提交恢复申请执行书。申请书除载明一般事项外,还应载明原执行案号、原执行案件承办人姓名以及原结案方式。原执行案件为和解结案的,还应写明和解协议内容。

当事人主张和解协议无效,或主张其因受欺诈、胁迫与被执行人达成和解协议而申请恢复执行原生效法律文书的,经审查认为存在无效情形或情况属实的,应当恢复执行原生效法律文书,并告知各方当事人。

恢复执行原生效法律文书的,和解协议已经履行完毕的部分应当从执行标的额中予以扣除。和解协议已经履行完毕的,人民法院不予恢复执行。当事人对已履行完毕的部分存在争议的,由执行法院审查后予以决定。当事人申请恢复执行原生效法律文书的,执行申请费收费标准和收费方式按照执行程序的规定计算。

四、被执行人的变更与追加

在执行过程中,变更或追加执行当事人的,应当严格按照执行方面法律、司法解释的规定进行;没有明确规定可以变更或追加执行当事人的,不得变更或追加。审查变更或追加执行当事人的程序，依当事人或者权利人的申请启动，执行法院原则上不得依职权启动。具体规定为：

（一）形式要件

在执行过程中，申请变更或追加执行当事人的，应当向执行法院提出书面申请。申请书中应当写明申请人和被申请变更或追加的执行当事人的基本情况、执行案件的案号、执行情况，以及变更或追加执行当事人的事实、理由、法律依据，并附以下材料：申请人身份、主体资格证明、授权委托书等材料；相关证据材料。

没有明确地被申请变更或追加执行当事人的，不予受理；已经受理的，裁定撤销案件。

（二）审查方式

审查变更或追加执行当事人案件，一般由执行审查机构审查，应当依法组成合议庭，执行实施案件的承办人不得作为合议庭成员。人民法院审查变更或追加执行当事人案件，一般应当公开听证进行审查；案情简单，事实清楚，没有必要听证的，可以采取书面审查的方式。

人民法院审查变更或追加执行当事人案件，可以传唤或者通知当事人、权利人和被申请变更或追加的执行当事人到庭就有关问题进行核实，当事人、权利人或被申请变更或追加的执行当事人下落不明，或者经传唤或通知拒不到庭的，按照下列情形分别处理：权利人以权利承继、债权转让等涉及实体审查的事由申请变更申请执行人，权利人下落不明，或者经传唤或通知拒不到庭的，按照撤回申请处理；其他当事人下落不明，或者经传唤或通知拒不到庭的，不影响人民法院审查。当事人在被执行人为无法人资格的私营独资企业、个人合伙组织或合伙型联营企业、企业法人的分支机构的情形下依据相关规定申请变更或追加被执行人，当事人或被申请变更或追加的被执行人下落不明，或者经传唤或通知拒不到庭的，不影响人民法院审查。当事人因被执行人按法定程序分立为两个或多个具有法人资格的企业、或其开办单位对其开办时投入的注册资金不实或抽逃注册资金，或被撤销注销或歇业后上级主管部门无偿接收其财产而依据相关规定申请变更或追加被执行人，申请人下落不明，或者经传唤或通知拒不到庭的，按照撤回申请处理；申请人无法提供被申请变更或追加的被执行人的基本信息致使人民法院无法与被申请变更或追加的被执行人取得联系并送达相关材料的，裁定终结审查程序；被执行人下落不明，或者经传唤或通知拒不到庭的，不影响人民法院审查；被申请变更或追加的被执行人经传唤或通知拒不到庭的，申请人提供的证据不足以证明其申请符合变更或追加的法定情形的，裁定驳回其申请，申请人提供的证据足以证明其申请符合变更或追加的法定情形的，裁定变更或追加被执行人。

执行审查机构在审查变更或追加执行当事人案件过程中，需要了解被执行人的财产状况和案件执行情况的，可以向执行实施机构调卷，执行实施机构应当及时将相关卷宗或卷宗材料移交给执行审查机构。执行审查机构复印后，应当将卷宗或卷宗材料及时退还。执行卷宗材料未能全面、清楚反映相关情况的，执行审查机构可以要求执行实施机构或执行案件承办人说明情况。

（三）审查结果

变更或追加执行当事人案件审查期间，当事人或权利人通过诉讼程序请求判令被申请变更或追加的执行当事人承担责任的，执行法院应当停止审查。诉讼案件裁定驳回起诉的，执行法院恢复审查程序；作出生效判决的，执行法院裁定终结审查程序。诉讼案件判决被申请变更或追加的执行当事人承担责任的，申请执行人可以持该生效判决要求执行法院合并执行，执行法院应予合并执行。

变更或追加执行当事人案件审查期间，申请执行人提供合法有效的担保，申请执行法院对被申请变更或者追加的被执行人的财产采取查封、扣押、冻结等控制性措施的，可以参照诉讼保全的有关规定采取控制性措施。但被申请变更或者追加的被执行人提供合法有效担保的，执行法院可以不予采取或解除控制性措施。

变更或追加申请被驳回的，申请执行人应当赔偿被申请变更或追加的被执行人因财产被查封、扣押、冻结所遭受的损失；拒不赔偿的，执行法院予以强制执行。变更或追加执行当事人案件审查期间，申请人撤回申请的，执行法院可以裁定准予撤回。对变更或追加执行当事人的申请，经审查理由成立的，裁定予以变更或者追加，并确认其承担责任的范围；理由不成立的，裁定驳回。当事人对人民法院作出的裁定不服，可以在裁定送达之日起十日内向上一级人民法院申请复议。裁定中应当载明当事人向上一级人民法院申请复议的权利。变更或追加执行当事人案件,应在3个月内审查完毕并作出裁定,有特殊情况需要延长的,报主管院长批准。

(四)具体追加、变更及禁止追加、变更的情形

追加、变更及禁止追加、变更的具体情形如下:

1. 在执行中,法律文书确定的债权人、债务人的姓名或者名称变更的,由执行实施机构在相关法律文书中直接予以变更。

2. 作为被执行人的公民死亡,其遗产继承人没有放弃继承的,可以裁定变更其遗产继承人为被执行人,由该继承人在其继承的遗产范围内偿还债务。继承人放弃继承的,直接执行被执行人的遗产。

3. 其他组织在执行中不能履行法律文书确定的义务的,可以裁定追加对其依法承担义务的法人或者公民为被执行人。

4. 被执行人为个人独资企业或私营独资企业,无能力履行法律文书确定的义务的,可以裁定追加该独资企业业主为被执行人,执行该独资企业业主的其他财产。

5. 被执行人为个人合伙组织或合伙型联营企业,无能力履行生效法律文书确定的义务的,可以裁定追加该合伙组织的合伙人或参加该联营企业的法人为被执行人。被执行人为有限合伙企业,无能力履行生效法律文书确定的义务的,可以裁定追加该合伙企业的普通合伙人为被执行人,不得裁定追加该合伙企业的有限合伙人为被执行人。

6. 被执行人为企业法人的分支机构不能清偿债务时,可以裁定追加企业法人为被执行人。企业法人直接经营管理的财产仍不能清偿债务的,执行实施机构可以直接裁定执行该企业法人其他分支机构的财产,不得裁定追加该企业法人其他分支机构为被执行人。执行已被承包或租赁的企业法人分支机构的财产时,对承包人或承租人投入及应得的收益应依法予以保护。

7. 作为被执行人的法人或者其他组织终止,一般按下列情形处理:执行中,作为被执行人的法人或者其他组织被撤销的,如果依有关实体法的规定有权利义务承受人的,可以裁定变更或追加该权利义务承受人为被执行人。被执行人按法定程序分立为两个或多个具有法人资格的企业,可以裁定变

更或追加分立后存续的企业为被执行人，由其承担本案债务的连带清偿责任。被执行人为企业法人，未经清理或清算而撤销、注销或歇业，其财产不足清偿全部债务，其主管部门、清算组织或其他负有清算责任的主体承诺未了结的债权债务由其负责而未实际履行该承诺的，可以裁定该主管部门、清算组织或其他负有清算责任的主体为被执行人。上述情形以外的，可以裁定变更或追加其权利义务承受人为被执行人。

8. 被执行人合并的，可以裁定变更合并后的企业或其他组织为被执行人。

9. 被执行人无财产清偿债务，如果其开办单位或者投资人（股东）对其开办、设立或者增加注册资金时，投入或者增加的注册资金不实或者抽逃注册资金的，可以裁定变更或追加其开办单位或者投资人为被执行人，在注册资金不实或抽逃注册资金的范围内，对申请执行人承担责任。被执行人的开办单位或投资人在注册资金范围内向其他债权人承担了全部责任的，不得裁定其重复承担责任。

10. 被执行人被撤销、注销或歇业后，上级主管部门或开办单位（股东或投资人）无偿接收被执行人的财产，致使被执行人无遗留财产清偿债务或遗留财产不足清偿的，可以裁定变更或追加上级主管部门或开办单位（股东或投资人）为被执行人，在其所接受的财产范围内承担责任。被执行人的上级主管部门或开办单位（股东或投资人）在无偿接收财产的范围内向其他债权人承担了全部责任的，不得裁定上级主管部门或开办单位（股东或投资人）重复承担责任。在变更或追加上级主管部门或开办单位（股东或投资人）为被执行人的案件过程中，人民法院按照规定完成依职权调查财产的职责后，未发现被执行人有财产可供执行，而且被申请变更或追加的被执行人提供的证据材料不足以证明被执行人有财产可供执行的，可以认定被执行人无财产清偿债务。存在下列情形之一的，也可以认定被执行人无财产清偿债务：被执行人仅有的财产是法律和司法解释规定人民法院不得查封、扣押、冻结或拍卖、变卖、抵债的财产的；被执行人仅有的财产是经二次拍卖流拍且无法交付抵债的动产的；被执行人仅有的财产是经三次拍卖流拍且无法交付抵债亦无法采取其他执行措施的不动产或者其他财产权的；被执行人仅有的财产明显不足以清偿全部债务的；被执行人仅有的财产被执行法院轮候查封、冻结等情形。

11. 执行依据确定的债务人为夫妻一方的,根据现行法律和司法解释的规定,不得裁定追加被执行人的配偶为被执行人。申请执行人主张执行依据确定的债务为夫妻共同债务,申请追加被执行人的配偶为被执行人的,由人民法院告知通过其他程序另行主张。人民法院查封、扣押、冻结被执行人实际占有或登记在其名下的财产,被执行人的配偶以该财产系自己的个人财产或夫妻共同财产为由提出异议的,按照案外人异议程序规定处理。人民法院查封、扣押、冻结登记在被执行人与其配偶共同名下的财产,被执行人的配偶以该财产不是夫妻共同财产而是自己的个人财产为由提出异议的,按照案外人异议规定处理。被执行人的配偶对夫妻共同名下的财产系夫妻共同财产的性质无争议,仅以人民法院不得查封、扣押、冻结共同财产为由提出异议的,按照执行行为异议规定处理。申请执行人以被执行人的配偶实际占有或登记在其名下的财产系夫妻共同财产为由,书面申请查封、扣押、冻结该财产的,人民法院可以查封、扣押、冻结。被执行人的配偶以该财产是自己的个人财产为由提出异议的,按照案外人异议程序规定处理。对夫妻共同财产的执行,针对的是夫妻共同财产的整体,可以不对夫妻共同财产中的单个财产逐一进行分割。执行被执行人在夫妻共同财产中的共有部分,不得超过夫妻共同财产价值总额的一半,但被执行人的配偶同意的除外。申请执行人主张执行依据确定的债务为夫妻存续期间的共同债务,申请追加被执行人的前配偶为被执行人的,不得裁定追加,告知其通过其他程序另行主张。夫妻离婚后,民事判决对财产已经进行分割的,对判决确认给前配偶的财产不得执行;民事调解书确认或双方协议对财产进行分割的,不得对抗法院对被执行人在夫妻共同财产中应享有份额的执行。夫妻离婚后,对财产没有进行分割的,对夫妻关系存续期间夫妻共同名下的财产及被执行人配偶名下的财产,根据申请执行人的书面申请可予以查封、扣押、冻结。查封、扣押、冻结后,执行法院应当及时通知被执行人的前配偶,并告知其可依法提出异议。

12. 作为被执行人的公民死亡,其遗产继承人没有放弃继承的,人民法院可以裁定变更被执行人,由该继承人在遗产的范围内偿还债务。继承人放弃继承的,人民法院可以直接执行被执行人的遗产。

除了追加、变更被执行人外，司法实际中还存在变更申请执行人的程序，在此简单予以介绍：

申请执行人为法人或其他组织，该法人或其他组织主体消亡或组织形式发生变更的，可以裁定变更其权利承受人为申请执行人。权利承受人包括下列主体：作为申请执行人的法人分立的，分立协议中约定承受该债权的法人；作为申请执行人的法人与其他人合并的，合并后承受该债权的法人；作为申请执行人的企业法人依法破产或者被注销的，破产管理人、清算组织或者股东；作为申请执行人的机关法人被撤销的，继续行使其职权的机关；作为申请执行人的机关法人被撤销，且其职权无其他部门继续行使的，作出撤销决定的机关；作为申请执行人的其他组织被撤销的，开办该组织的公民或者法人；其他因申请执行人的主体消亡或组织形式发生变更而承受其权利的人。

债权人依法转让生效法律文书确定的债权的，可以裁定变更或追加其受让人为申请执行人。债权经多次转让的，执行法院应当对每一次债权转让的协议及程序的真实性、合法性进行审查。对因相关转让协议的当事人不到庭等原因，导致债权转让的协议及程序的真实性和合法性无法查清的，不予变更或追加，或裁定终结审查程序。金融资产管理公司转让已经处于执行程序中的不良债权，受让人向执行法院申请变更其为申请执行人的，执行法院应当根据或参照最高人民法院有关通知要求和《最高人民法院关于审理涉及金融不良债权转让案件工作座谈会纪要》有关内容予以审查处理。执行法院应当重点审查不良债权的可转让性和转让范围、受让人的适格性及债权转让协议及其程序的真实性和合法性。对存在违反相关规定的，裁定不予变更或追加。

五、执行中止、终结与终结本次执行

（一）执行中止

有下列情形之一的，人民法院应当裁定中止执行：申请人表示可以延期执行的；案外人对执行标的提出确有理由的异议的；作为一方当事人的公民死亡，需要等待继承人继承权利或者承担义务的；作为一方当事人的法人或者其他组织终止，尚未确定权利义务承受人的。中止的情形消失后，恢复执行。申请执行人与被执行人达成和解协议后请求中止执行的，人民法院可以裁定中止执行。中止执行的裁定，送达当事人后立即生效。

（二）执行终结

有下列情形之一的，人民法院裁定终结执行：申请人撤销申请的；据以执行的法律文书被撤销的；作为被执行人的公民死亡，无遗产可供执行，又无义务承担人的；追索赡养费、扶养费、抚育费案件的权利人死亡的；作为被执行人的公民因生活困难无力偿还借款，无收入来源，又丧失劳动能力的。申请执行人与被执行人达成和解协议后请求撤回执行申请的，人民法院可以裁定终结执行。终结执行的裁定，送达当事人后立即生效。

（三）终结本次执行

经过财产调查未发现可供执行的财产，在申请执行人签字确认或者执行法院组成合议庭审查核实并经院长批准后，可以裁定终结本次执行程序。据此终结执行后，申请执行人发现被执行人有可供执行财产的，可以再次申请执行。再次申请不受申请执行时效期间的限制。

一般情况下，有下列情形之一的，执行法院可以裁定本次执行程序终结：作为被执行人的自然人因生活困难无力清偿债务，无收入来源，又丧失劳动能力的；被执行人确无财产可供执行，申请执行人书面同意人民法院终结本次执行程序的；人民法院进行财产调查后，申请执行人明确表示提供不出被执行人的财产或财产线索，并对人民法院认定被执行人确无财产可供执行书面表示认可的；因被执行人无财产可供执行而中止执行满两年，经人民法院进行调查被执行人确无财产可供执行的；被执行的财产无法拍卖变卖，或者动产经两次拍卖、不动产或其他财产权经三次拍卖仍然流拍，申请执行人拒绝接受或者依法不能交付其抵债，且经人民法院进行财产调查，被执行人确无其他财产可供执行的；作为被执行人的企业法人被撤销、注销、吊销营业执照或者歇业后既无财产可供执行，又无义务承受人，也没有被追加、变更的被执行人或被追加、变更的被执行人亦确无财产可供执行的；经人民法院进行财产调查，被执行人确无财产可供执行或虽有财产但不宜强制执行，当事人达成分期履行和解协议的；被执行人确无财产可供执行，申请执行人属于特困群体，执行法院已经给予其司法救助的。

执行法院应当依法组成合议庭，就案件是否裁定终结本次执行程序进行合议。因无财产可供执行终结的，应当告知申请执行人对确无财产可供执行的认定可以在指定的期限内提出意见。申请执行人不同意本案确无财产可供执行的，由执行法院进行审查。审查中，申请执行人提供明确的被执行人财产线索的，执行实施机构应当就其提供的线索进行调查核实，发现被执行人有财产可供执行的，应当继续执行；申请执行人未提供财产线索或经审查被执行人确无财产可供执行的，可以裁定本次执行程序终结，申请执行人对此提出异议的，不予受理。本次执行程序终结裁定书应当由院长签发。

六、委托执行

被执行人或者被执行的财产在外地的，可以委托当地人民法院代为执行。受委托人民法院收到委托函件后，必须在15日内开始执行，不得拒绝。执行完毕后，应当将执行结果及时函复委托人民法院；在30日内如果还未执行完毕，也应当将执行情况函告委托人民法院。受委托人民法院自收到委托函件之日起15日内不执行的，委托人民法院可以请求受委托人民法院的上级人民法院指令受委托人民法院执行。

委托执行时，委托法院应当将已经查封、扣押、冻结的被执行人的异地财产，一并移交受托法院处理，并在委托执行函中说明。委托执行后，委托法院对被执行人财产已经采取查封、扣押、冻结等措施的，视为受托法院的查封、扣押、冻结措施。受托法院需要继续查封、扣押、冻结，持委托执行函和立案通知书办理相关手续。续封续冻时，仍为原委托法院的查封冻结顺序。查封、扣押、冻结等措施的有效期限在移交受托法院时不足1个月的，委托法院应当先行续封或者续冻，再移交受托法院。

七、执行文书及其送达

（一）执行文书的种类

执行程序中，根据工作的实际需要，人民法院应当依法制作并送达裁定书、决定书、通知书、公告、委托书等法律文书。

1. 裁定书

裁定书适用于下列范围：驳回执行申请；撤销案件；驳回管辖权异议；准

许撤回执行申请、执行异议或复议申请；采取或解除查封、扣押、冻结、扣划、拍卖、变卖、提取、扣留等强制执行措施；确认拍卖、变卖成交及权利转移；确认以物抵债；变更申请执行人或变更、追加被执行人；当事人或利害关系人对执行行为提出的异议成立或不成立；案外人对执行标的提出的异议成立或不成立；到期债权执行程序中强制执行被执行人的债务人的财产；强制执行作为执行担保人的第三人的财产；协助执行人不履行协助执行义务或擅自解除执行措施导致被执行财产流失或未能追回，追究协助执行人的赔偿责任；中止或者终结执行；终结本次执行程序；执行回转；不予执行仲裁裁决；不予执行公证债权文书；提级执行或指定执行等。裁定书应当依法送达当事人及其他人。

2. 决定书

决定书适用于下列范围：罚款、拘留、暂缓执行、公布失信被执行人名单等。

3. 通知书

通知书适用于下列范围：通知被执行人履行生效法律文书所确定的义务；通知有关单位或个人协助执行；通知第三人履行到期债务；通知有关单位或个人交出财物、票证；通知当事人及利害关系人有关拍卖事宜等。

4. 公告

公告适用于下列范围：查封；拍卖、变卖；强制迁出房屋或退出土地等。前述公告应当由院长签发。

5. 委托书

委托书适用于下列范围：委托其他单位或个人保管被扣押的财产；委托鉴定；委托评估；委托拍卖；委托执行等。

（二）执行文书的送达方式

1. 直接送达

送达执行文书，一般应当直接送交受送达人。受送达人是公民，本人不在的，交其同住成年家属签收；受送达人是法人或者其他组织的，应当由法人的法定代表人、其他组织的主要负责人或者办公室、收发室、值班室等负责收件的人签收或盖章；受送达人有诉讼代理人的，人民法院既可以向受送达人送达，也可以向其诉讼代理人送达；受送达人已向人民法院指定代收人的，送交代收人签收。受送达人的同住成年家属、法人或者其他组织的负责收件的人、诉讼代理人或者代收人在送达回证上签收的日期为送达日期。

2. 留置送达

(1)向自然人留置送达

受送达人或者他的同住成年家属拒绝接收执行文书的，送达人可以邀请有关基层组织或者所在单位的代表到场，说明情况，在送达回证上记明拒收事由和日期，由送达人、见证人签名或者盖章，把执行文书留在受送达人的住所；也可以把执行文书留在受送达人的住所，并采用拍照、录像等方式记录送达过程，即视为送达。有关基层组织或者所在单位的代表及其他见证人不愿在送达回证上签字或盖章的，由送达人在送达回证上记明情况，把送达文书留在受送达人住所，即视为送达。

(2)向法人或者其他组织留置送达

向法人或者其他组织送达执行文书，该法人的法定代表人、该组织的主要负责人或者办公室、收发室、值班室等负责收件的人拒绝签收或者盖章的，适用留置送达。受送达人指定诉讼代理人为代收人的，向诉讼代理人送达时，适用留置送达。

3. 委托送达

执行法院按照直接送达、留置送达的规定送达执行文书有困难的，可以委托其他人民法院代为送达。委托其他人民法院代为送达的，委托法院应当出具委托函，并附需要送达的执行文书和送达回证，以受送达人在送达回证上签收的日期为送达日期。

4. 邮寄送达

执行法院按照直接送达、留置送达、委托送达的规定送达执行文书有困难的，可以按照《最高人民法院关于以法院专递方式邮寄送达民事诉讼文书的若干规定》的相关规定邮寄送达。

5. 转为送达

受送达人是军人的，通过其所在部队团以上单位的政治机关转交。受送达人被监禁的，通过其所在监所转交。受送达人被采取强制性教育措施的，通过其所在强制性教育机构转交。代为转交的机关、单位收到执行文书后，必须立即交受送达人签收，以受送达人在送达回证上注明的签收日期为送达日期。

送达执行文书应当有送达回证，由受送达人在送达回证上记明收到日期，并签名或者盖章。受送达人在送达回证上的签收日期为送达日期。

八、执行结案

(一)结案方式

执行实施案件的结案方式包括：执行完毕、和解、终结、驳回（执行）申请、不予执行、委托执行、销案等。

执行实施案件以“执行完毕”方式报结，指金钱给付执行案件申请执行金额全部执行到位；或者物的交付、完成指定行为执行案件完成交付或者完成指定的行为，或者虽未完成交付或者未完成指定行为，但被执行人已给予赔偿或给付代履行费用。执行完毕包括：自动履行、强制执行、其他执行完毕。其中，“自动履行”是指案件立案后，被执行人自动履行了法律文书确定的全部义务，申请执行人认可生效法律文书确定的内容执行完毕的。“强制执行”是指案件立案后，由执行法院通过采取强制执行措施，使生效法律文书确定的全部内容执行完毕的。

执行实施案件以“和解”方式报结，包括和解并履行完毕、部分执行后申请人放弃剩余债权。其中，“和解并履行完毕”是指当事人之间达成执行和解协议并已全部履行完毕的。“部分执行后申请人放弃剩余债权”是指当事人之间达成执行和解协议，部分履行后，申请人放弃剩余债权的。执行当事人之间达成执行和解协议，同意分期履行的，只有全部履行完毕或部分履行后申请人放弃剩余债权的，才可以以“和解”方式报结。

执行实施案件以“终结”方式报结，包括其他终结、本次执行程序终结。

执行实施案件以“驳回（执行）申请”方式结案，是指对已经受理的执行实施案件，执行机构经审查发现不符合规定的受理条件而裁定驳回执行申请的。

执行实施案件以“不予执行”方式报结，是指案件立案后，被执行人对仲裁裁决或公证债权文书提出不予执行申请，经人民法院执行审查机构审查，裁定不予执行的。

执行实施案件以“委托执行”方式结案，是指按照《最高人民法院关于委托执行若干问题的规定》要求办理了委托执行手续,且收到受托法院立案通知书的。

执行实施案件以“销案”方式结案,包括:因管辖权异议成立而裁定撤销案件,或者发现其他有管辖权的法院在此之前已经立案,或者本院执行案件被提级执行或指定执行。执行案件受理后,被执行人提出管辖权异议,经审查异议成立,裁定撤销案件的,应当以“销案”方式报结。执行案件受理后,发现其他有管辖权的人民法院已经立案的,应当以“销案”方式报结。案件被上级人民法院裁定提级执行的,原执行法院的案件以“销案”方式中的提级执行报结。案件被上级人民法院裁定指定由其他法院执行的,原执行法院的案件以“销案”方式中的指定执行报结。

申请执行人撤回执行申请,执行实施机构裁定准许撤回执行申请的,属于以其他方式结案的情形。

(二)执行期限

被执行人有财产可供执行的案件,一般应当在立案之日起6个月内执结。

下列期间不计入执行期限:公告送达执行文书的期间;鉴定、评估期间;管辖争议处理期间;暂缓执行的期间;中止执行的期间;就法律适用问题向上级人民法院请示的期间;与其他法院发生执行争议报请共同的上级人民法院协调处理的期间。

N°09 第九章　执行中的参与分配制度

在2015年新民事诉讼法司法解释出台之前，参与分配制度（包括优先受偿）的主要依据仅《最高人民法院关于人民法院执行工作若干问题的规定》（法释〔1998〕15号）中的寥寥几个条款，[①]但却是司法实践中运用较为广泛程序之一。尤其是对于按揭贷款清收案件，为按揭银行在自身案件执行程序之外，提供了另一种清收途径。

第一节　参与分配制度的法律依据

广义上的参与分配，包括优先受偿。执行程序中的参与分配制度，最早创立于《最高人民法院关于贯彻执行〈中华人民共和国民事诉讼法〉若干问题的意见》第297条。在之后最高人民法院出台的《关于人民法院执行工作若干问题的规定（试行）》（以下简称"《若干问题的规定》"）对此进一步做了详细规定。2004年7月16日最高人民法院公布了《关于执行程序中多个债权人参与分配问题的若干规定征求意见稿》，但该意见稿至今尚无下文[②]。2015年1月30日发布的《最高人民法院关于适用〈中华人民共和国民事诉讼法〉的解释》（法释〔2015〕5号）（以下简称"新司法解释"）中对其作出了最新规定。

---

① 但各地方高级人民法院可能出台了相关的细则性规定。如北京市高、中级法院执行局（庭）长座谈会（第五次会议）纪要《关于案款分配及参与分配若干问题的意见》。

② 参见陈志鑫：《民事执行参与分配制度的困境与进路》，载《上海政法学院学报（法治论丛）》2014年第29卷第6期，第82页。

一、参与分配的适用条件

新司法解释第508条规定：被执行人为公民或者其他组织，在执行程序开始后，被执行人的其他已经取得执行依据的债权人发现被执行人的财产不能清偿所有债权的，可以向人民法院申请参与分配。对人民法院查封、扣押、冻结的财产有优先权、担保物权的债权人，可以直接申请参与分配，主张优先受偿权。该条款实际规定了参与分配的适用条件，并对《若干问题的规定》作出了一定程度的修订。

（一）被执行人范围

参与分配仅适用于执行案件。且就被执行人范围而言，《若干问题的规定》及新司法解释原则上都将适用参与分配的债务人范围限定为公民或其他组织。

而对于企业法人，原则上应适用我国《企业破产法》规定的相关程序。其中，《若干问题的规定》规定：被执行人为企业法人，其财产不足清偿全部债务的，可告知当事人依法申请被执行人破产。新司法解释规定：在执行中，作为被执行人的企业法人符合《企业破产法》规定情形的，执行法院经申请执行人之一或者被执行人同意，应当裁定中止对该被执行人的执行，将执行案件相关材料移送被执行人住所地人民法院；被执行人住所地人民法院应当自收到执行案件相关材料之日起30日内，将是否受理破产案件的裁定告知执行法院，不予受理的，应当将相关案件材料退回执行法院；被执行人住所地人民法院裁定受理破产案件的，执行法院应当解除对被执行人财产的保全措施，被执行人住所地人民法院裁定宣告被执行人破产的，执行法院应当裁定终结对该被执行人的执行。

但也存在例外规定。如《若干问题的规定》规定：被执行人为企业法人，未经清理或清算而撤销、注销或歇业，其财产不足清偿全部债务的，应当参照参与分配的规定，对各债权人的债权按比例清偿。而新司法解释规定：执行法院经申请执行人之一或者被执行人同意，裁定中止对该被执行人的执行，将执行案件相关材料移送被执行人住所地人民法院，但被执行人住所地人民法院不受理破产案件的，执行法院应当恢复执行；当事人不同意移送破产或者被执行人住所地人民法院不受理破产案件的，执行法院就执行变价所得财产，在扣除执行费用及清偿优先受偿的债权后，对于普通债权，按照财产保全和执行中查封、扣押、冻结财产的先后顺序清偿。在新司法解释实施后，被执行人为企业的案件，应按照上述规定的程序执行。需要说明的是，新司法解释之所以规定“执行法院经申请执行人之一或者被执行人同意”才可移送破产管辖法院，是因为根据《企业破产法》的相关规定，破产程序启动的前提，是任一债权人或债务人提出破产申请。

(二) 申请人资格

与企业破产程序中解决全部债权人的债权问题，针对公民与其他组织的参与分配制度，其实质仍然是对符合条件的部分债权人的债权进行合理分配。

1. 普通债权人

新司法解释规定，参与分配的申请人原则上应为被执行人的其他已经取得执行依据的债权人。对此，《若干问题的规定》的相关条款表述为“对该被执行人已经取得金钱债权执行依据的其他债权人可以申请对该被执行人的财产参与分配”。可见，二规定均要求申请人原则上取得执行依据，但与《若干问题的规定》相比，新司法解释删除了“金钱债权”的限制。

2. 优先债权人

新司法解释规定，对人民法院查封、扣押、冻结的财产有优先权、担保物权的债权人，可以直接申请参与分配，主张优先受偿权。对此，《若干问题的规定》的相关条款表述为“对人民法院查封、扣押或冻结的财产有优先权、担保物权的债权人，可以申请参加参与分配程序，主张优先受偿权”。与《若干问题的规定》相比，新司法解释增加了“直接”二字，这里的“直接”二字，意味着有优先权、担保物权的债权人申请优先受偿的，既无须取得执行依据，又无须发现被执行人的财产不能清偿所有债权的。

(三) 不能清偿所有债权

新司法解释规定，被执行人的其他已经取得执行依据的债权人发现被执行人的财产不能清偿所有债权的，才可以向人民法院申请参与分配。对此，《若干问题的规定》的相关条款表述为被执行人的“全部或主要财产已被一个人民法院因执行确定金钱给付的生效法律文书而查封、扣押或冻结，无其他财产可供执行或其他财产不足清偿全部债务的”。对此，二规定无本质区别。

二、参与分配的申请

(一)申请时间

新司法解释规定,参与分配申请应当在执行程序开始后,被执行人的财产执行终结前提出。对此,《若干问题的规定》的相关条款表述为“在被执行人的财产被执行完毕前”。对此,二规定无本质区别。

(二)申请程序

新司法解释规定,申请参与分配,申请人应当提交申请书。申请书应当写明参与分配和被执行人不能清偿所有债权的事实、理由,并附有执行依据。但对于具体申请程序,并未作出规定。

而根据《若干问题的规定》,债权人申请参与分配的,应当向其原申请执行法院提交参与分配申请书,写明参与分配的理由,并附有执行依据。该执行法院应将参与分配申请书转交给主持分配的法院,并说明执行情况。

(三)受理法院

新司法解释并未就受理法院即主持参与分配的法院作出明确规定,但从文义来看,受理法院实际为已控制相关可供执行财产的执行法院。

而根据《若干问题的规定》,对参与被执行人财产的具体分配,应当由首先查封、扣押或冻结的法院主持进行。首先查封、扣押、冻结的法院所采取的执行措施如系为执行财产保全裁定,具体分配应当在该院案件审理终结后进行。

三、参与分配的受偿

(一)受偿顺序

就执行所得价款,基本的原则为按照执行费用、有优先受偿权的债权、普通债权的顺序清偿。对于普通债权,原则上按照其占全部申请参与分配债权数额的比例受偿,被执行人为企业且特定情况下按照财产保全和执行中查封、扣押、冻结财产的先后顺序清偿。相关规定如下:

1.《若干问题的规定》及其实践中的解释

《若干问题的规定》中,与受偿顺序相关的条款有多个。其中第 88 条规定:多份生效法律文书确定金钱给付内容的多个债权人分别对同一被执行人申请执行,各债权人对执行标的物均无担保物权的,按照执行法院采取执行措施的先后顺序受偿。多个债权人的债权种类不同的,基于所有权和担保物权而享有的债权,优先于金钱债权受偿。有多个担保物权的,按照各担保物权成立的先后顺序清偿。一份生效法律文书确定金钱给付内容的多个债权人对同一被执行人申请执行,执行的财产不足清偿全部债务的,各债权人对执行标的物均无担保物权的,按照各债权比例受偿。第 94 条规定:参与分配案件中可供执行的财产,在对享有优先权、担保权的债权人依照法律规定的顺序优先受偿后,按照各个案件债权额的比例进行分配。第 95 条规定:被执行人的财产被分配给各债权人后,被执行人对其剩余债务应当继续清偿。债权人发现被执行人有其他财产的,人民法院可以根据债权人的申请继续依法执行。第 96 条规定:被执行人为企业法人,未经清理或清算而撤销、注销或歇业,其财产不足清偿全部债务的,应当参照本规定第 90 ~ 95 条的规定,对各债权人的债权按比例清偿。

上述条款中,可能看似冲突,但实际是对不同情形的约定。对此,司法实践中进行了相应的解释。以北京市为例,北京市高、中级法院执行局(庭)长座谈会(第五次会议)纪要《关于案款分配及参与分配若干问题的意见》中将《若干问题的规定》第 88 条的规定定性为"案款分配",将第 90 条至第 95 条的规定定性为"参与分配"。具体规定为:

(1)多份生效法律文书

多份生效法律文书确定金钱给付内容的多个债权人分别对同一被执行人申请执行,被执行人的财产足以清偿全部债务的,按照《若干问题的规定》第 88 条第 1 款、第 2 款的规定进行案款分配。被执行人的财产不足清偿全部债务的,区分以下情形分别予以处理:

①被执行人为自然人或其他组织(指非法人组织),按照《若干问题的规定》第 90 条至第 95 条的规定进行参与分配,法律、司法解释另有规定的除外。

②被执行人为企业法人,且符合《若干问题的规定》第 96 条规定条件的,参照《若干问题的规定》第 90 条至第 95 条的规定处理;不符合《若干问题的规定》第 96 条规定条件的,告知当事人依法申请被执行人破产,告知情

况记入笔录。当事人申请被执行人破产并被法院受理的，相关执行案件中止执行，被执行人被法院裁定宣告破产的，相关执行案件终结执行；当事人不申请被执行人破产或其破产申请未被法院受理的，按照《若干问题的规定》第88条第1款、第2款的规定进行案款分配。其中《若干问题的规定》第96条中的“歇业”是指，企业法人领取营业执照后，满六个月尚未开展经营活动或者停止经营活动满一年；或企业法人被吊销营业执照满一年且未注销的（企业法人被吊销营业执照未满一年，或经登记机关许可暂停营业而处于停止经营状态的，不视为该条规定中的“歇业”）。被执行的企业法人被撤销、注销或歇业，其主管部门、清算组织或其他负有清算责任的主体向登记主管机关或其他有权机关出具了债权债务清理、清算完结的证明或负责清理、清算债权债务的文件的，不适用《若干问题的规定》第96条的规定。其主管部门、清算组织或其他负有清算责任的主体出具不实的债权债务清理、清算完结证明办理法人注销登记的，可告知债权人依法另行起诉追究相关责任主体的民事责任；其主管部门、清算组织或其他负有清算责任的主体承诺未了结的债权债务由其负责而未实际履行该承诺的，可告知债权人依照规定申请追加其为被执行人。

③被执行人为机关法人、事业单位法人、社会团体法人等其他法人的，按照《若干问题的规定》第88条第1款、第2款的规定进行案款分配。

（2）一份生效法律文书

一份生效法律文书确定金钱给付内容的多个债权人对同一被执行人申请执行，执行的财产不足清偿全部债务，该生效法律文书已确定各债权的受偿顺位或者其中有法律规定的可优先受偿的债权的，按照该生效法律文书确定的顺位和相关法律的规定分配案款；该生效法律文书未确定各债权的受偿顺位且无法律规定的可优先受偿的债权的，根据《若干问题的规定》第88条第3款的规定，各债权按比例受偿。

2. 新司法解释规定的理解与适用

新司法解释第510条规定：参与分配执行中，执行所得价款扣除执行费用，并清偿应当优先受偿的债权后，对于普通债权，原则上按照其占全部申请参与分配债权数额的比例受偿。清偿后的剩余债务，被执行人应当继续清偿。债权人发现被执行人有其他财产的，可以随时请求人民法院执行。

第516条规定：当事人不同意移送破产或者被执行人住所地人民法院不受理破产案件的，执行法院就执行变价所得财产，在扣除执行费用及清偿优先受偿的债权后，对于普通债权，按照财产保全和执行中查封、扣押、冻结财产的先后顺序清偿。

上述两个条款在对普通债权的清偿顺序上规定有所不同，借助北京市《关于案款分配及参与分配若干问题的意见》对《若干问题的规定》相关条款的界定，可以理解为：参与分配制度原则上仅适用于被执行人为公民或其他组织，对于该类案件的执行所得价款，在扣除执行费用、偿还有优先受偿权的债权后仍有余额的，由普通债权人按比例受偿。而在被执行人为企业法人的情形下，因参与分配制度的适用条件"被执行人的财产不能清偿所有债权"与破产情形具有同质性，而应原则上适用破产程序，但若当事人不同意移送破产或破产管辖法院不予受理，破产程序无法启动，在此情形下，实际上视为被执行人不具备"不能清偿所有债权"的条件而适用"案款分配"的规定，即对于普通债权，按照财产保全和执行中查封、扣押、冻结财产的先后顺序清偿。该种规定，实践中可能会产生一种倒逼机制，即财产控制措施在后或未采取控制措施的债权人，若认为该种清偿顺序下影响其债权受偿等相关权益的，则可能会主动申请企业破产，以在破产程序中作为普通债权按比例受偿。

（二）分配方案

1. 分配方案的制定

《最高人民法院关于人民法院执行公开的若干规定》（法发〔2006〕35号）规定：人民法院在办理参与分配的执行案件时，应当将被执行人财产的处理方案、分配原则和分配方案以及相关法律规定告知申请参与分配的债权人。必要时，应当组织各方当事人举行听证会。

《最高人民法院关于适用〈中华人民共和国民事诉讼法〉执行程序若干问题的解释》（法释〔2008〕13号）规定：多个债权人对同一被执行人申请执行或者对执行财产申请参与分配的，执行法院应当制作财产分配方案，并送达各债权人和被执行人。

新司法解释基本沿用了上述规定：多个债权人对执行财产申请参与分配的，执行法院应当制作财产分配方案，并送达各债权人和被执行人。

2. 分配方案的异议与修正

关于分配方案的异议等程序，新司法解释沿用了《最高人民法院关于适用〈中华人民共和国民事诉讼法〉执行程序若干问题的解释》(法释〔2008〕13号)的规定，即：

债权人或者被执行人对分配方案有异议的，应当自收到分配方案之日起15日内向执行法院提出书面异议。债权人或者被执行人对分配方案提出书面异议的，执行法院应当通知未提出异议的债权人、被执行人。

未提出异议的债权人、被执行人自收到通知之日起15日内未提出反对意见的，执行法院依异议人的意见对分配方案审查修正后进行分配；提出反对意见的，应当通知异议人。异议人可以自收到通知之日起15日内，以提出反对意见的债权人、被执行人为被告，向执行法院提起诉讼；异议人逾期未提起诉讼的，执行法院按照原分配方案进行分配。诉讼期间进行分配的，执行法院应当提存与争议债权数额相应的款项。

第二节 司法实践中的优先受偿

按揭贷款清收诉讼过程中，可能出现银行已办理抵押登记的房屋被其他法院查封在先的情形。鉴于首封法院享有处置权，因此，往往需要按揭银行向首先采取控制措施的人民法院提出优先受偿申请。可见，申请优先受偿，实际是在他人的执行案件中求偿以实现贷款清收的途径。实践中，若首封法院的相关案件先于银行自己的清收案件进入执行程序，则在首封法院予以支持的情形下，银行可在自身的诉讼执行程序之外实现贷款提前清收。但若首封法院采取的是财产保全措施，且其相关案件晚于银行自己的清收案件进入执行程序，则基于法院之间一般难以协调处置权而导致银行的抵押物不能及时处置，使贷款清收时间延后。因此，如前所述，即使法律规定的优先受偿制度保障了银行的实体债权，但从程序价值而言，银行一旦启动诉讼程序，就应及时对自己的抵押物采取保全措施，争取首封的处置权。

一、申请优先受偿

(一)申请程序

根据《若干问题的规定》，债权人申请参与分配的，应当向其原申请执行法院提交参与分配申请书，并由该执行法院将参与分配申请书转交给主持分配的法院，并说明执行情况。

但往往存在银行在诉讼前或诉讼过程中或申请执行前即发现抵押物被查封的情况，因此，为了保障自身的权益，银行均可直接向首封法院提出优先受偿申请。即使银行已申请执行并进入执行阶段，鉴于执行法院向首封法院出具相关公函等程序需要一定的时间，按揭银行亦可直接向首封法院申请优先受偿。实践中，首封法院一般均予以受理。

新司法解释规定，对人民法院查封、扣押、冻结的财产有优先权、担保物权的债权人，可以直接申请参与分配，主张优先受偿权，给予了抵押权人更为有利的保障。

（二）相关申请文件

1. 告知函

尽管根据相关法律规定，人民法院查封已设定抵押担保的房屋的，应通知抵押权人，并在拍卖时抵押权人列席。但实践中，发现抵押房屋被查封，往往还是依赖于按揭银行自身的贷后管理工作，因此，按揭银行应该定期查询抵押物的权属状况，发现抵押物被查封且已进行执行阶段的，可先行与首封法院的承办法官沟通，在抵押物尚未进入评估拍卖程序、时间尚不紧迫的情况下，可先行向首封法院书面告知抵押权利、要求首封法院提前告知拍卖时间等，再适时提出优先受偿申请。附告知函示范文本：

告知函

致：北京市××区人民法院

就贵院拟拍卖的北京市××区××号房屋（被执行人：刘××；身份证号：××），我行作为该房屋的抵押权人，特将相关事宜告知如下：

××年××月××日，被执行人刘××与北京××房地产开发有限责任公司签订《北京市商品房预售合同》（合同编号：××），购买位于北京市××区××号房屋（该房号在办理房屋所有权证时变更为"××区××号"）。为支付上述房屋购房款，刘××向我行申请个人住房按揭贷款，并以该房屋提供抵押担保。

××年××月××日，刘××与我行签订了《房屋按揭借款合同》，合同约定借款人刘××将北京市××区××号房屋抵押予我行作为借款担保。借款合同签订后,我行办理了该房屋的抵押登记手续,并于××年××月××日取得了由北京市××区建设委员会填发的《房屋他项权证》。

据此,我行对北京市××区××号房屋享有抵押权,依法享有就担保财产优先受偿的权利。根据《最高人民法院关于人民法院民事执行中拍卖、变卖财产的规定》(法释〔2004〕16号)第十四条"人民法院应当在拍卖五日前以书面或者其他能够确认收悉的适当方式,通知当事人和已知的担保物权人、优先购买权人或者其他优先权人于拍卖日到场"的规定,提请贵院在拍卖我行抵押物前,请按照下述方式与我行联系,我行将依法行使抵押权利。

联系地址:北京市××区××号

联 系 人:卢××

联系电话:××××

特此函告。

××银行股份有限公司××支行

年 月 日

2. 优先受偿申请书

关于优先受偿申请书的提交时间,法律规定了在被执行人的财产执行终结前提出。实践中,银行一般需根据得知抵押物被查封或评估、拍卖的时间而确定提交优先受偿申请书的时间,在抵押物进入评估拍卖程序后得知相关信息的,应即时向首封法院提出申请,在抵押物进入评估拍卖程序前得知相关信息的,可先行向首封法院发送告知函,并在发布拍卖公告前提交优先受偿申请书。当然,告知函并非前置程序,银行即可直接提交优先受偿申请书。

而关于优先受偿申请书的内容,则可根据与首封法院承办法官的前期沟通情况而定。若前期沟通过程中,承办法官并未提出任何异议,则优先受偿申请书中简单列明债权、抵押权形成事实以及优先受偿的法律依据即可。但若前期沟通过程中,承办法官提出了相关异议,则就需要针对承办法官提出的异议详尽阐明理由。例如:

对于抵押权人的优先受偿权,尽管相关法规已作出明确规定,但在申请优先受偿的过程中，可能会存在些微的障碍，首封法院可能提出：银行他项权证载明的债权数额处仅载明本金，因此只有本金才优先受偿，或案件受理费、保全费、法定迟延履行利息等不属于优先受偿的范围等。这就需要代理人在申请优先受偿的过程中，积极与首封法院的承办法官进行沟通、阐述理由，并提供有力的证据（如抵押登记档案中载明的担保范围等），争取得到首封法院的支持。附优先受偿申请书示范文本：

优先受偿申请书

申请人：××银行股份有限公司××支行，负责人××，住所地北京市××区××号，联系电话：××××；

委托代理人：××，女，北京市××律师事务所律师，联系电话：××××。

申请事项：

申请就北京市××区××号房屋的拍卖、变卖、折价款优先受偿；优先受偿的债权金额为：

1. 贷款本金人民币××元及至实际清偿之日止的利息、罚息、复利（暂计至××年××月××日为人民币××元）。

2. 迟延履行期间的债务利息（暂计至××年××月××日为人民币××元）。

3. 案件受理费人民币××元、保全费人民币××元。

事实和理由：

××年××月××日，贵院受理的××案被执行人刘××与北京××房地产开发有限责任公司签订《北京市商品房预售合同》（合同编号：××），购买位于北京市××区××号房屋（该房号在办理房屋所有权证时变更为“××区××号”）。为支付上述房屋购房款，刘××向申请人申请个人住房按揭贷款，并以该房屋提供抵押担保。

××年××月××日，刘××与申请人签订了《房屋按揭借款合同》，合同项下借款金额为人民币××万元，并约定刘××将北京市××区××号房屋抵押予申请人作为借款担保。借款合同签订后，申请人按照约定发放了贷款，并办理了该房屋的抵押登记手续，且于××年××月××日取得了由北京市××区建设委员会填发的《房屋他项权证》。

但刘××未能按照合同约定还本付息,为维护自身合法权益,申请人特向北京市××区人民法院提起诉讼,现该案业经北京市××区人民法院(××)××民初字第××号判决书判决,该判决书已发生法律效力。

根据相关规定,申请人对北京市××区××号房屋享有抵押权,依法享有就担保财产优先受偿的权利,优先受偿的债权金额包括上述判决书载明的贷款本息、案件受理费、保全费及法定迟延履行利息。具体理由如下:

一、贷款利息及罚息、复利属于合同约定的抵押担保范围,在抵押权有效设立的情形下,申请人对该项债权依法享有就抵押物拍卖款优先受偿的权利。

1. 申请人已于××年××月××日取得北京市××区××号房屋的《房屋他项权证》,为该房屋的抵押权人,对该房屋享有抵押权,抵押权已合法有效设立。

《中华人民共和国物权法》第一百七十九条第一款规定:"为担保债务的履行,债务人或者第三人不转移财产的占有,将该财产抵押给债权人的,债务人不履行到期债务或者发生当事人约定的实现抵押权的情形,债权人有权就该财产优先受偿。"

根据上述规定,申请人为北京市××区××号房屋第一顺位的抵押权人,对该房屋享有抵押权,依法享有就该房屋的拍卖、变卖、折价款优先受偿的权利。

2. 申请人作为抵押权人与抵押人签订的《房屋按揭借款合同》以及《抵押权设立登记申请表》等抵押登记档案中的相关文件,均明确列明贷款本金、利息、罚息、复利以及案件受理费、保全费都属于抵押担保范围,对该项债权申请人依法享有就抵押物拍卖款优先受偿的权利。

《中华人民共和国担保法》第四十六条规定:"抵押担保的范围包括主债权及利息、违约金、损害赔偿金和实现抵押权的费用。抵押合同另有约定的,按照约定。"

《中华人民共和国物权法》第一百七十三条规定:"担保物权的担保范围包括主债权及其利息、违约金、损害赔偿金、保管担保财产和实现担保物权的费用。当事人另有约定的,按照约定。"

上述法律明确规定了抵押担保的范围包括主债权及其利息、违约金、损害赔偿金等费用，具体以当事人的约定为准。

××年××月××日，申请人与刘××签订的《房屋按揭借款合同》第××条明确约定："抵押担保的范围为贷款本金、利息、罚息、复利、违约金、损害赔偿金、乙方为实现抵押权、实现债权而发生的费用（包括但不限于诉讼费、仲裁费、保全费、公告费、评估费、鉴定费、拍卖费、差旅电讯费、律师费等）以及其他所有借款人的应付费用"。

《抵押权设立登记申请表》等抵押登记档案中的相关文件，亦明确列明了上述关于抵押担保范围的约定内容。

据此，对于贷款利息、罚息、复利以及案件受理费、保全费，申请人依法享有就抵押物拍卖、变卖、折价款优先受偿的权利。

3. 基于北京市房屋交易权属信息系统的软件限制以及抵押登记部门的原因，《房屋他项权证》记载的"债权数额"及抵押登记档案中的"最高债权额"只能是贷款本金的数额，但该种情形并不意味抵押权人仅在贷款本金的数额内享有优先受偿权，具体担保范围仍应以当事人的约定为准。

自北京市2006年推行网上申请办理房屋权属登记后，抵押权人办理抵押登记的，需持系统密钥登录北京市房屋交易权属信息系统网上申请办理抵押登记，即网上录入抵押登记相关信息并自动生成打印相关申请文件后提交抵押登记部门。登记部门工作人员亦在该权属信息系统完成审核后自动生成打印《房屋他项权证》。

而北京市房屋交易权属信息系统的软件设置中，"债权额"一项仅能录入数字，无法录入任何的文字性说明。

经申请人向北京市××区房屋管理局咨询，工作人员口头答复：鉴于贷款利息在抵押登记办理时无法确定具体金额，抵押登记申请人在网上录入"债权额"只能录入贷款本金金额，登记部门办理抵押登记是为了产生担保物权的效力，具体担保范围仍应以当事人的约定为准。

据此，担保范围应以《房屋按揭借款合同》及抵押登记申请文件中载明的事项为准，贷款本金、利息、罚息、复利以及案件受理费、保全费均属于担保范围。对于该等款项，申请人依法享有就抵押物拍卖、变卖、折价款优先受偿的权利。

二、迟延履行利息是在债务人未自动履行的情形下法定应由债务人承担的费用，属于合同约定的“其他所有借款人的应付费用”，在合同约定的抵押担保范围之内，在抵押权有效设立的情形下，申请人对迟延履行利息依法享有就抵押物拍卖、变卖、折价款优先受偿的权利。

《中华人民共和国民事诉讼法》第二百五十三条规定：“被执行人未按判决、裁定和其他法律文书指定的期间履行给付金钱义务的，应当加倍支付迟延履行期间的债务利息。被执行人未按判决、裁定和其他法律文书指定的期间履行其他义务的，应当支付迟延履行金。”

《房屋按揭借款合同》第××条兜底约定了“其他所有借款人的应付费用”均属于抵押担保范围。

据此，迟延履行利息在合同约定的抵押担保范围之内，在抵押权有效设立的情形下，申请人对迟延履行利息依法享有就抵押物拍卖、变卖、折价款优先受偿的权利。

综上，对于贷款本金、利息、罚息、复利及案件受理费、保全费、迟延履行利息，申请人享有就北京市××区××号房屋的拍卖、变卖、折价款优先受偿的权利，特向贵院提出此优先受偿申请，请求贵院予以批准。

此致

北京市××区人民法院

申请人：××银行股份有限公司××支行

负责人：

年　月　日

二、优先受偿的分配

司法实践中，申请优先受偿无需取得执行依据，且该事项亦已被新司法解释予以确认。但优先受偿申请人在分配执行款项时，是否需要取得执行依据，对此新司法解释中并无明确的规定，但从字面的“直接申请”来看，可能也难以当然的理解为担保权人在无执行依据的情况下可直接受偿。因为民事诉讼程序的基本原则就是审、执分离，可得以优先受偿的债权金额有赖于审判阶段以判决、调解或裁定书的形式予以确认。

如《北京市法院执行案件办理流程与执行公开指南》(京高法发〔2014〕183号)第58条规定:对法院查封、扣押、冻结的财产享有担保物权和法律规定的其他优先受偿权的债权人,可以主张优先受偿权。主张优先受偿权的债权人尚未取得执行依据的,主持分配的法院告知其依照相关法律规定取得执行依据,但在分配案款时为其预留相应款项。但实践中,确实也存在银行未取得执行依据的情况下,以银行系统查询清单载明的应还贷款本息金额获得优先受偿的实例。因此,涉及具体案件时,还需与承办法官进一步沟通。

此外,需要说明的是,即使是优先受偿,仍然劣后于执行费用。对于执行所得价款,需扣除执行费用后,再清偿应当优先受偿的债权。

第三节　司法实践中的参与分配

按揭贷款清收程序中,银行发现其借款合同项下的按揭房屋在办理抵押登记之前被其他法院查封的,或被执行人名下的其他财产被其他法院采取控制、处置措施的,可以申请参与分配。但实践中,参与分配的效果并不理想,基于首封法院的地方保护、参与分配的债权多资产少甚至不足以偿还优先债权等因素,往往银行难以自参与分配程序中分得案款或分得的案款较少。因此,抵质押物的有效设立及管理仍然是贷款债权安全最有力的保障。在按揭房屋尚未办理房屋所有权证的情形下,银行可以先行办理抵押权预告登记,尽管抵押权尚未设立,但实践中存有法院对此仍然同意予以优先受偿的实例。

如前所述,《若干问题的规定》中,寥寥几个条款并不能满足司法实践中实行参与分配的需要。因此,地方法院一般会制定具体的执行细则。对于《若干问题的规定》,新司法解释有所修订(如被执行人为企业的情况下应适用的程序等),但通过本章第一节的对比可见并无太大实质性的变化。本节以介绍参与分配的司法实践现状为主,但现行实践中的具体做法及相关地方规定可能在日后基于新司法解释的实施而发生一定变化。

一、参与分配的申请

已经取得执行依据的民事债权人有权申请参与分配。且根据《若干问题的规定》,债权人申请参与分配的,应当向其原申请执行法院提交参与分配申请书,并由该执行法院将参与分配申请书转交给主持分配的法院,并说明执行情况。

(一)参与分配申请书

债权人申请参与分配的,应当向其执行法院提交参与分配申请书,并附执行依据。附申请书示范文本:

参与分配申请书

申请人:××银行股份有限公司××支行,负责人××,住所地北京市××区××号,联系电话:××××;

委托代理人:××,女,北京市××律师事务所律师,联系电话:××××。

申请事项:

申请就北京市××区××号房屋的拍卖、变卖、折价款参与分配;参与分配的债权金额为:

1. 贷款本金人民币××元及至实际清偿之日止的利息、罚息、复利(暂计至××年××月××日为人民币××元)。

2. 迟延履行期间的债务利息(暂计至××年××月××日为人民币××元)。

3. 案件受理费人民币××元、保全费人民币××元。

事实与理由:

申请人××银行股份有限公司××支行与被执行人刘××申请执行案件,业经贵院立案受理。

现由于被执行人刘××北京市××区××号房屋已被××人民法院采取了查封等强制措施,目前正在执行过程,根据《最高人民法院关于人民法院执行工作若干问题的规定》第90、91、92条之规定,[①]申请人依法申请参与分配,提请贵院将参与分配申请书转交至××区人民法院。

---

① 鉴于债权人申请参与分配应当向其原申请执行法院提交参与分配申请书的规定源自《若干问题的规定》,在此仍然引用该规定,新司法解释实施后的程序是否变化还需依赖于后续细则。

此致

北京市××区人民法院

申请人：××银行股份有限公司××支行

负责人：

年　　月　　日

(二)执行法院转交

根据相关规定，执行法院向主持分配的法院转交参与分配申请时，应当提供以下材料：申请参与分配的债权人提交的参与分配申请书及所附执行依据。该执行法院出具的执行情况说明。执行情况说明的内容应当包括：执行案号，当事人基本情况，应执行标的额，已执行标的额，未受偿标的额，对被执行人财产的调查情况，以及已控制但未处置完毕的被执行人财产及其价值等。

对该执行法院转交的参与分配申请及上述材料，主持分配的法院应当予以登记。该执行法院派人直接转交的，应当由转交人签字确认；以其他方式转交的，应当由主持分配的法院2人或2人以上签字确认。主持分配的法院收到参与分配申请的日期以登记的日期为准。该执行法院提供的材料不齐备的，通知其限期补正，并将该情况告知申请参与分配的债权人。该执行法院在指定期限内补正材料的，以主持分配的法院第一次收到其转交的参与分配申请的日期作为申请参与分配的日期；逾期未补正的，再次通知其补正，并告知其未在申请参与分配截止日前补正的，不准予该债权人参与分配，并将该情况通知申请参与分配的债权人。

二、参与分配的具体规定

如前所述，在参与分配的具体执行过程中，地方法院可能有细则规定。前述北京市高、中级法院执行局(庭)长座谈会(第五次会议)纪要《关于案款分配及参与分配若干问题的意见》即将《若干问题的规定》第88条的规定定性为"案款分配"，将第90条至第95条的规定定性为"参与分配"，适用于不同的情形，具体规定如下：

(一)案款分配

多份生效法律文书确定金钱给付内容的多个债权人分别对同一被执行人申请执行,各债权人对执行标的物均无担保物权和法律规定的其他优先受偿权(即各债权均为普通债权)的,根据《若干问题的规定》第88条第1款的规定,按照执行法院对执行标的物采取控制性措施(如查封、扣押、冻结等)的先后顺序受偿。

多份生效法律文书确定金钱给付内容的多个债权人分别对同一被执行人申请执行,其中有债权人对执行标的物享有担保物权或法律规定的其他优先受偿权的,对执行标的物或其变价款,根据《若干问题的规定》第88条第2款的规定,按照以下规则确定各债权的受偿顺位:对执行标的物享有担保物权的债权优先于普通债权受偿。执行标的物上存在多个担保物权的,按照有关担保物权的法律、司法解释的规定确定其债权的受偿顺位。执行标的物为建筑物的,建设工程价款中享有优先权的部分优先于基于担保物权的债权受偿。执行标的物为房屋的,对该房屋的变价款,消费者(指符合《消费者权益保护法》中消费者条件的买受人)为购买该房屋(特指用于生活消费的住房)所支付的款项优先于建设工程价款受偿。多个债权中有职工工资债权(包括劳动报酬、经济补偿、赔偿金、职工基本医疗保险费、失业保险费、基本养老保险费等)的,对案款分配时本地区上一年度职工平均工资(上一年度职工平均工资未公布的,按照上上年度职工平均工资)范围内的工资部分,比照建设工程价款优先权的顺位受偿,剩余工资部分作为普通债权受偿。被执行人欠缴职工基本医疗保险费、失业保险费、基本养老保险费,该职工尚未取得执行依据的,在分配案款时可为其预留相应数额的款项。执行标的物为船舶或民用航空器的,按照《海商法》、《民用航空法》等法律及相关司法解释的规定,确定船舶优先权、民用航空器优先权的债权与其他债权之间的受偿顺位。本款前几项中优先于普通债权的债权受偿完毕后,案款有剩余的,各普通债权按照执行法院对执行标的物采取控制性措施的先后顺序受偿。

(二)参与分配

参与分配程序中,享有担保物权和法律规定的其他优先受偿权的债权,其受偿顺位与上述案款分配中的顺位一致。享有担保物权和法律规定的其他优先受偿权的债权受偿完毕后，案款有剩余的，各普通债权按比例受偿。

参与分配程序中，若执行标的物为诉讼前、诉讼中、仲裁前或仲裁中依债权人申请所保全的财产，在清偿对该标的物享有担保物权和法律规定的其他优先受偿权的债权后，对该债权人因申请财产保全所支出的成本及其损失，视具体情况优先予以适当补偿，但补偿额度不得超过其未受偿债权金额的20%；其剩余债权作为普通债权受偿。

（三）其他程序事宜

1. 其他款项的扣除与顺位

（1）案款分配及参与分配中应先行扣除的款项

案款执行到位后，应当先行扣除案件受理费、申请保全费、申请执行费、评估费、鉴定费、公告费、保管费等因诉讼、仲裁或执行所支出的费用（执行依据确定由一方当事人向另一方当事人支付的除外），剩余部分用于案款分配或参与分配。

根据《担保法》第56条的规定，执行标的物为划拨的国有土地使用权的，对该土地使用权的变价款，在依法缴纳相当于应缴纳的土地使用权出让金的款额，并扣除上述所列费用后，剩余款项用于案款分配或参与分配。

（2）民事债权与行政罚款、司法罚款、刑事罚金、没收财产的受偿顺位

同一被执行人既有民事债权执行案件，又有行政罚款、司法罚款或者刑事罚金、没收财产执行案件的，民事债权优先受偿。刑事退赔案件中权利人的权利视为普通民事债权，可申请参加案款分配或参与分配程序。

（3）迟延履行利息或迟延履行金的受偿

被执行人财产足以清偿全部债务的，各债权人在案款分配程序中受偿的债权数额中包括迟延履行利息或迟延履行金；被执行人财产不足清偿全部债务的，各债权人在案款分配或参与分配程序中受偿的债权数额中不包括迟延履行利息或迟延履行金，执行依据确定的债权清偿完毕后，案款有剩余的，各债权的迟延履行利息或迟延履行金按比例受偿。

（4）替代履行费用的受偿

因被执行人拒不履行生效法律文书中指定的行为，执行法院委托有关单位或他人替代履行的，因替代履行发生的费用可申请参加案款分配或参与分配程序。

(5)被执行人增资前、后发生债权的受偿顺位

被执行人的开办单位因增加注册资金不实被追加为被执行人的,对执行到位的注册资金,优先清偿发生在增加注册资金之后的债权,案款有剩余的,用于清偿发生在增加注册资金之前的债权。发生在增加注册资金前、后的债权,是指同一位阶的债权。

2.分配方案

案款分配或参与分配程序中,主持分配的法院应当经合议庭合议后制作书面的财产分配方案,并逐级报执行局局长或主管院长审批。分配方案应当载明可供分配的款项总额、待分配的债权总额、各债权人的基本情况及其债权的性质和数额、分配顺位、各债权的受偿比例及数额、分配的法律依据、提出异议的权利等内容。

3.案款分配或参与分配中异议的处理

案款分配或参与分配程序中,债权人或者被执行人提出异议的情形包括:执行依据确定的债权是否已经履行或部分履行及履行的数额,以及该债权是否已经超过申请执行时效;执行依据确定的建设工程价款是否享有优先受偿权及优先受偿的款项范围;担保物权人以及其他有权请求实现担保物权的人申请执行法院作出的拍卖、变卖担保财产的裁定,该裁定未明确债权数额,当事人对分配方案中确定的债权数额提出异议等。参与分配异议及参与分配异议之诉的审查和审理期间,主持分配的法院对争议债权的相应款项可依法予以提存。

N°⑩ 第十章　执行中的执行异议程序

执行异议程序包括执行行为异议、案外人异议等异议程序，是执行程序中的重要救济途径，属于执行审查类案件的范围。按揭贷款清收程序中，主要涉及的是案外人异议，即按揭银行作为申请执行人的执行案件中，案外人就已采取控制措施的执行财产提出异议。一般情况下，贷款清收程序中不存在按揭银行作为异议申请人在其他执行案件中提出的案外人异议的情形。但实践中会遇到这样的情况，银行的抵押物即借款人所购的按揭房屋在办理转移登记前，因开发商的其他债务被法院查封（包括财产保全查封），该种情形往往导致后续的抵押登记手续无法办理，影响银行贷款债权安全，但银行可能无法作为案外人提出异议，只能督促借款人行使权利或向查封法院反映情况。而在《最高人民法院关于人民法院办理执行异议和复议案件若干问题的规定》（法释〔2015〕10 号）出台后，能否以第 5 条的兜底条款“认为其他合法权益受到人民法院违法执行行为侵害的”提出执行行为异议的，可以在后续执行实践中予以验证。本章中，主要介绍异议程序的相关规定。

第一节　执行中的异议程序

一、执行行为异议

当事人、利害关系人认为执行行为违反法律规定的，可以向负责执行的人民法院提出书面异议。当事人、利害关系人提出书面异议的，人民法院应当自收到书面异议之日起 15 日内审查，理由成立的，裁定撤销或者改正；理由不成立的，裁定驳回。当事人、利害关系人对裁定不服的，可以自裁定送达之日起10日内向上一级人民法院申请复议。具体规定为：

（一）异议的提出

执行过程中，当事人、利害关系人认为执行法院的执行行为违反法律或司法解释规定的，可以向执行法院提出异议。其中，当事人指申请执行人和被执行人，包括被追加或者变更的申请执行人和被执行人以及因参与分配进入到执行中的其他债权人。利害关系人指对执行标的享有共有权、优先购买权等权利，或因执行行为可能使其利益受到直接损害的当事人以外的法人、其他组织或自然人。

案件执行完结后，当事人、利害关系人认为执行法院的执行行为违反法律或司法解释规定，可以向执行法院或高级人民法院反映。执行法院认为情况属实的，可以通过审判委员会研究决定予以纠正；高级人民法院认为情况属实的，可以按照执行监督程序处理。其中，中止执行、本次执行程序终结不属于上述所指的执行完结。

有下列情形之一的，当事人以外的公民、法人和其他组织，可以作为利害关系人提出执行行为异议：认为人民法院的执行行为违法，妨碍其轮候查封、扣押、冻结的债权受偿的；认为人民法院的拍卖措施违法，妨碍其参与公平竞价的；认为人民法院的拍卖、变卖或者以物抵债措施违法，侵害其对执行标的的优先购买权的；认为人民法院要求协助执行的事项超出其协助范围或者违反法律规定的等。

（二）异议的形式要件

当事人、利害关系人对执行行为提出的异议，应当采取书面形式提出。异议申请书中应当明确其认为违法的具体执行行为及其所违反的具体法律或司法解释规定，并附以下材料：异议人身份、主体资格证明、授权委托书等材料；有关执行行为发生的相关证明材料。利害关系人提出异议的，还应当提交其与执行行为存在直接利害关系的证明材料。

（三）审查方式

执行行为异议案件由执行法院的执行审查机构负责审查。中级人民法院和高级人民法院审查执行行为异议案件，应当依法组成合议庭。基层人民法院对执行行为异议案件进行审查，可以独任审查。执行实施案件的承办人和实施执行行为的人员不得作为合议庭成员。

审查执行行为异议案件,一般采用书面审查的方式;必要时可以召开听证会进行审查。执行审查机构可以通知异议人到庭就有关问题进行核实,异议人下落不明,或者经传唤或通知拒不到庭的,不影响人民法院进行审查。

执行行为异议案件审查过程中,原则上可以不通知异议人之外的其他当事人到庭。异议内容为超标的查封、执行财产豁免等影响异议人之外的其他当事人权益的,应当通知其他相关当事人到庭。异议人之外的其他当事人参与审查程序有助于查明案件事实或者化解矛盾的,可以通知其他相关当事人到庭。异议人之外的其他当事人经通知拒不到庭的,不影响人民法院对异议的审查。

执行审查机构在审查执行行为异议案件过程中,需要了解执行行为相关情况的,可以向执行实施机构调卷,执行实施机构应当及时将相关卷宗或卷宗材料移交给执行审查机构。执行审查机构复印后,应当将卷宗或卷宗材料及时退还。执行卷宗材料未能全面、清楚反映执行行为的,执行审查机构可以要求执行实施机构及案件承办人说明情况。

(四)审查结果

执行行为异议审查期间,不停止执行。被执行人、利害关系人提供充分、有效的担保请求停止相应处分措施的,人民法院可以准许;申请执行人提供充分、有效的担保请求继续执行的,应当继续执行。

执行行为异议案件审查期间,异议人申请撤回异议的,执行法院可以裁定准予撤回。但审查中发现执行行为违法的,应当告知执行实施机构。

人民法院对执行行为异议,应当按照下列情形,分别处理:异议不成立的,裁定驳回异议;异议成立的,裁定撤销相关执行行为;异议部分成立的,裁定变更相关执行行为;异议成立或者部分成立,但执行行为无撤销、变更内容的,裁定异议成立或者相应部分异议成立。经审查,有下列情形的,执行法院应当裁定撤销执行异议案件:异议所针对的执行行为尚未发生的;对同一执行行为,同一当事人或利害关系人再次提出执行行为异议的;除本规范另有规定的之外 ,异议人提出异议时,执行实施案件已经执行完结的。当事人、利害关系人提出异议请求撤销拍卖,符合下列情形之一的,人民法院应予支持:竞买人之间、竞买人与拍卖机构之间恶意串通,损害当事人或者其他竞买人利益的;买受人不具备法律规定的竞买资格的;违法限制竞买人参加竞买或者对不同的竞买人规定不同竞买条件的;未按照法律、司法解释的规定对拍卖标的物进行公告的;其他严重违反拍卖程序且损害当事人或者竞买人利益的情形。当事人、利害关系人请求撤销变卖的,参照上述情形处理。

当事人不服驳回执行申请的裁定,提出异议的,由执行审查机构进行审查。理由成立的,裁定撤销执行实施机构作出的驳回执行申请的裁定;理由不成立的,裁定驳回当事人的异议,驳回执行申请的裁定自驳回当事人的异议的裁定送达之日起生效。

二、案外人异议

案外人对执行标的提出异议的,应当在该执行标的执行程序终结前提出。经审查,案外人对执行标的不享有足以排除强制执行的权益的,裁定驳回其异议;案外人对执行标的享有足以排除强制执行的权益的,裁定中止执行。驳回案外人执行异议裁定送达案外人之日起15日内,人民法院不得对执行标的进行处分。具体规定如下:

(一)提出的主体

执行过程中,案外人对执行标的主张所有权或者有其他足以阻却执行标的转让、交付的实体权利的,可以向执行法院提出异议。其中,足以阻却执行的实体权利,具体包括:所有权,包括单独所有权和共有权;用益物权,但执行不妨害案外人占有使用的除外;租赁权,但执行不妨害案外人占有使用的除外;股权等。有多个异议事由的,案外人可一并主张。

(二)形式要件

案外人提出异议的,应当采用书面形式提出。异议申请书中应当写明异议的事项、理由及法律依据,并附以下材料:案外人身份、主体资格证明、授权委托书等材料;有关执行标的权属等的相关证明材料。

(三)异议的审查

1. 一般规定

案外人异议案件由执行法院的执行审查机构负责审查。审查案外人异议案件,应当依法组成合议庭。执行实施案件的承办人和实施执行行为的人员不得作为合议庭成员。审查案外人异议案件,一般应当公开听证;案情简单,事实清楚,没有必要听证的,可以采取书面审查的方式。

审查案外人异议,应当通知申请执行人、被执行人参加审查程序。申请执行人、被执行人下落不明,或者经传唤或通知拒不到庭的,不影响审查程序的进行。案外人下落不明,或者经传唤或通知拒不到庭的,按照撤回异议处理,裁定终结审查程序。

执行审查机构在审查案外人异议案件过程中,需要了解争议标的物及执行情况的,可以向执行实施机构调卷,执行实施机构应当及时将相关卷宗或卷宗材料移交给执行审查机构。执行审查机构复印后,应当将卷宗或卷宗材料及时退还。执行卷宗材料未能全面、清楚反映执行情况的,执行审查机构可以要求执行实施机构及其案件承办人说明情况。

对同一执行标的物,同一案外人提出的异议被裁定驳回后,再次提出异议的,不予受理;已经受理的,裁定撤销异议案件。当事人对该裁定不服的,可以向上一级人民法院申请复议。对同一执行标的物,同一案外人提出的异议被裁定准许撤回异议或裁定终结审查程序后,再次提出异议的,应当受理并进行审查。

2. 具体情形

金钱债权执行中,买受人对登记在被执行人名下的不动产提出异议,符合下列情形且其权利能够排除执行的,人民法院应予支持:在人民法院查封之前已签订合法有效的书面买卖合同;在人民法院查封之前已合法占有该不动产;已支付全部价款,或者已按照合同约定支付部分价款且将剩余价款按照人民法院的要求交付执行;非因买受人自身原因未办理过户登记。

金钱债权执行中,买受人对登记在被执行的房地产开发企业名下的商品房提出异议,符合下列情形且其权利能够排除执行的,人民法院应予支持:在人民法院查封之前已签订合法有效的书面买卖合同;所购商品房系用于居住且买受人名下无其他用于居住的房屋;已支付的价款超过合同约定总价款的50%。

金钱债权执行中,对被查封的办理了受让物权预告登记的不动产,受让人提出停止处分异议的,人民法院应予支持;符合物权登记条件,受让人提出排除执行异议的,应予支持。承租人请求在租赁期内阻止向受让人移交占有被执行的不动产，在人民法院查封之前已签订合法有效的书面租赁合同并占有使用该不动产的，人民法院应予支持。承租人与被执行人恶意串通，以明显不合理的低价承租被执行的不动产或者伪造交付租金证据的，对其提出的阻止移交占有的请求，人民法院不予支持。

对案外人的异议，人民法院应当按照下列标准判断其是否系权利人：已登记的不动产，按照不动产登记簿判断；未登记的建筑物、构筑物及其附属设施，按照土地使用权登记簿、建设工程规划许可、施工许可等相关证据判断；已登记的机动车、船舶、航空器等特定动产，按照相关管理部门的登记判断；未登记的特定动产和其他动产，按照实际占有情况判断；银行存款和存管在金融机构的有价证券，按照金融机构和登记结算机构登记的账户名称判断；有价证券由具备合法经营资质的托管机构名义持有的，按照该机构登记的实际投资人账户名称判断；股权按照工商行政管理机关的登记和企业信用信息公示系统公示的信息判断；其他财产和权利，有登记的，按照登记机构的登记判断；无登记的，按照合同等证明财产权属或者权利人的证据判断。

在执行非属生效法律文书确定的特定标的物过程中，案外人依据人民法院确权的判决、裁定提出的异议，该判决、裁定晚于查封生效的，裁定驳回异议。对人民法院轮候查封的标的物，案外人提出异议的，裁定驳回异议，且该裁定为终局裁定。

金钱债权执行中，案外人依据执行标的被查封、扣押、冻结前作出的另案生效法律文书提出排除执行异议，人民法院应当按照下列情形，分别处理：该法律文书系就案外人与被执行人之间的权属纠纷以及租赁、借用、保管等不以转移财产权属为目的的合同纠纷，判决、裁决执行标的归属于案外人或者向其返还执行标的且其权利能够排除执行的，应予支持；该法律文书系就案外人与被执行人之间除前项所列合同之外的债权纠纷，判决、裁决执行标的归属于案外人或者向其交付、返还执行标的的，不予支持。该法律文书系案外人受让执行标的的拍卖、变卖成交裁定或者以物抵债裁定且其权利能够排除执行的，应予支持。金钱债权执行中，案外人依据执行标的被查封、扣押、冻结后作出的另案生效法律文书提出排除执行异议的，人民法院不予支持。非金钱债权执行中，案外人依据另案生效法律文书提出排除执行异议,该法律文书对执行标的权属作出不同认定的,人民法院应当告知案外人依法申请再审或者通过其他程序解决。

(四)审查结果

案外人异议审查期间,人民法院不得对执行标的采取处分性执行措施。案外人向人民法院提供充分、有效的担保请求解除对异议标的的查封、扣押、冻结的,人民法院可以准许;申请执行人提供充分、有效的担保请求继续执行的,应当继续执行。因案外人提供担保解除查封、扣押、冻结有错误,致使该标的无法执行的,人民法院可以直接执行担保财产;申请执行人提供担保请求继续执行有错误,给对方造成损失的,应当予以赔偿。

经审查,案外人异议理由成立的,裁定中止对该标的的执行;理由不成立的,裁定驳回异议。人民法院裁定对异议标的中止执行后,申请执行人自裁定送达之日起15日内未提起诉讼的,执行实施机构应当裁定解除对该标的的执行措施。

三、其他异议

其他异议案件是指当事人提出的管辖权异议、被执行人提出债务已经消灭或部分消灭的异议等。

人民法院受理执行申请后,当事人对管辖权有异议的,应当自收到执行通知书之日起10日内提出。当事人提出的管辖权异议,由执行审查机构负责审查。异议理由成立的,应当裁定撤销案件;异议理由不成立的,裁定驳回。裁定撤销案件的,告知当事人在本裁定生效后15日内向有管辖权的人民法院申请执行;已经采取执行措施的,应当待当事人另行申请执行立案后,将控制的财产交受理该案件的人民法院处理。当事人对裁定不服的,可以自裁定送达之日起10日内向上一级人民法院申请复议。管辖权异议审查和复议期间,不停止执行。

执行完结前,债务人(被执行人)提出债务已经消灭或部分消灭的,由执行实施机构向申请执行人予以核实。对债务人异议案件,应当召开听证会进行审查。执行审查机构应当对债务人提出的债务已经消灭或者部分消灭的异议作出实体裁定,当事人不服该裁定的,可以自裁定送达之日起10日内向上一级人民法院申请复议。生效的异议或复议裁定确认债务已经消灭或部分消灭的,执行实施机构应当依此确定应执行的标的额。已执行标的额超过应执行标的额的,应当责令申请执行人退回相应案款,拒不退回的,予以强制执行。债务人异议案件审查期间,不停止执行。债务人向人民法院提供充分、有效的担保请求中止执行的,人民法院可以准许;申请执行人提供充分、有效的担保请求继续执行的,应当继续执行,但案款发还行为除外。申请执行人提供担保请求继续执行有错误,给对方造成损失的,应当予以赔偿。债务人异议案件审查期限为3个月。

第二节 执行异议之诉

执行异议之诉,是指当事人和案外人对执行标的的实体权利存有争议,经执行法院在执行程序中进行初步审查和处理,当事人或者案外人对执行异议裁定不服,请求执行法院通过审判程序解决争议而提起的诉讼。其主要依据为《民事诉讼法》的第227条,即执行过程中,案外人对执行标的提出书面异议的,人民法院应当自收到书面异议之日起15日内审查,理由成立的,裁定中止对该标的的执行;理由不成立的,裁定驳回。案外人、当事人对裁定不服,认为原判决、裁定错误的,依照审判监督程序办理;与原判决、裁定无关的,可以自裁定送达之日起15日内向人民法院提起诉讼。对此,2015年新民事诉讼法司法解释作出了细化规定。

一、异议之诉的提起

(一)诉讼管辖

案外人、当事人对执行异议裁定不服,自裁定送达之日起15日内向人民法院提起执行异议之诉的,由执行法院管辖。

(二)受理条件

案外人提起执行异议之诉,除符合一般案件的条件外,应当具备下列条件:案外人的执行异议申请已经被人民法院裁定驳回;有明确的排除对执行标的的执行的诉讼请求,且诉讼请求与原判决、裁定无关;自执行异议裁定送达之日起15日内提起。人民法院应当在收到起诉状之日起15日内决定是否立案。

申请执行人提起执行异议之诉,除符合一般案件的条件外,还应当具备下列条件:依案外人执行异议申请,人民法院裁定中止执行;有明确的对执行标的继续执行的诉讼请求,且诉讼请求与原判决、裁定无关;自执行异议裁定送达之日起15日内提起。人民法院应当在收到起诉状之日起15日内决定是否立案。

(三)当事人

案外人提起执行异议之诉的,以申请执行人为被告。被执行人反对案外人异议的,被执行人为共同被告;被执行人不反对案外人异议的,可以列被执行人为第三人。

申请执行人提起执行异议之诉的,以案外人为被告。被执行人反对申请执行人主张的,以案外人和被执行人为共同被告;被执行人不反对申请执行人主张的,可以列被执行人为第三人。

申请执行人对中止执行裁定未提起执行异议之诉,被执行人提起执行异议之诉的,人民法院告知其另行起诉。

二、异议之诉的审理

人民法院审理执行异议之诉案件,适用普通程序。案外人或者申请执行人提起执行异议之诉的,案外人应当就其对执行标的享有足以排除强制执行的民事权益承担举证证明责任。

对案外人提起的执行异议之诉,人民法院经审理,按照下列情形分别处理:案外人就执行标的享有足以排除强制执行的民事权益的,判决不得执行该执行标的;案外人就执行标的不享有足以排除强制执行的民事权益的,判决驳回诉讼请求。案外人同时提出确认其权利的诉讼请求的,人民法院可以在判决中一并作出裁判。

对申请执行人提起的执行异议之诉,人民法院经审理,按照下列情形分别处理:案外人就执行标的不享有足以排除强制执行的民事权益的,判决准许执行该执行标的;案外人就执行标的享有足以排除强制执行的民事权益的,判决驳回诉讼请求。

对案外人执行异议之诉,人民法院判决不得对执行标的执行的,执行异议裁定失效。对申请执行人执行异议之诉,人民法院判决准许对该执行标的执行的,执行异议裁定失效,执行法院可以根据申请执行人的申请或者依职权恢复执行。

案外人执行异议之诉审理期间,人民法院不得对执行标的进行处分。申请执行人请求人民法院继续执行并提供相应担保的,人民法院可以准许。

后　　记

本书从立项到完成,历经近三年的时间,一度有一年多时间没有继续写下去,这期间却积累了更多的实战案例,书中内容更趋丰富。在即将完稿时,2015 年 2 月 4 日《最高人民法院关于适用〈中华人民共和国民事诉讼法〉的解释》施行,从管辖到执行都作出了新的规范或改变,书中与之相关的诸多程序问题,根据新的规定进行了重新梳理。

本书的作者执业多年,专业方向主要是房地产与金融领域,从房地产按揭律师开始,日积月累,专注房地产开发建设与金融专业全方位的法律服务。本书所选取的按揭贷款合同纠纷,与中国的房地产金融市场的发展相生相伴,与每个人的生活息息相关,法律关系清晰简单,却是百姓的居住大事儿。

本书力求用朴实无华的语言,将按揭贷款合同纠纷业务流程娓娓道来。力求通俗易懂,努力让每个流程、每个案件、每个样本,都传达出作者办案过程中的所思所想和所感所悟,力图为读者提供有价值的参考和借鉴。

本书能够出版,源于在京都律师事务所工作多年的业务积累,但最重要的是田文昌老师对律师的榜样作用和不断激励,才使我们有勇气去完成这样一部拙作。同时,也要感谢合伙人公丕国律师的组织和指导,使我们克服了惰性,坚持完成了全部书稿。还要感谢所有为本书出版辛苦工作的各位同事。

仓促中的处女作,一定有许多不尽完美之处,却也将激励我们在未来的工作中不断地学习,不断地更新,不断地提高,不断地成长。

本书出版之际,正是京都律师事务所成立 20 周年。

我们愿京都所和京都人的明天都更好。

祝福京都!

秦庆芳　张双

2015 年 5 月

图书在版编目(CIP)数据

银行按揭贷款清收诉讼流程与办案技巧 / 秦庆芳,张双著. —北京:法律出版社,2015.6
(大律师办案实录 / 田文昌主编)
ISBN 978-7-5118-8119-9

Ⅰ.①银… Ⅱ.①秦…②张… Ⅲ.①按揭贷款—民事诉讼—诉讼程序—中国 Ⅳ.①D923.6

中国版本图书馆 CIP 数据核字(2015)第 139601 号

银行按揭贷款清收诉讼流程与办案技巧

秦庆芳
张　双　著

责任编辑　王　扬
装帧设计　乔智炜

开本 710 毫米×1000 毫米　1/16
印张 17.25　**字数** 246 千
版本 2015 年 7 月第 1 版
印次 2015 年 7 月第 1 次印刷
出版 法律出版社
编辑统筹 独立项目策划部
总发行 中国法律图书有限公司
经销 新华书店
责任校对 杨昆玲
责任印制 张建伟
印刷 三河市龙大印装有限公司

法律出版社/北京市丰台区莲花池西里 7 号(100073)
电子邮件/info@ lawpress. com. cn
销售热线/010-63939792/9779
网址/www. lawpress. com. cn
咨询电话/010-63939796

中国法律图书有限公司/北京市丰台区莲花池西里 7 号(100073)
全国各地中法图分、子公司电话:
第一法律书店/010-63939781/9782
西安分公司/029-85388843
重庆公司/023-65382816/2908
上海公司/021-62071010/1636
北京分公司/010-62534456
深圳公司/0755-83072995

书号:ISBN 978-7-5118-8119-9
定价:48.00 元
(如有缺页或倒装,中国法律图书有限公司负责退换)